신라가 꽃피운 로마문화

신라왕릉 유물이 동양고대사를 새로 쓰다

신라가 꽃피운 로마문화
신라왕릉 유물이 동양고대사를 새로 쓰다

—

인쇄 2019년 1월 10일 1판 1쇄   **발행** 2019년 1월 15일 1판 1쇄
                                              2020년 11월 10일 1판 2쇄

지은이 요시미즈 츠네오   **옮긴이** 이영식   **펴낸이** 강찬석
펴낸곳 도서출판 미세움   **주소** (07315) 서울시 영등포구 도신로51길 4
전화 02-703-7507   **팩스** 02-703-7508   **등록** 제313-2007-000133호
홈페이지 www.misewoom.com

정가 17,000원

—

이 도서의 국립중앙도서관 출판예정도서목록(CIP)은 서지정보유통지원시스템 홈페이지(http://seoji.nl.go.kr)
와 국가자료공동목록시스템(http://www.nl.go.kr/kolisnet)에서 이용하실 수 있습니다.
CIP제어번호: CIP2018038210

ISBN 979-11-88602-14-8   93910

잘못된 책은 구입한 곳에서 교환해 드립니다.

신라가 꽃피운
로마문화

요시미즈 츠네오 지음
이영식 옮김

—신라왕릉 유물이
동양고대사를 새로 쓰다

미세움

지도 1 삼국시대, 5세기 무렵의 한반도. 4~7세기까지 한반도에는 고구려·백제·신라의 삼국이 정립해 있었다. 아울러 부산에서 선산에 이르는 낙동강유역에는 정치적으로 신라의 영향력 아래에 있으면서, 신라와 비슷한 문화를 보유하고 있던 독립국가의 가야가 존재하고 있었다.

나는 왜 이 책을 쓰게 되었는가

40여 년 전에 나는 와세다 대학에서 석사학위논문 「동양 고대 유리의 연구」를 쓰기 위해 중국·한국·일본에서 출토되었거나 전해내려오던 고대의 유리를 조사한 적이 있다. 수집된 자료들을 꼼꼼히 분류해 본 결과, 중국·한국·일본에서 출토된 유리그릇에는 분명한 차이가 존재함을 알게 되었다. 즉, 이러한 유리그릇들이 로만글라스(로마시대에 로마제국 내에서 제작된 유리그릇들), 페르시안글라스, 그리고 중국계통의 글라스로 분류된다는 것을 확인하였다.

이 중에서 대부분의 로만글라스는 극히 한정된 지역에서만 출토될 뿐, 다른 지역에서는 거의 출토되지 않는다는 분명한 경향성도 확인하게 되었다. 이렇게 로만글라스가 집중적으로 출토되고 있는 지역은 삼국시대(356~676년), 곧 4~6세기 전반의 신라였다.[삼국시대의 신라를 통일신라(676~935년)와 구분하기 위해 '고신라古新羅'로 부르기도 한다]

같은 시대의 고구려와 백제고분에서는 단 1점의 로만글라스도 출토되지 않는 데 반해, 신라의 중요 고분에서는 어디에서든 로만글라스가 출토되었다.(다만 최근 고구려의 서관관자(西官菅子) 제2호 묘에서 1점의 로

그림 1　신라고분에서 출토된 로만글라스. 4세기 말~6세기. 국립중앙박물관 외 소장. 지금까지 10기의 고분에서 출토된 총 25점의 로만글라스는 신라가 로마세계와 교류하고 있던 사실을 보여주고 있다. 이러한 유리그릇을 비롯해 신라고분의 출토품들을 정밀하게 조사해 간다면 수수께끼로 가득 차 있는 신라왕국의 실상이 틀림없이 밝혀질 것으로 생각한다.(제8장 참조)

만글라스가 출토된 바 있다) 그림 1 등 참조

　이와 같이 로만글라스는 신라가 고구려나 백제와는 분명하게 구별되는 문화적 요소를 가지고 있었음을 말해 주고 있다. 이러한 사실에 눈을 뜨게 된 나는 신라고분에서 출토된 모든 유물을 정밀조사하였는데, 그 결과 놀랍게도 신라의 모든 고분에서는 금은제품, 특히 순금제의 장신구, 반지와 귀걸이, 목걸이와 팔찌 등이 예외 없이 출토되고 있음이 확인되었다. 더구나 이러한 장신구들은 저 유명한 그리스 · 로마세계에서 유행했던 디자인과 아주 강한 공통성을 가진 형태로 제작되었고, 로마세계에서 사용되던 누금세공이란 특수한 기법으로 만들어진 것임을 확인하게 되었다.

　이렇게 조사를 진행해 가는 동안에 나는 삼국시대의 고구려 · 백제 · 신라가 동일하게 중국문화를 수용하는 중국문화의 영향권에 속

신라가 꽃피운 로마문화

하는 국가들이었다고 해석해 왔던 한국고대사의 통설에 대해 강한 의문을 품게 되었다.

그러던 중에 나는 일본정부의 교환유학생으로 체코슬로바키아 카렐대학 대학원에 유학하게 되었다. 2년 남짓 프라하 유학 중에 나는 러시아를 비롯해 동유럽의 박물관과 역사자료관을 돌아보며 열정적으로 조사하였다. 독일, 오스트리아, 프랑스, 영국, 이탈리아, 서아시아의 여러 나라 등, 유럽과 서아시아의 거의 모든 나라들의 박물관을 쫓아다니며 필요한 사진과 기록들을 수집하였다. 이러한 조사와 수집이 신라를 중심으로 동양에서 출토된 로만글라스와 금은제 장신구, 토기, 무기와 무구(투구·갑옷) 등에 관련된 자료였음은 다시 말할 필요가 없다.

그렇게 프라하 유학생활을 마치고 돌아온 나는 은사께서 준비해 두셨던 지방 국립대학교의 요직을 사양하고, 연구성과의 집필에 전념하기로 하였다. 그 성과로 처음 냈던 저서가 1973년 도쿠마서점德間書店이 펴냈던 『유리의 길-형식과 기술의 교섭사-』였다. 이 책은 신문 등 여러 매체를 통해 소개되었고, 그해 출판문화상 최종후보에 오를 정도로 좋은 평가를 받았다.

그러던 중 영남대학교박물관 이은창 선생에게 신라의 서울 경주에서 대규모 고분이 발굴되었다는 소식을 전해들었다. 이은창 선생이 전해준 1974년 1월의 첫 소식은 믿기 어려울 만큼 놀라운 것이었다.

"5세기 신라왕릉에서 세계에서 가장 아름다운 상감구슬이 출토되었다. 코발트블루의 유리구슬에 남녀의 초상과 그 주위에 비둘기 같은 흰 새 몇 마리가 날고 있는 모습이 상감되어 있다. 지름이 불과 1.8cm밖에 되지 않는 유리구슬에 놀랄 만큼 정교한 무늬를 새겨넣었다.

"흰 비둘기와 남녀의 초상이 그려진 상감구슬이라니!"

나는 전 세계의 박물관과 미술관, 그리고 개인 컬렉션에 소장돼 있는 수천 개의 상감구슬을 조사해 왔지만, 이처럼 남녀 초상과 흰 새가 상감된 구슬을 본 적은 한 번도 없었다. 뭔가 착오가 있는 것은 아닐까? 발굴조사자가 직접 전해 준 정보임에도 불구하고 나는 반신반의했다. 그러다가 한시라도 빨리 남녀 초상과 흰 새가 있는 상감구슬을 직접 보고 싶다는 강한 충동에 사로 잡혔다.

그 발굴뉴스에 이어 신라왕릉들에서는 엄청난 종류의 출토품이 연이어 새롭게 보고되었다. 한국정부가 고대신라의 왕도인 경주를 재개발하고자 시내 신라고분군을 발굴조사하던 성과의 하나였다. 1975년 9월 이 발굴조사가 일단락되자 나에게도 조사가 끝난 유적을 특별하게 견학할 기회가 주어졌다.

나는 아직까지 본 적도 없는 환상 속의 미인이라도 만나러 가듯 두근거리는 가슴을 달래며 서울행 비행기에 몸을 실었다. 정말 상감구슬일까? 상감구슬 외에 어떤 유물이 출토되었을까? 상감구슬은 하나뿐이었을까? 연이어 나타났다 사라지는 여러 상념들로 내 머릿속은 혼란스러웠다.

서울에서 기차를 타고 차창 밖을 스쳐 지나는 산천과 논밭의 전원풍경을 만끽하다 보니, 잔디로 덮인 둥글고 거대한 고분이 여기저기 나타나기 시작하면서 기차는 경주역에 도착했다.

경주시내에 있는 국립경주박물관에 들어서자 기다리고 있던 이은창 선생이 문제의 상감구슬이 있는 곳으로 안내했다.

문제의 상감구슬은 특별한 전시케이스에 담겨 있었다그림 2. 상감구슬은 코발트블루의 작은 유리구슬, 마노제 구슬, 벽옥제 대롱구슬(옥), 수정구슬, 마노제 굽은 구슬(옥)로 구성된 목걸이 중심부에 끼워져 있었다. 그 구슬에 새겨진 인물과 하얀 새 등의 무늬는 아주 자세히

신라가 꽃피운 로마문화

그림 2 세계에서 유일하게 아름다운 인물상을 상감한 구슬을 중심에 배치한 목걸이. 길이 24cm. 경주 미추왕릉 제6-C지구 제4호분 출토. 5~6세기. 국립경주박물관 소장. 높이 1.6cm, 지름 1.8cm 의 작은 상감구슬에는 왕과 왕비로 보이는 남녀의 초상 같은 무늬가 정교하게 표현돼 있다.(그림 3~5 · 207 · 208 · 210 · 211 참조)

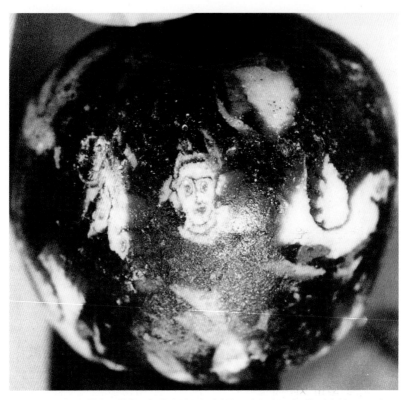

그림 3   상감구슬 확대도. 왕비초상. 왕비 얼굴의 세밀한 묘사와 아주 정교한 상감기술로 볼 때, 로
마세계에서 제작된 것은 분명하지만, 과연 언제 어디서 누가 만들었을까가 문제다.(왕비의 초상에
대해서는 그림 4·207 참조)

그림 4   상감구슬 확대도. 중앙에 백조, 왼쪽에
왕비, 오른쪽 아래에 왕의 초상이 각각 보
인다.

그림 5   상감구슬 확대도. 세 마리의 백조와 왼
쪽 아래에 왕의 초상이 보인다.(왕의 초상에
대해서는 그림 4·208 참조)

신라가 꽃피운 로마문화

보지 않으면 알아볼 수 없을 만큼 작았다.

확대경을 꺼내 들여다보다 "아!" 하는 탄성과 함께 마른 침을 삼켰다. 순백색 얼굴에 크고 푸른 눈동자에 품격 있는 코, 그리고 엷게 미소를 머금은 듯한 붉은 입술로, 양쪽 눈썹이 일직선으로 이어져 있었다. 큰 귀걸이를 한 갸름하고 아름다운 얼굴인데, 머리에는 적황색의 보관 같은 것을 쓰고, 목에는 목걸이를 걸고 있었다.그림 3 · 207

왕비를 바라보면서 비스듬히 오른쪽 아래에는 호화스런 보관을 쓰고, 크고 호탕하게 생긴 흰 얼굴의 인물이 상감되어 있었다. 약간 작은 듯한 눈에 높은 코와 선이 분명한 입술과 짙게 이어진 눈썹은 근엄한 느낌의 얼굴이었다.그림 4 · 5 · 208

두 인물상의 차이는 누가 봐도 분명하게 여성과 남성으로 구분된 표현이라는 것을 알려주고 있었다. 보관을 쓰고 있는 것으로 보아, 왕과 왕비의 초상이라는 것을 알아보는 데 그리 긴 시간이 걸리지 않았다.

왕과 왕비 사이에는 큰 눈에 오렌지색 부리와 다리, 노란색 발을 가진 크고 하얀 새 여러 마리가 무리지어 다정하게 날고 있다그림 3~5 · 207 · 210 · 211. 노란색 발은 물갈퀴가 달린 물새 발로, 약간 짧게 표현된 목으로 보아 백조가 틀림없을 것이다. 백조들 사이에는 아름다운 꽃이 달린 가느다란 가지 장식이 있어 평화롭고 행복한 분위기를 연출하고 있다.그림 210

다시 주의 깊게 살펴보면 왕을 바라보고 오른쪽 방향에는 약간 찌그러진 형태의 인물 두 사람이 상감돼 있는데, 아마도 왕자들 아니면 시종들로 생각된다.그림 210 · 211

이 얼마나 아름다운 구슬인가? 정말로 세계에서 단 하나만이 존재하는 가장 아름다운 초상무늬의 상감구슬이다. 백조가 날고 있는 사이에 왕과 왕비의 초상이 상감돼 있는 세상에 아주 드문 상감구슬이다.

이 상감구슬은 제작법과 색채사용법, 그리고 디자인 등으로 볼 때, 틀림없이 로마세계에서 만들어졌던 구슬임이 분명하다. 그렇다면 이러한 왕과 왕비초상의 유리구슬이 어떻게 머나먼 고대한국의 신라왕에게까지 전해졌던 것일까? 어째서 상감구슬에 왕과 왕비의 초상을 새겨 보냈던 것일까? 외국의 왕과 왕비가 새겨진 상감구슬과 신라왕 사이에는 어떤 비밀이 숨겨져 있는 것일까?

이 상감구슬에 숨겨진 비밀에 상상하기 힘든 아주 큰 스케일의 국제적 교류와 고대신라 사회가 특수한 문화로 가득 차 있었음을 생각하지 않을 수 없다. 이 상감구슬의 왕과 왕비를 비롯한 그림의 해석과 제작자와 제작지에 대한 추정에 대해서는 제6장 '미소짓는 상감구슬'에서 상세하게 논하고자 한다.

지금까지 발굴되었던 수많은 신라왕릉에서는 이러한 상감구슬 외에도, 로만글라스그림 1 등, 금으로 만든 반지·목걸이·귀걸이와 보석이 상감된 비잔틴 계통의 황금팔찌와 귀걸이 같은 독특한 장신구, 그리스의 소용돌이·로마의 월계수·켈트의 바람개비 무늬로 장식된 황금보검그림 212·213·218, 특수한 수목형의 황금왕관그림 12~18, 자작나무껍질로 만든 관모와 말다래, 특수한 말갖춤과 무기, 심지어는 동양에는 존재하지도 않았던 돌무지덧널무덤(적석목곽분積石木槨墳)과 그 특수한 축조법(112~122쪽 참조) 등과 같이, 중국문화권에는 존재하지도 않았던 유물들이 꼬리를 물고 출토되고 있다.

도대체 왜 고고학자와 역사학자들은 지금까지 이러한 출토품들에 대해 이상하게 여기거나 의문을 품지 않았던 것일까? 어째서 중국문화와는 아무런 관계도 없는 이 엄청난 양의 출토품을 보고도 아무런 의문을 느끼지 않았던 것일까? 나는 이때 학계의 통설과는 다르게, 삼국시대 신라의 문화가 고구려나 백제와 전혀 다른 이질적인 성격으로 파악해 오던 이전부터의 생각에 확신을 가지게 되었고, 이제 이러한 사실을 어떻게든 밝혀야겠다고 결심하게 되었다.

어떠한 발굴유물이라도 그 안에 방대한 양의 정보가 포함돼 있다는 것은 새삼스럽게 말할 필요가 없다. 얼마나 많은 정보를 얼마나 정확하게 읽어내느냐는 출토유물을 분석하는 방법과 해석능력에 따라 크게 좌우되는 것이다. 분묘에 부장되었던 유물이 피장자인 주인공에게 특별한 의미가 있었음은 두말할 나위가 없다. 하물며 왕릉부장품의 경우에는 왕 자신의 개인적인 메시지도 포함돼 있겠지만, 여러 가지 사회적 의미나 정치적 배경이 반영된 내용도 적지 않게 포함돼 있을 것이다.

이러한 유물에 대해 누가, 무엇 때문에, 어떻게, 어디에서 만들어졌을까 등을 밝힐 수 있다면, 고대신라의 역사적 상황을 보다 구체적으로 들여다볼 수 있게 될 것이다. 신라왕릉에서 출토되고 있는 중국문화와 무관한 방대한 양의 출토품을 허심탄회하게, 그리고 폭넓게 심층분석해 간다면, 이러한 출토품들은 놀랄 정도로 솔직하게 거기에 포함돼 있던 역사적 메시지를 있는 모습 그대로 말해 줄 것으로 믿는다.

더구나 그러한 결과는 우리가 지금까지 사로잡혀 왔던 동양사, 특히 한국고대사나 일본고대사, 또는 유라시아 고대사에 대한 고정관념을 통렬하게 무너뜨리게 될 완전히 새로운 역사상을 보여주게 될 것이다. 출토된 '물건'을 해석하는 작업은 무엇이 나타날지 모르는 스릴 넘치는 일이며, 또 흥분되고 즐거운 작업이기도 하다. 침묵하고 있는 '물건'에서 유효한 정보를 이끌어내기 위해 광범위한 조사활동이 필요할 것은 두 말할 필요가 없다. 하지만 '물건'에 감춰져 있던 작은 단서의 파악이 수수께끼 전체를 푸는 것으로 훌륭하게 연결되는 일도 곧잘 있는 법이다.

내가 유학 중에 각국의 박물관에서 조사했던 자료들은 서로 강한 연결성을 가진 동일한 유물 또는 유사한 유물들로 로마세계에서 제작된 것들이 대부분이었는데, 신라고분의 출토품과 분명한 상관관계를 나타내는 것들이 적지 않았다. 물론 동일한 디자인과 기술로 만들어지긴 했지만, 어느 정도 토착화된 것들도 포함되었는데, 로마세계의 디자인과 기술이 유라시아 대륙의 각지에 수용되면서 지역적 특색이 가미되었던 것들도 있었다.

내가 유학 중에 조사했던 유물 중에는 이처럼 형식적 유사성이 확인된 것 외에도, 어떤 전승이나 문화적 습관의 영향으로 만들어진 일용품 중에 신라에서 출토된 것들과 공통된 요소와 내용을 나타내는 것들도 포함돼 있었다. 따라서 로마세계의 출토품과 신라의 출토품 사이에는 교역, 기술도입, 정신문화의 도입과 같이 다양한 양상의 관련성을 가지고 있었음을 확실하게 읽어낼 수 있었다.

물론 이런 것들 중에는 동일한 기술로 만들어졌기 때문에 비슷한 디자인이긴 하지만, 어느 정도 토착화된 조형을 보이는 것들도 포함돼 있었다. 이른바 로마세계의 기술과 디자인이 유라시아 대륙의 여러 지역에 도입되면서 지역성이 가미되었던 결과였다. 각 지역에서 생산된 이런 종류의 유물 외에도 특정의 전승과 문화적 관습의 반영으로 제작된 일용품 같은 유물들에도 신라에서 출토되는 유물들과 공통된 요소를 보이는 것도 있다. 로마세계와 신라의 출토품 사이에는 교역, 기술이나 정신문화의 도입과 같은 다각적인 면에서 서로 관련성을 가지고 있었음을 분명히 읽어 낼 수 있었다.

이 책에서 나는 유학시절의 조사를 토대로 고분 등에서 출토된 유물을 중심으로 관련된 문자자료를 참고하면서, 기존의 통념이나 역사학의 통설에 속박되지 않고, 고대 신라왕국의 수수께끼 풀기에 도전해 신라사회의 역사적 실상을 밝혀 가고자 한다. 아울러 고대의 신라와 일본은 서로 밀접한 관계를 유지하고 있었기 때문에, 신라사회의 실상을 밝히는 일이 고대일본 속의 로마문화를 규명하는 일로도 연결될 것으로 생각한다.

끝으로 내가 이 책에서 다루는 시간적 범위는 신라가 중국문화를 적극적으로 수용하게 된 6세기 초 이전에 국한시킨 것을 분명히 밝혀 둔다.

차 례

머리말: 나는 왜 이 책을 쓰게 되었는가················5

제 1 장
신라는 어떤 나라였던가

1. 삼국시대의 신라에 대하여················23
2. 삼국시대 신라에 관한 종래의 학설················28
  역사사전의 신라 서술················28
  한국학자의 견해················30
  일본 한국사연구자의 견해················32
3. 동양사의 상식을 뒤엎는 신라의 사실················33

제 2 장
신라는 왜 중국과 국교를 맺지 않았던가

1. 중국사료에 기록된 양국의 관계················36
2. 한국사료로 보는 신라와 중국의 관계················45
3. 『일본서기』에 보이는 신라 관련 기록················46
4. 아라비아의 옛 기록에 기술된 신라················50
5. 신라는 왜 중국문화를 필요로 하지 않았던가················55

제 3 장
신라왕관의 수수께끼

1. **신라왕릉 출토의 수목형 장식의 왕관** ··· 62
    금관총 등 각 왕릉에서 출토된 왕관 ·· 62
    경주 밖의 신라고분과 가야고분에서 출토된 수목관 ··············· 67
    신라 · 고구려 · 백제왕관의 계보 ·· 75
    일본 출토의 수목관에 대하여 ·· 78
    수목관의 원류 ·· 79
    수목관의 그리스 · 로마 기원설 ··· 92
2. **아프가니스탄 틸랴 테페 출토 수목관의 문제** ····························· 99
3. **신라왕의 수목관이 의미하는 것** ··· 104

제 4 장
천마총의 유구와 유물이 보여주는 것

1. **천마총의 발굴** ··· 108
2. **특이한 고분축조법** ·· 111
3. **출토된 수많은 보물들** ··· 118
    관모류 ·· 121
    귀걸이 ·· 125
    팔찌 ·· 125
    금반지 ·· 125
    목걸이와 구슬류 ··· 128
    허리띠꾸미개와 띠드리개 ·· 129
    무기와 철기 ·· 133
    말갖춤새 ·· 135

차 례

천마 그림의 말다래··136
안장깔개··140
가죽벨트··142
집기류···142
토기··143
칠기··144
금속기···146
유리그릇··146

4. 러시아 남부에서 로마에 걸치는 출토 유물의 계보··········151

제 5 장
황남동 제98호분 쌍분의 충격적인 발굴

1. 신라 최대의 왕과 왕비의 합장묘······························156
2. 남분의 왕릉에서 출토된 은관의 수수께끼···················159
　　은관과 금동관···165
　　왕의 은관과 왕비의 금관이라는 수수께끼··················166
3. 왕릉의 남분에 보이는 로마계 문물··························175
　　목걸이와 가슴장식···175
　　19개 반지의 수수께끼···179
　　로만글라스의 고향···182
　　중국계 칠기와 청동거울의 출토································187
　　신라만의 독특한 금속기··190
　　토기··191
　　방대한 무기와 무구의 출토······································192
　　화려한 비단벌레 장식의 안장가리개 · 발걸이 · 허리띠꾸미개·········195
4. 왕비릉인 북분에 보이는 중국계통과 로마계통 문물의 혼재······201
　　비잔틴 양식의 보석상감금팔찌··································204

금팔찌와 금반지··207
초대형 가슴장식 오른쪽 날개에 배치된 상감구슬의 수수께끼···········207
로만글라스의 커트글라스바리와 줄무늬잔··························212
동물무늬 은잔의 수수께끼···220
중국 남조의 자기와 칠기···227

5. 남분과 북분 출토 유물의 차이가 의미하는 것·······················232

제 6 장

미소 짓는 상감구슬

1. 미추왕릉지구 출토 미소 짓는 상감구슬·······························240
2. 상감구슬에 그려진 왕과 왕비는 누구였을까?·······················245
3. 상감구슬의 고향··248

제 7 장

켈트 황금보검의 수수께끼

1. 계림로 14호분 출토의 황금보검····································253
2. 계림로 14호분 출토 황금보검과 유사한 예························260
3. 황금보검을 선물했던 것은 켈트의 왕이었을까?·····················268
4. 신라고분에서 출토된 수많은 황금제품····························275

차 례

제 8 장
신라 출토의 로만글라스

1. 고분 출토의 로만글라스 ··· 283
금관총 출토 굽다리 유리잔 ··· 284
금령총 출토 진남색 반점무늬 유리바리 2점 ···················· 285
서봉총 출토 유리용기 3점 ·· 287
천마총 출토 유리그릇 2점 ·· 288
황남동 98호분 북분 출토 유리그릇 5점 ························· 289
황남동 98호분 남분 출토 유리그릇 7점 ························· 291
경주 월성로 가-13호 출토 물결무늬 유리잔 1점 ·············· 292
가야지방 합천 옥전M 6호분 출토 진남색 반점무늬 유리바리 1점 ······ 292
경주 안계리 제4호분 출토 진남색 민무늬 유리잔 1점 ········ 294
경주 안압지 출토 담록색 민무늬 유리잔 1점 ··················· 294

2. 신라 출토 로만글라스의 원류와 외국에서 출토되는 비슷한 유물
··· 294
신라 출토 로만글라스의 원류 ·· 294
외국에서 출토되는 비슷한 유물 ·· 298
로만글라스에서 사산글라스로 바뀌다 ······························ 308

제 9 장
부정할 수 없는 뿔잔들 – 도제 류톤

1. 뿔잔(도제 류톤)의 출토 ·· 311
뿔잔 ··· 312
손잡이 달린 컵모양 토기 ··· 317
특이한 술잔과 술주전자 ··· 321

그 밖의 독특한 토기들·······················321
2. 자작나무껍질 유물이 보여주는 것·············326
3. 신라·가야 지역의 무기와 무구에 대해서·······327

제 10 장
신라는 로마문화왕국이었다

1. 로마력을 사용했던 신라·······················338
2. 소국합의제는 로마·흉노적인 의견수렴제도였다····339
3. 전술은 게릴라전법·······························341
4. 고대 신라인의 우아한 생활······················343
5. 미녀의 나라, 신라······························349
6. 정말로 신라는 로마문화왕국이다················353

맺 음 말
로마에서 신라에 이르는 길

1. 어떤 루트를 거쳤을까?·······················355
2. 로마세계와의 단절···························359

개정 신판의 후기·······························362

제 **1** 장

신라는 어떤 나라였던가

┃ 삼국시대의 신라에 대하여

일본열도에서 대형고분이 축조되기 시작하던 때부터 아스카飛鳥시대(593~686년)까지, 곧 4~7세기에 걸쳐 고대한국에는 삼국이 정립해 있었다. 북부에 고구려, 남서부에 백제, 동남부에 신라가 있었고, 신라 남서부에는 정치적으로 신라의 영향권에 속하는 소국으로 비슷한 문화를 공유하고 있던 가야伽耶가 독립적인 국가로 존재하고 있었다.(10쪽의 지도 1 참조)

삼국 중에 고구려가 가장 강성해서 중국문화를 수용하면서도 중국에 대항하기도 했고, 백제와 신라를 공략해 두 나라를 속국으로 삼았던 적도 있었다. 백제 역시 중국문화를 수용하면서 고구려와 비슷한 문화를 가지고 있었으나, 마찬가지로 중국이나 고구려와 갈등을 겪기도 했고, 신라와 전쟁과 평화의 관계를 되풀이하고 있었다.

신라는 고구려와 백제에게 공격을 받았고, 경우에 따라서 왜의 공격도 받아 사면초가의 형세처럼 국가의 명맥을 겨우 유지하고 있던 형편이었다. 더구나 고구려와 백제가 중국과 조공관계를 유지하고 있었던 데 반해, 신라는 중국과의 관계를 끊고 국교를 맺으려는 시도조차 하지 않았다.

중국사료를 바탕으로 신라가 중국에 조공했던 기록을 정리한 것이 제2장(37쪽)에 제시한 연표이다. 신라와 중국의 관계에 대해서는 제2장에서 상론할 것이므로 여기에서는 신라와 중국의 국교가 거의 없었다는 사실만을 확인해 두기로 한다. 국교가 없었기 때문에 중국으로부터 직접적인 문화의 수용이 없었던 것은 당연하다. 물론 중국문화가 인접한 백제나 고구려를 통해 수용되었을 가능성도 충분히 있지만, 신라출토의 문물에서 확인되는 중국문화적 요소는 아주 희박하다.

결국 신라와 중국의 국교는 진한시대(3세기 중엽~4세기 중엽)에서 24대 진흥왕(540~576년) 대까지, 곧 286년부터 564년까지 278년 동안 겨우 4회의 사절 파견이 있었을 뿐, 외교적 단절은 물론 중국문화의 수용 자체를 거부했던 것으로 보인다.

동양사의 상식에 따르면, 삼국시대의 신라 역시 중국문화를 수용했던 중국문화권의 하나로 생각하는 것이 일반적이고, 이러한 선입관에 대해 의문을 가지는 사람은 거의 없었다. 한국인은 말할 것도 없고, 중국인이나 일본인, 나아가 전 세계 사람들 중에 고대에서 근대에 이르기까지 한반도의 모든 문화는 중국문화의 영향하에 있었기 때문에, 중국 이외에 문화를 전파했던 나라가 있었을 것으로 생각한 사람은 지금까지 아무도 없었다.

그렇지만 나는 '동양 속의 로마문화국가'가 분명히 존재하였다는 사실을 신라고분에서 출토되는 실물 자료와 주변 제국의 문헌사료로 증명해 보일 수 있다고 생각했다. "삼국시대 한반도에서 로마문화를 가진 국가가 있다"라는 주장은 누구나 상식에서 크게 벗어난 바보 같은 이야기라고 생각하게 될 것이다. 그러나 결론을 내리기 전에 아주 조금만 시간을 할애해주기 바란다. 그리고 신라고분에서 출토되고 있는 로마문화를 보여주는 엄청난 양의 유물들을 살펴보기 바란다.

신라의 고도를 방문해 본 사람은 물론이고, 가보지 않은 사람이라도 신라시대부터 중국의 불교문화가 수용되어 매우 융성했던 것에 대해서는 수많은 저작물들을 통해 충분히 알고 있을 것으로 생각한다. 분명히 신라는 6세기에 들어서면서 급속하게 중국문화를 수용하기 시작했고, 근대에 이르기까지 한반도는 중국문화를 수용했던 중국문화국가였다.

이 책에서 내가 주장하는 "신라는 로마문화를 가진 왕국이었다"라는 가설은 신라가 중국문화를 적극적으로 수용하게 되는 6세기 초 이전의 시기를 대상으로 하고 있다. 6세기를 경계로 신라왕국은 로마문화 대신에 중국문화를 수용하는 쪽으로 크게 전환했기 때문이다.

이 전환의 배경에는 세계적이며 역사적이었던 대변동이 있었다. 서기 476년에 고신라문화의 원천이었던 서로마제국이 멸망하였고, 동로마제국은 주변의 반달족Vandals, 에프탈족Ephtalite, 불가리인Bulgar 등의 침입에 시달리는 한편, 숙적 사산조페르시아와 기나긴 전투를 시작하게 되면서 로마세계는 대 혼란의 세기에 돌입하게 되었다.

동아시아에서는 약간의 로마문화를 수용하고 있었던 선비탁발씨鮮卑拓拔氏의 북위北魏가 493년에 화북 평성平城(대동大同)의 도읍을 버리고 중원의 낙양으로 천도했다가 534년에 멸망하고 말았다. 이때 신라와 로마세계의 교류는 거의 소멸되게 되었던 것으로 보인다. 이에 신라는 6세기 초부터 국가체제의 혁신을 꾀하면서 중국문화를 적극적으로 수용하기에 이르렀고, 이후부터 근대에 이르기까지 주로 중국문화를 수용하게 되었던 것이다.

그렇다면 독자들은 "왜 신라만이 돌연변이처럼 로마문화를 수용했던 것일까?" 하는 의문을 품을 수도 있다. 로마문화의 수용이 이 시기에 집중되었던 것은 고분에서 출토되고 있는 엄청난 양의 로마문화 계통의 유물들을 통해 분명히 인식할 수 있다. 로마문화 수용의 원천은 훨씬 앞선 한반도의 청동기시대, 곧 중국 춘추시대 말기에서 전국시대에 걸치는 시기에 일어났던 동서문화의 대교류에서 구할 수 있다.

전국시대 동서문화의 대교류는 중국 사회를 한 번에 변하게 할 만큼 커다란 변혁을 불러왔다. 40만 평방미터나 되는 대규모의 제철공장이 숲을 이루고, 바다에 인접한 연燕에서는 천 명이 넘는 노동자가 일하는 제염공장이 잇따라 세워졌으며, 다른 제후국에서도 섬유와 칠기산업 등에 성황을 이루었는데, 이러한 대규모 공장유적들이 속속 발굴 보고되고 있다. 이런 결과로 화폐경제의 성장이 촉진되어 물물교환이 아닌 화폐에 의한 도시경제의 발달로 이어져 대규모 유통이 전개되기 시작했다.

도시가 정비되고 교통망이 발달해 노동자들이 도시로 집중되면서 시장이 탄생했고 새로운 도시문화가 발달했다. 일상생활의 모습도 크게 변해 사람들의 의복까지도 새로운 스타일로 변하게 되었다. 이러한 동서문화의 대교류가 한반도까지 파급되었던 것이다. 신라가 로마문화를 수용하게 된 것은 이 연장선상에 있었기 때문이었지 결코 돌연변이처럼 일어났던 현상이 아니었다.

지금까지 중국사연구에서 이 전국시대 동서문화의 대교류와 격동의 사회변혁에 대해 논했던 학자가 거의 없었다. '전란의 시대'라는 선입관으로 전국시대를 간과했기 때문이었다. 오늘날 발굴되고 있는 수많은 유적, 특히 생산공장 유적의 발굴은 이렇게 낡은 선입관적 통념을 정면에서 부정하는 자료를 제공한다. 새로운 발굴자료에 기초한 이

신라가 꽃피운 로마문화

른바 '중국 전국시대론'에 대해서는 다른 책에서 다뤄 볼 예정이라 여기에서 더 이상 언급하지 않기로 한다.

이 책에서는 신라가 로마문화를 수용했던 왕국이었음을 독자 여러분의 눈으로 직접 확인할 수 있도록 신라고분의 출토유물을 충분히 조명하면서 있는 그대로의 상황을 전하기 위해 많은 양의 컬러사진을 제시하였고, 이런 유물과 관련된 다른 자료들을 아울러 소개하고자 한다. 다음으로 유물의 배경이 되는 역사현상과 유물이 속해 있던 문화 내용을 문헌기록에 비추어 봄으로써 어떤 사실들이 나타나게 될지에 대해 검증해 보고자 한다.

광복 전후에 발굴조사되었던 4~6세기 초의 신라고분 중에는 도굴의 피해를 입지 않아 매장 당시의 상황 그대로 유물이 출토된 고분도 적지 않다. 1기의 고분에서 1만 점 내지 3만 수천 점이나 되는 엄청난 양의 부장품이 손 타지 않은 상태로 출토되었다. 이러한 출토품들은 고구려나 백제고분의 그것에 비해 종류와 내용에서 근본적 차이를 보이고 있기 때문에, 신라가 전혀 다른 문화권에 속해 있었던 양상을 보여주었다. 더구나 중국에서 출토된 같은 시대의 유물과 비교해 보아도 전혀 다른 계통의 내용이 확인될 뿐, 상호 간의 문화적 공통점은 거의 찾아볼 수 없을 정도의 큰 차이를 보이고 있다.

신라는 왜 중국문화의 수용을 거부하고 로마문화를 수용했던 것일까? 누가 어떤 목적으로 신라에 로마문화를 가지고 왔던 것일까? 로마문화는 어떠한 경로를 통해 동쪽으로 전파되었던 것일까? 신라가 수용했던 로마문화에 대해 주변의 여러 나라들은 어떻게 반응했을까? 그리고 신라의 로마문화란 어떤 것이었을까?

이러한 문제는 지금까지 전혀 생각해 보지 못했던 역사상이기 때문에 당연히 많은 수수께끼와 문제가 산적해 있지만, 신라고분의 출토품과 역사적 유물을 가지고 하나하나 풀어가고자 한다.

2 삼국시대 신라에 관한 종래의 학설

우선 지금까지 삼국시대의 신라에 대한 통설적 학설 중에 가장 대표적인 것의 대강을 소개해 보기로 한다. 물론 이러한 견해의 대부분이 삼국시대의 신라가 중국문화를 수용했던 국가였다는 것을 대전제로 고구려와 백제의 정치조직과 사회제도에 대한 차이를 논하고 있음은 다시 말할 필요가 없다. 출토유물의 특이성에 대해 지적했던 것도 있지만, 이들 유물에 반영된 사회와 문화에 대한 언급은 거의 없다고 해도 과언이 아니다.

역사사전의 신라 서술

일본의 대표적인 역사사전의 하나인 『국사대사전國史大辭典』[1~15, 吉川弘文館, 1979~1997]의 〈신라〉 항목에 기술된 내용을 요약해 보면 아래와 같다. 서두에서 신라사의 시기구분을 표로 제시하여 시대구분에 따른 해설을 붙였다. 이 부분은 태평양전쟁 패전 전후에 한국사의 권위자였던 사이토 다다시斎藤忠가 집필하였다.

표 1 신라사의 시대구분

연대	시기	구분	왕대	시대
~ 356	전 사	원시촌락국가	1대 시조 ~ 16대 흘해왕	사로국
~ 500	제1기	초기귀족국가	17대 내물왕 ~ 21대 소지왕	삼국
~ 676	제2기	후기귀족연합체제	22대 지증왕 ~ 30대 문무왕	
~ 765	제3기	율령체제 왕권확립	30대 문무왕 ~ 35대 경덕왕	통일 신라
~ 826	제4기	율령체제 왕권쟁탈	36대 혜공왕 ~ 41대 헌덕왕	
~ 935	제5기	지방자립 왕권쇠퇴	42대 흥덕왕 ~ 56대 경순왕	후삼국

이 책에서 신라가 로마문화왕국이었던 시기는 전사 말기인 13대 미추왕 대(261~284년)부터 제1기(356~500년)를 지나 제2기 초인 22대 지증왕 대(500~514년)와 23대 법흥왕 대(514~540년)까지 해당한다.

우선 〈전사〉에 대해서는 다음과 같이 해설하였다.

〈전사〉 경주지방에서 농경이 시작된 것은 기원전 4~3세기 무렵으로, 기원후 3세기 전후의 사로국 시대에는 한韓족의 농촌공동체를 기반으로 원시국가가 성립해 있었다. 그 중심은 뒤에 6촌으로 불리게 되는 촌락국가로서 현재 경주시 일원의 너비 1㎞에 길이 10㎞ 이상 되는 곡간평야 안에 각각의 근거지를 정하고 있었다. 이 지방의 지형과 토양이 초기 농경에 적합했던 까닭에 생산이 향상되고 사회조직이 정비되면서 국가형성은 순조롭게 진전되었다. 이 시기의 정치조직은 약한 지배권력으로 개개의 성원이 중시되는 촌락공동체적 질서를 기초로 한 것이었다. 사로문화의 성격은 가야제국과 일본열도의 그것과 유사하였고, 그 기층문화는 남방계통으로 보이지만, 귀족문화에는 북방문화와 중국문화의 영향이 있었다.

이상과 같이 신라 이전의 사로시대에는 기층문화는 남방계이고, 귀족문화 중에는 북방계와 중국문화의 영향이 있었음을 지적하였다. 또한 이로부터 이어지는 제1기(내물왕~소지왕; 356~500년)에 대해서는 다음과 같이 해설하였다.

〈제1기〉 초기귀족연합체제. 4세기 후반 신라의 건국은 국가형성의 비약적 발전의 결과였다. 6촌의 촌락연합체제가 중앙집권적인 귀족연합제가 되었고, 왕위계승의 전통도 3성 교대의 전승시대에서 김씨 왕실의 독점시대로 변했다. 신라는 이 시대부터 국제무대에 등장해 377년과 378년에는 진한제국의 대표국으로서 전진에 조공하였다. 399년 이후부터 5세기 중엽까지는 고구려·왜·가야제국에게 침략당하는 고난의 시대가 계속되었다. 5세기 후반이 되면서 신라는 이 세력들을 축출하면서 낙동강 중상류 지역에 진출해 백제와의 연합을 통해 고구려와 전쟁을 벌이기도 했다. 이 시기에 왕권이 확대되면서 분묘도 대형화되었다. 부장품에는 가야제국과 마찬가지로 농공구가 많았다. 신라는 농업생산을 기반으로 했던 사회로 왕권 역시 농업생산의 유지와 발전을 가져온다고 믿었던 농경의례와 연동되었다. 이러한 부장품들에서는 신라의 귀족문화가 스키타이문화와 중국문화의 영향을 받았던 고구려문화와 유사한 점이 많음이 지적되고 있다. 이 시기에는 왜군이 자주 신라왕도를 공격해 399년에 왕도가 점령되었고, 이듬해에 고구려군이 구원해 주었으나, 후에 아라군安羅軍과 왜군에게 다시 점령되어 고구려와 왜의 쟁탈지가 되었다. 이 때문에 신라왕은 왜국에 왕자를 인질로 보내기도 했다. 425년 이후에 왜왕이 송에 요청했던 칭호에는 신라新羅와 진한秦韓 등을 포함하는 7국제군사七國諸軍事의 표현이 보이게 되고, 왜가 신라의 독립을 인정하고 있음과, 진한제국이 여전히 존속하고 있었음을 전하고 있다. 5세기 후반이 되면 왜군은 신라의 변두리만을 공격할 뿐으로 신라가 강대해졌음을 보여주고 있다.

이 시대 고분의 부장품을 통해 스키타이와 중국문화의 영향을 받았던 고구려문화와 유사한 점이 많았다고 결론짓고 있는 것이다.

한국학자의 견해

한국 고고학계를 대표하며 서울대학교 고고학과 주임교수였던 고 김원룡 교수는 저서 『한국문화의 원류』(니시타니 타다시西谷正 외 일역, 學生社, 1981)에서 다음과 같이 서술하였다.

사로를 건국했던 6촌은 서천유역에 형성된 동서 4km, 남북 8km의 경주 충적평야 일원의 구릉 사면에 위치했던 초기 철기시대의 취락집단들이었다. 6촌의 지배자들은 아마도 대동강유역에서 남하했던 고조선계의 주민들이었을 것으로, 박혁거세의 탄생설화에 말馬이 등장하고, 신라의 귀족이

신라가 꽃피운 로마문화

반드시 말을 타고 있었던 것을 보아도, 신라의 건국자가 북방 기마민족이었음을 반영하고 있는 듯하다.

이렇게 고 김원룡 교수는 신라의 건국자가 북방 기마민족의 배경을 가지고 있었던 것으로 추론하였다. 더구나 다음과 같이 6세기 초 법흥왕의 시대에 북방적 고대국가에서 중국적 근대체제로 방향 전환했음을 지적하였다.

종종 역사가들은 『삼국사기』에 대해 내물왕(356~402년) 이후부터라야 비로소 신빙성이 인정되고 그 이전의 기록은 믿을 수 없기 때문에, 신라가 실질적으로 왕국단계에 돌입한 것은 내물왕 대, 곧 4세기 후반의 일로 보고 있다. 그러나 나는 늦어도 미추왕 대(262~283년)에 대형고분이 조영된 것으로 보아, 이때부터 실질적인 고대왕국의 단계에 돌입했던 것으로 생각한다. 『삼국사기』에 미추왕 대에 처음으로 '대릉大陵을 세우다'라는 문구가 사용되기 시작했다. 바로 이때 왕의 무덤이 대릉이라 불릴 정도로 분묘가 현저하게 대형화되어 외형적인 위용도 갖추게 되었던 것이다. 왕의 존엄성, 곧 왕의 실권과 실력의 충실화, 한 걸음 더 나아가 말한다면, 왕국으로서의 안과 밖이 정비되었음을 시사하는 것으로 보아도 좋을 것이다. 또 3세기 후반의 문화상을 보아도 신라가 여전히 6촌 당시의 사로국에 머물고 있었다고 생각하기는 어렵다. 박朴·석昔 두 씨족의 뒤를 이어 김金씨가 즉위했던 사실을 왕조에 비유하자면, 태조와 태종의 2대를 지나 3대라는 안정기 또는 발전기에 접어들었음을 의미하는 것으로, 사로국이 확대한 영토와 확립된 왕권을 갖춘 실질적인 왕국이 되었던 것을 보여주는 것으로 생각한다. 6세기 초에 사로국은 국호를 신라로 고치고, 거서간·이사금·마립간 같이 고유한 왕의 칭호를 중국식의 '왕王'으로 바꾸었다. 왕호를 바꾼 법흥왕은 불교의 공인으로도 유명하지만, 왕의 치세였던 6세기 전반 무렵은 전통의 신라가 중국형으로 변하는 최초의 전환기라는 의미를 갖는다. 북방적 고대국가에서 중국적 근대체재로 방향 전환했던 것으로 말할 수 있겠지만,

이를 계기로 한민족의 고유한 전통은 크게 변하기 시작했다.

일본 한국사연구자의 견해

일본의 한국사연구자 중에 가장 진보적인 연구자로 도호쿠대학東北大學에 재직했던 고 이노우에 히데오井上秀雄의 주장을 인용해 보면 아래와 같다.(『古代朝鮮』日本放送出版協會, 1972)

신라의 이름이 최초로 중국사서에 보이게 된 것은 377년으로, 이때 신라는 고구려와 함께 전진前秦에 조공했다. 이어서 382년에는 신라왕 누한樓寒이 사신 위두衛頭를 전진에 파견해 미녀를 바쳤다고 한다. 그렇다면 사로국에서 신라국으로의 변화를 어떻게 보아야 할까? 사로국을 포함한 진한辰韓은 280·281·286년의 3회에 걸쳐 서진西晉에 조공했는데, 이때까지는 진한의 12국이 각각 조공하고 있었던 단계였다. 이에 비해 377년과 382년의 조공은 진한의 1국으로서가 아니라, 진한제국의 대표로서 조공했던 것이다. 신라왕 누한이란 신라 제17대 내물마립간(357~402년)을 가리키는 것으로, 이때부터 김씨가 왕위를 독점하게 되면서 신라의 역사시대를 맞이하게 되었던 것이다.

5세기의 신라는 왜와 고구려의 침략을 받아 지배당하는 고통으로부터 점차 독립을 성취해 가던 고난의 시대였다. 그리고 신라가 왜의 침략을 받아 국토를 점령당하고 왕성을 잃었기 때문에 고구려 광개토대왕에게 구원을 요청했던 것, 광개토대왕이 5만의 군대를 보내 왜군을 축출하고 구원했던 것을 기술한 후에 다음과 같이 서술하였다.

왜와 고구려의 영토쟁탈지가 되었던 신라는 국제사회에서 자립의 어려움과 필요성을 통감해, 고구려의 제도와 문화를 수용하면서 점차로 군사력을 강화하고 있었다. 그 성과가 5세기 후반부터 점차 나타나기 시작해,

신라가 꽃피운 로마문화

더 이상 왜군이 왕도에 침입하는 사례는 거의 보이지 않게 되었다. 고구려 철수의 여론도 비등해져 마침내 신라는 무력으로 고구려군을 축출하기에 이르렀다.

여기서 서술한 왜군의 신라점령은 이른바 신공황후神功皇后의 「신라정토이야기新羅征討物語」에 해당하는 사건이다. 신공황후전설은 차치하더라도, 왜가 신라를 점령했던 사실은 『삼국사기』 내물왕 38년조에 기술되어 있고, 「광개토왕릉비문」에도 명기되어 사실이었던 모양이다. 어쨌든 간에 이 사건을 계기로 신라가 고구려문화를 수용하게 되었던 사실이 여기에도 기술되어 있다.

이상과 같이 신라문화의 내용을 북방 스키타이계통의 문화와 고구려문화, 곧 고구려가 수용했던 중국문화의 수용으로 파악하는 학설이 공통적으로 받아들여지고 있다. 신라문화의 모든 내용을 고구려문화의 수용만으로 다 설명하기가 어려우니까 북방문화의 도입을 추가하는 것으로 신라문화에서 나타나는 이질적 요소에 대한 설명을 회피하면서, 설명하기 어려운 현상을 북방문화의 도입으로 해결해 보려 했던 것처럼 보인다.

3 동양사의 상식을 뒤엎는 신라의 사실

구체적인 것은 제3장에서 상술하겠지만, 삼국시대 4~6세기 전반의 신라유적에서 출토되고 있는 유물들이 보여주는 것처럼, 로만글라스와 그리스·로마적 전통 누금세공의 장신구류, 황금보검그림 212·213·218을 비롯한 금은제품, 말머리모양의 뿔잔(각배角杯, 류톤,

그림 253~258 · 264~275), 와인컵모양 토기그림 299, 손잡이 달린 컵그림 165 · 276~283 등과 같은 로마적 요소, 그리스신화의 성수신앙을 반영한 수목형 왕관그림 12~18 등은 고구려는 물론, 중국과도 전혀 무관한 유물들이다. 나아가 위의 여러 학설에서 언급되었던 북방문화와도 근본적으로는 그다지 관계가 없다. 다만 로마문화권에서 제작된 것이 신라로 운반되는 과정에서 디자인과 기술도입의 중계적 역할을 북방문화가 담당했던 것은 후술하는 바와 같이 명백한 사실이다.

따라서 이러한 유물들은 북방민족의 문화적 소산이 아니라, 로마문화의 소산이었던 것이다. 물론 마구와 무기 등이나 자작나무껍질(백화수피白樺樹皮) 제품처럼 북방민족의 소산과 북방문화의 도입을 명백하게 보여주는 유물들도 출토되고 있다. 그 중에서도 돌무지덧널무덤이라는 신라고분의 독특한 축조법은 중국에도 고구려나 백제에도 없다. 돌무지덧널무덤은 스키타이인과 그 후예들의 독특한 매장법으로 그들의 장송의례가 도입돼 있었음은 명백하다.

이러한 신라고분의 출토유물은 고구려문화 나아가 중국문화 도입설을 부정하는 것으로, 종래의 신라사의 통설을 뒤집기에 충분한 실물자료들이다. 우리는 신라고분에서 출토된 유물들이 말하는 고대신라의 문화를 선입관이나 일반적 통념에 구속되지 않고 허심탄회하게 관찰함으로써 출토유물이 전하는 문화의 내용을 솔직하게 이끌어낼 필요가 있다. 이렇게 많은데다가 더구나 부장품의 중심을 이루면서 로마문화의 향기를 가득히 내뿜는 유물들을 그동안 한국과 일본의 고대사학자들은 어떻게 무시할 수 있었던 것일까? 고구려문화와 북방문화의 도입만 가지고 전부 설명할 수 없는 것들이 너무나 많은 것이다. 반복하겠지만, 이러한 출토유물들은 신라사의 통설을 뒤엎는 실물자료들이다. 종래 신라사의 통설이 뒤집힌다는 것은 분명히 동양고대사의 일반적 개념에 대한 획기적인 시정 촉구로 이어지게 될 것이다.

신라가 꽃피운 로마문화

제 2 장

신라는 왜 중국과 국교를 맺지 않았던가

삼국시대, 4~6세기 전반의 신라고분에서 출토된 자료들을 조사해 보거나 중국과 조선의 문헌기록을 조사해 봐도, 신라와 중국의 관계가 극히 소원했음은 확실하다. 출토자료에 중국문화의 영향이 전혀 없었다고 말할 수 없을지 몰라도, 신라고분의 출토유물에는 중국문화의 영향을 받은 것보다 비 중국계통의 유물들이 다수를 차지하고 있다. 제3장부터 상세히 소개할 것처럼, 출토유물들을 훑어본다면 틀림없는 사실로 확인될 것으로 생각한다.

또한 문헌기록을 면밀하게 검토해 보아도 신라와 중국의 관계는 진한시대(3세기 중~4세기 중)부터 시작되지만, 다음과 같이 소원하였다.

280년 서진에 조공
281년 서진에 조공
286년 서진에 조공
[91년 간 국교 공백]
377년 전진에 조공

                    [5년 간 국교 공백]
        382년 전진에 조공
                    [126년 간 국교 공백]
        508년 북위에 사신 파견
                    [13년 간 국교 공백]
        521년 남조 양梁에 사신 파견
                    [43년 간 국교 공백]
        564년 북제北齊에 조공
                    [4년 간 국교 공백]
        568년 진陳에 조공

    이상과 같이 신라는 286년 서진에 조공한 이래 564년 북제에 조공할 때까지 실로 278년 동안 겨우 4차례만 외교사절을 파견했을 뿐이었다. 거의 매년같이 중국에 조공했던 고구려와 백제에 비한다면 신라와 중국의 관계는 거의 없었다 해도 좋을 정도이다.

    이렇게 빈곤했던 단 몇 차례의 기록에서 그 사절파견의 내용을 보아도 신라와 중국이 국교를 맺고 있지 않았음은 너무나 선명하게 드러난다.

1 중국사료에 기록된 양국의 관계

    먼저 중국사료에 기록된 신라와 중국의 관계를 살펴보자. 신라를 전하는 가장 오래된 중국사료는 한일 양국에 잘 알려져 있는『삼국지』위서 동이전이다. 「위서 동이전」에는 부여, 고구려, 동옥저, 읍루, 예, 마한국, 진한, 변진, 왜인 등의 항목이 포함되어 있다. 일본에서 이른바 「위지 왜인전魏志 倭人傳」이라 하는 것은 마지막 항목에 배치된 왜

신라가 꽃피운 로마문화

인倭人의 기술을 가리키는 것이다. 「위서 동이전」에 기록된 여러 한국韓國의 소재지에 대해 이노우에 히데오는 그의 저서 『고대조선古代朝鮮』에서 다음에 제시한 지도 2와 같이 알기 쉽게 정리하였다.

이 지도에서 북쪽에 위치하는 고구려는 313년에 낙랑군, 314년에 대방군을 각각 멸망시켜 편입시켰으며, 동방의 동옥저와 예를 종속시켜 한반도 북부의 통일을 이루었다. 그 결과 북부의 고구려, 동남부의 진한과 남부의 변한(양국이 신라로 병합됨),

지도 2 「위서 동이전」에 기술된 고대 한국(이노우에 히데오 『고대조선』*에서 전재)

* 남해안의 왜는 이노우에의 오류를 저자가 무비판적 수용한 것으로, 역자는 『伽倻諸国と任那日本府』(吉川弘文館, 1993) 33–36쪽에서 철저히 부정 비판하였다.

서남부의 마한(이후에 백제가 됨)이라는 삼국체제가 성립하였다.

당시의 중국사료 『진서晉書』에 기록된 이런 나라들과 신라의 서진 (265~316년)에 대한 외교관계는 고구려와 백제가 거의 매년 조공한 것에 비해, 진한은 겨우 3회에 불과하였다. 『진서』 97권 진한조에는 태강太康 원년(280년)에 '진한왕이 사절을 파견해 방물을 바쳤다', 이듬해 (281년)에 '진한이 다시 와서 조공했다', 태강 7년(286년)에 '진한이 다시 왔다'는 기사만 전할 뿐이다. 신라와 중국의 외교가 거의 없었음을 알 수 있다.

반면에 「위서 동이전」의 진한과 변한, 즉 후대의 신라에 대한 기술을 살펴보면, 아주 중요한 사실이 기록돼 있음을 발견할 수 있다.

진한은 마한의 동쪽에 있다. 그곳의 어떤 노인이 세상에 전해 말하기를 옛날에 멸망한 나라 사람이 진대의 난리를 피해 한국으로 갔다. 마한(백제)이 동쪽 경계의 땅을 떼어 주었다. (진한에는)성책이 있고, 그 언어가 마한과 같지 않다.

또한 변진조에는

변 · 진한弁辰韓은 합해 24국이다. 대국은 4~5천 호이고, 소국은 6~7백 호로 모두 4~5만 호이다. 그 12국은 진왕에 속해 있는 데, 진왕은 언제나 마한 사람이 선택된다. 이렇게 대를 이어가지만 스스로 왕위에 오를 수는 없다. 토지가 비옥해도 좋은 오곡과 벼, 양잠과 뽕나무가 있어 비단(겸포縑布)을 짠다. (사람들은)소와 말을 타고, 혼인의 풍속에는 남녀의 구별이 있다. 큰 새의 깃털로 죽은 자를 보내는데, 그것은 죽은 자로 하여금 날아가게 하려는 뜻에서 비롯되었다. 나라에서는 쇠가 생산되는데, 한韓 · 예濊 · 왜倭 모두가 가져간다. 여러 시장에서 물건을 사는 데 모두 쇠를 사용해 중국에서 돈(전錢)을 사용하는 것과 같다. …(중략)… 그 습속에 길에서 지나치는 사람은 모두 서서 길을 양보한다. 진한과 뒤섞여 사는 변진에도 성곽이 있으며, 의복과 주택은 진한과 같고, 언어와 법속이 서로 닮았으며, 의복은 청결하고, 법속이 특히 엄하다.

「위서 동이전」에서는 진한의 언어가 마한과 다름을 기록한 후에, '나라를 방邦이라 하고, 활은 호弧라 하기도 하며, 적賊은 구寇라 하고, 행주行酒를 행상行觴으로 부르는 것이 진인秦人과 닮았는데, 진한辰韓을 진한秦韓으로 부르는 사람도 있다'고 하였다. 이러한 기술 때문에 한국 사연구자 중에는 진한이 중국의 화교국이었다는 논문을 발표한 사람도 있다. 그러나 나는 진한의 언어가 마한의 언어와 달랐던 것과 진한과 변한의 언어가 같았다는 점에 주목하고자 한다.

변진조에서 왕이 언제나 마한사람 중에서 선택되었다는 것은 그렇다 하더라도, '스스로 왕이 될 수는 없었다'는 점, 즉 12개국 고관들의 합의에 의해 선출되었다는 것은 동양에서 왕의 즉위와는 전혀 다른 형식을 보여주고 있다. 진왕의 선출방식이 어쩌면 로마황제의 선출방법과 비슷한 계통이었음을 우선 지적해 두고 싶다.

더구나 마한에서 소나 말을 탈 줄 몰랐지만, 진한에서는 소를 몰고 말을 탔으며, 성곽을 쌓았고, 시장에서는 쇠를 화폐로 써서 물건을 사고파는 고도로 발달된 도시생활의 모습이 기록되어 있다. 이러한 내용은 고분에서 출토된 유물에서 실제로 확인할 수 있는 것들이다. 또한 의복이 청결했다는 것과 습속이 준엄했다는 것이 특별히 기록되고 있다는 것은 주변제국의 그것과 달랐음을 암시하는 것으로 매우 중요한 의미를 가지고 있는 것으로 생각된다.

다음으로 신라가 중국과 처음 접촉한 것은 고구려의 사절에 부쳐 전진에 사신을 파견했던 태원太元 2년(377)의 일이었다. 지난번 서진의 무제에게 사절을 파견(태강 7년, 286년)했던 때부터 91년이나 공백이 있은 뒤의 일이었다. 그것도 고구려왕의 강요에 따라 나서게 된 동반사절에 불과했기 때문에 자발적으로 파견했던 외교사절은 아니었다.

그것은 다음에 나열하는 바와 같이, 신라에 관한 중국사료에서도 중국과의 국교를 필요로 하지 않았던 신라의 상황을 확실히 읽을 수가 있다.

> 377년(태원 2년) 전진에 사절 파견.(사마광司馬光『자치통감資治通鑑』권 104 진기秦紀 : 봄에 고구려 · 신라 · 서남이가 모두 사신을 파견하여 조공하였다)
> 382년(건원建元 18년) 전진에 사절 파견.(『태평어람太平御覽』권781 사이부四夷部2 본이本夷2 신라에 인용된『진서秦書』) : 진왕秦王 부견苻堅이 건원

18년에 신라국왕 누한이 사절 위두를 보내 미녀를 바쳤다. 이 나라는 백제의 동쪽에 있다. 풍성하고 아름다운 머릿결을 가지고 있는데, 그 길이가 한 길이 넘었다. 다시 말하기를 부견의 시대에 신라국왕 누한이 사신 위두를 보내 조공했다. 부견이 말하기를 "경卿이 말하는 해동의 일이 옛날과 같지 않으니 어찌된 일인가"하니, 대답해 말하기를 "그것은 마치 중국에서 시대가 변해 국가의 명칭을 고치는 것과 같은 것입니다"라 했다.

진왕 부견이 신라왕 누한의 사신 위두에게 해동(신라)의 일을 듣고, 옛날의 상황과 다르게 된 이유가 무엇이냐고 물었던 부분은 매우 중요한 의미를 포함하고 있다. 고구려와 백제의 사신에게는 그런 질문을 하지 않았는데, 신라에게만 위화감을 느꼈기 때문에 했던 질문이었다. 결국 고구려와 백제가 기본적으로 중국문화를 수용하던 것에 비해, 신라가 전과 같이 중국문화를 받아들이지 않게 되었던 상황이 질문에 반영되었던 것이다.

그 질문에 대해 신라사신 위두는 "중국에서도 시대가 변하면 국명이 변합니다. 그것과 비슷한 것입니다"라고 대답하였다.

이러한 대답은 참으로 의미심장했다. 중국에서도 시대가 변하면 다른 민족의 국가가 성립하면서 국명도 변하게 된다. 마찬가지로 신라가 다른 내용의 나라가 되었던 것은 시대적 추이에 따라 중국에서 나라의 내용이 바뀜에 따라 국명이 바뀌었음과 같은 것이라는 대답이었다. 이미 신라가 중국문화를 수용하던 시대와 달라져 있음을 명확하게 표명한 것이며, 동시에 신라의 비 중국문화의 수용이 사신 위두의 입을 통해 확실하게 알려지게 되었던 것이다.

진왕 부견이 신라의 변모에 의문을 가지게 되었을 정도로 신라는 중국과 인연이 멀었던 존재였다. 부견과 사신 위두의 대화는 신라가 중국문화와 다른 문화를 수용하고 있었던 것을 훌륭하게 증명하

신라가 꽃피운 로마문화

는 대목이다.

덧붙여 말하면 여기서 신라왕 누한이란 신라 제17대 내물마립간(356~402년)이었다. 마립간은 신라어로 왕을 뜻하는 말로, 이전에는 거서간이나 이사금의 칭호가 사용되었는데, 모두 왕을 의미하는 말이었다. 내물마립간은 절묘한 외교와 국내정책을 통해 신라왕국의 기반을 굳혔으며, 국제무대에서도 사신 위두가 전진의 왕 부견을 상대로 당당하게 대응할 수 있을 정도의 국가형성을 확립시켰던 영명한 군주였다. 내물왕의 시대에 대해서는 『일본서기』에도 흥미로운 기술들이 적지 않다. 이에 대해서는 다음 항목에서 살펴보고자 한다.

내물왕과 그 뒤를 잇는 시대에도 신라의 로마문화를 비롯한 비 중국문화의 수용은 순조롭게 전개되어 갔다.

내물왕이 전진에 사신을 파견한 이후에 신라와 중국의 국교는 다시 126년 동안이나 단절되었다. 그러다가 북위가 화북의 평성平城(대동大同)에서 중원의 낙양洛陽으로 천도한 후인 508년에 신라의 사신 파견이 기록되었다.

> 508년(영평 원년) 3월에 우전국于闐國 등과 함께 사라斯羅가 사신을 보내 조공했다.(『위서』 권8 세종 선무제본기)

508년에 우전국 등 중앙아시아의 여러 나라와 함께 북위에게 사신을 보냈던 신라측에는 특별한 사정이 있었던 것으로 생각된다. 왜냐하면 낙양 천도 이전의 북위는 평성에 도읍을 두고, 비잔틴세계(동로마제국)와 밀접한 관계를 가지고 있었으며, 신라와 공통된 로마문화의 수용이 부분적으로 보이기 때문이다.

북위가 처음 본거지를 두었던 성락성지盛樂城址(내몽고內蒙古 호린골 토성자和林格爾土城子)나 뒤에 천도했던 대동의 평성도성 터가 발굴되었을 때, 다수의 비잔틴금화그림 6와 은그릇, 사람·동물무늬(인수문人獸文) 금동잔그림 7과 다이아몬드 상감반지 등이 출토되었다. 이러한 사실에서 북위가 비잔틴세계와 교류하고 있었음이 짐작된다.

또한 북위의 도읍이었던 평성에서 고관 봉씨封氏 일족의 분묘가 하북성 경현景縣으로 이장된 것이 발굴되었을 때, 봉마노묘封魔奴墓와 조씨묘祖氏墓에서 전형적인 후기 로만글라스들이 출토되었다그림 241. 로만글라스와 같이 북위 평성시대 유적 출토품 중에 신라고분에서 출토된 유물과 많은 공통성이 확인되고 있다.(156~157쪽의 지도 4 참조)

낙양으로 천도한 후에 북위는 로마문화의 수용을 단절하는데, 바로 이러한 시기에 신라도 로마문화의 수용을 단절하면서 중국문화를 수용하기 시작했다. 양쪽의 시기가 절묘하게 일치하고 있다. 이런 현

그림 6 비잔틴제국(동로마제국)의 레오 1세(457~474년) 금화의 앞(위)과 뒤(아래). 지름 1.4cm, 무게 2g. 북위 성락성지 출토. 내몽고자치구박물관 소장. 평성시대 북위의 출토품에는 신라의 출토품과 공통되는 요소가 많이 확인되었다.

그림 7 비잔틴제국의 인수문금동잔. 높이 10.3cm 입지름 9.4cm 바닥지름 4.9cm. 북위 평성성지(대동시 북쪽 근교) 출토. 5세기. 대동시박물관 소장.

신라가 꽃피운 로마문화

상에는 문헌기록에서 확인할 수 없는 어떤 공통적 배경이 있었던 것으로 생각된다. 아마도 이미 북위와 신라에 로마세계와의 긴밀한 접촉이 불가능하게 되었던 어떤 상황이 있었기 때문이었을 것이다.

신라는 다시 13년 동안의 공백을 거친 뒤 보통 2년(521)에 남조의 양에 조공했다.

> 보통普通 2년 겨울 11월에 백제와 신라국이 각각 사신을 보내 방물方物을 바쳤다.(『양서梁書』 권3 무제기 하, 『양서』 권54 동이 신라전)

이어서 『양서』 신라전에서 처음으로 『삼국지』 위서 동이전의 내용과 같은 '진인이주설秦人移住說'을 기록, 해설한 후에 다음과 같이 기술하였다.

> 보통 2년에 왕 모진募秦이 처음으로 사신을 보내왔다. 백제를 따라온 사신이 방물을 바쳤다. 그 나라 사람들은 성城을 건모라健牟羅라 하는데, 읍 안에는 탁평啄評이라는 것이 있고, 밖에는 읍륵邑勒이라는 것이 있으니, 중국언어의 군현에 해당한다. 나라에는 6개의 탁평과 52개의 읍륵이 있다. 토지가 비옥해 오곡이 잘 자라며 뽕나무와 삼베가 많아 비단을 짠다. 소를 부리며 말을 탄다. 남녀의 구별이 있다. 관명으로 자분한지子賁旱支, 제한지齊旱支, 알한지謁旱支, 일고지壹告支, 기패한지奇貝旱支가 있고, 관冠을 일러 유자례遺子禮라 한다. …(중략)… 문자가 없어 나무를 깎아서 약속으로 삼는다. 말은 백제의 통역이 있어야 통할 수 있었다.

신라의 관에 대해 특별히 '유자례'라 기록하고 있다. 유자례가 중국의 관과 다른 모양을 하고 있기 때문에 특별하게 기록되었던 것으로 생각된다. 도대체 유자례란 어떤 관이었을까?

또한 여기에서 가장 주목해야 할 것은 신라에 문자가 없었다는 것과 백제인의 통역을 거치지 않고는 소통할 수 없었다는 점이다. 실제로 이 시기까지 신라고분 출토품에는 고구려 '호태왕好太王'의 명문이 새겨진 고구려의 청동호우그림 324, 중국제 칠기에 새겨진 '동董'의 명문그림 125·162, 그리고 '부인대夫人帶'의 각자명이 있는 은제 띠끝꾸미개(대단금구帶端金具)그림 203 정도가 있을 뿐, 한자가 사용되었던 예가 많지 않았으며, 한자가 사용된 것은 모두 수입품이었다. 『양서』에 '신라에 문자가 없다'고 기술된 것과 고분 출토품의 내용이 일치한다. 이때까지 신라에서 문자가 기술되었던 예는 전혀 존재하지 않았다.

중국문화를 수용했다면 한자의 도입 역시 필연적이었을 것이다. '문자가 없다'라는 말은 한자가 사용되지 않았다는 뜻으로, 신라에 중국문화가 존재하지 않았다는 것을 의미한다. 『양서』가 진나라 망명인의 이주를 기술하면서도, 백제인의 통역이 없으면 전혀 소통되지 못했다고 한 것은 신라의 언어가 고구려나 백제와 달랐을 뿐 아니라, 중국어와도 달랐다는 것을 분명히 기술한 것이었다.

이후 신라는 다시 중국왕조와의 국교를 43년 동안이나 단절한 후에 북제에 조공을 했고, 이후부터 자주 중국왕조에 사신을 파견하게 되었다. 중국문화의 섭취가 급속하게 진전되고 있던 상황이 이렇게 반영되었던 것이다.

564년 북제에 조공하다.
568년 진에 조공하다.
570년 진에 조공하다.
572년 북제에 조공하다.
578년 진에 조공하다.
594년 수에 조공하다.
621년 당에 조공하다.
623년 당에 조공하다.

623년 이후에는 매년 당唐에 조공하면서 당과 강한 연대를 구축해
가는 상황으로 나타난다.

2 한국사료로 보는 신라와 중국의 관계

한국고대사의 기본적 사료가 『삼국사기三國史記』(김부식, 1145년)와
『삼국유사三國遺事』(일연, 1280년)임은 잘 알려진 사실이다. 『삼국사기』
가 『일본서기日本書紀』라면, 『삼국유사』는 『고사기古事記』와 같은 위치
에 있다. 『삼국사기』가 정사인데 반해, 『삼국유사』는 역사적 일화와
이야기를 모은 사료이다.

이 두 가지의 기본사료에는 중국의 『삼국지』 위서, 『진서晉書』,
『진서秦書』, 『위서』, 『양서』 등에 기록된 신라 관련 기사와 대응되는
내용이 전혀 보이지 않는다. 『삼국사기』의 편찬자인 김부식은 신라를
특별히 배려했던 사람으로서 〈고구려본기〉와 〈백제본기〉보다도 〈신
라본기〉의 서술에 상당히 많은 분량을 할애하였다. 따라서 신라와 고
구려, 신라와 백제, 신라와 왜의 관계에 대한 기술이 상세한 반면에, 6
세기 중엽에 이르기까지 신라와 중국의 관계에 대한 기술은 거의 보이
지 않는다. 전설적인 기사가 많은 『삼국유사』에서도 신라의 중국 관
계에 대한 기술은 전혀 찾아볼 수가 없다.

결국 한국의 고대 사료에 신라와 중국의 관계를 보여주는 기록이
전혀 없다는 말이 되는 것으로, 현존의 기록이 보여주는 범위에서라
면, 신라와 중국의 관계가 아주 소원했음을 분명하게 전하고 있는 것
으로 보아도 좋을 것이다.

3 『일본서기』에 보이는 신라 관련 기록

　『일본서기』에는 신라가 어떻게 기록되어 있을까? 『일본서기』에
등장하는 최초의 외국명은 고구려나 백제가 아니라 신라였다. 「신대神
代 상上」에 보이는 첫 기사에는 '가라쿠니韓國란 섬에는 금은이 있다'라
고 쓰여 있다. 이외에도 신라가 금은이 있는 보물의 나라로 표현돼 있
는 부분은 『일본서기』의 여러 곳에서 찾아볼 수 있다. 수인垂仁 3년 3
월조에 신라왕자 천일창天日槍(아메노히보코)이 진귀한 구슬을 비롯한 여
러 가지 보물을 가지고 일본에 귀화했다는 이야기는 일반에도 잘 알려
져 있다. 또 계체繼體 6년 12월조에도 '바다 건너 금은의 나라'라고 기
록되어 있어 고대일본인들은 일반적으로 신라를 금은보화가 풍부한
보물나라로 생각했던 것 같다.

　중애仲哀천황이 8년 9월에 군신들에게 규슈九州의 구마소熊襲에 대
한 정토계획을 협의토록 시켰을 때, 신공황후神功皇后에게 신탁이 내
려지기를 "천황이여, 어째서 구마소가 복속하지 않을까를 걱정하십니
까? 구마소는 아무 것도 없는 나라입니다. 군사를 일으켜 칠 가치가
없는 나라입니다. 이 나라보다 훨씬 보물이 풍부한 나라가 있습니다.
예를 들면 처녀 눈썹 같이 생기고 항구에 인접한 나라가 있습니다. 그
나라에는 눈부신 금은채색이 많이 있습니다. 그 나라를 신라국이라 부
릅니다"라 했다.

　다음과 같이 같은 내용이 『고사기』 중애천황 단에도 보인다.

　서방에 나라가 있다. 금은을 비롯해 눈부신 여러 가지 보물이 그 나라
　에 많이 있다.

　또한 『석일본기釋日本紀』에 인용된 『하리마국풍토기播磨国風土記』에

46

도 다음과 같이 신라는 보물의 나라로 서술되어 있다.

> 구슬상자玉匣가 눈부신 나라, 보물나라 신라국을 …

이런 서술 중 가장 압권이 『일본서기』에 중애천황의 황후인 신공황후의 '신라정토이야기'다. 신라왕은 압도적인 신공황후의 군대를 보고 싸우지도 못하고 항복했다. 신라에 들어간 황후는 먼저 귀중한 보물창고를 차지해 봉인하고, 내물왕 아들 미사흔未斯欣을 인질로 삼았다. 개선하는 모습을 다음과 같이 서술했다.

> 이렇게 금은채색金銀彩色과 능라겸연綾羅縑絹을 취해 80척의 배에 실어 관군을 따르게 했다. 이로써 언제나 신라왕은 80척의 특산물로 일본국에 조공하게 되었다.(신라가 일본에 조공하게 된 데에는) 이런 연유가 있었다.(『일본서기』 신공황후 섭정전기, 중애천황 9년 10월)

신공황후가 신라에 상륙해 무엇보다 먼저 보물창고를 확보해 자기 것으로 했다는 기사는 신라의 보물이 일본인에게 얼마나 매력적이었던가를 잘 보여준다. 더구나 귀국하면서 80척의 배에 보물을 가득 싣고 돌아왔다고 한다. 과장된 표현이긴 하지만 엄청난 양이었음을 보여준다. 구마소를 '텅빈 나라'라 했던 것과 반대로, 신라는 '보물의 나라'라 했던 것이다.

한편 이 '신라정토이야기' 중에 신라왕이 항복하면서 했다는 말이 기록돼 있는데, 그 내용에 주목해야 할 부분이 있다.

> 지금부터 영원히 복종해 마부가 되겠습니다. 배 젓는 노가 마를 날이 없도록 봄가을로 빗과 채찍을 바치겠습니다. 또한 바닷길이 멀어 성가시다

하지 않고 매년 남녀를 조공물(調)로 바치겠습니다.

매년 봄가을에 말빗과 말채찍을 바친다는 것은 어떤 의미일까? 일 잘하는 남자와 미녀를 바친다는 것은 이해되지만, 금은보석 같은 보물이 아니라 말빗과 말채찍을 바친다는 것은 좀 어울리지 않는다는 생각이 든다.

그러나 신라인에게 말은 무엇과도 바꿀 수 없는 나라의 보물로 나라의 보물을 관리하는 빗과 채찍은 나라의 기본적 관리수단을 의미하는 것으로 생각된다. 신라에는 말을 잘 묻어 후장厚葬해 주는 관습에 축조된 말무덤馬塚, 그림 312이 있고, 말모양의 뿔잔그림 271~273·275도 만들어졌으며, 금은보석이나 비단벌레로 제작한 말안장 등에서도 말에 대한 강한 믿음이 잘 표출되고 있다. 마치 흉노족(훈족)이 말에게 강한 신뢰와 애정을 쏟고 있던 상황과 통하는 점이 있다.

공물에 일부러 금은보화를 거론하지 않았다는 것은 신라인에게 금은보화는 너무나 일상적인 것이어서 말빗이나 말채찍에 비해 덜 중요했기 때문이었을지 모르겠다. 또한 말빗·말채찍과 함께 젊은 남녀를 바친다는 생각은 흉노족과 공통되는 습속으로 신라인과 흉노인의 강한 관련을 나타내고 있다.

한편 말빗과 말채찍, 그리고 남녀의 공물은 신라왕 자신의 의지에 따라 제시된 것이지만, 일본의 천황가는 공물로 금은진보를 원했었던 것 같다. 다음의 일화에서 충분히 짐작할 수 있다.

신공황후 섭정 47년 4월에 백제왕이 구저久氐·미주류彌州流·막고莫古를 보내 조공했다. 이때 신라국의 조공사가 구저 등과 함께 왔다. 이에 황태후와 태자인 호무타와케노 미코토譽田別尊가 크게 기뻐하며 말하기를 "선왕이 바라던 나라 사람이 지금 조공을 왔다. 천황이 살아계시지 못한 것

신라가 꽃피운 로마문화

이 아쉽다"라 했다. 군신 모두가 슬퍼해 입을 여는 자가 없었다. 두 나라의 공물을 검사하니, 신라의 공물에는 진귀한 것이 아주 많았지만, 백제의 공물은 적고 천박해도 좋지 않았다. 그래서 구저 등에게 물어 말하기를 "백제의 공물이 신라의 그것에 미치지 못하는 것은 무슨 까닭인가?"라 했다. 그 추궁에 대답이 궁해진 백제 사절이 엉겁결에 거짓말을 했다. "실은 신라가 가져 온 진귀한 보물들은 우리나라 공물입니다. 백제에서 오던 중에 신라인에게 빼앗겨 신라의 공물이 되었고, 보잘 것 없는 신라의 공물이 우리 공물로 되었던 것입니다"라 하였다.

이 기사 뒤에는 사건의 진상을 확인하기 위해 현지에 사신을 파견했다는 일화가 상세히 서술되어 있다. 백제 사신은 궁여지책으로 신라인을 함정에 빠뜨리는 말을 꾸며 그 상황에서 벗어날 수 있었는데, 이 일화에서는 신라와 백제의 특산물 차이가 잘 설명되어 있다.

신공황후에 대한 『일본서기』의 기술이 사실에 기초했는지에 대한 논의는 차치하더라도, 당시의 사회상을 분명하게 반영하고 있는 이야기임에는 틀림없을 것이다. '설화'라는 것은 누구나 납득할 수 있는 상황을 전제로 함이 필수적이기 때문이다. 더구나 오늘날 발굴되고 있는 신라고분 출토품들은 이와 같은 신라와 백제의 공물에 관한 일화의 내용을 잘 반영하고 있다.

결국 신라고분 출토품 중에는 반드시라고 해도 좋을 만큼 금은제품과 진귀한 보석과 구슬 등이 포함되는데 반해, 백제고분의 출토품에는 그 정도의 유물이 포함되지 않고 있다. 『일본서기』에 기술된 일화의 내용이 신라와 백제사회의 차이가 반영되었음은 각각에서 출토된 유물들이 아주 잘 보여주고 있다. 구체적인 신라와 백제의 출토유물을 통해 보다 구체적으로 살펴보고자 한다.

4 아라비아의 옛 기록에 기술된 신라

한양대학교 이희수 교수의 『세계문화기행』(도서출판 일광, 1999)에는 아라비아세계와 신라의 관계를 보여주는 아주 흥미로운 사료가 소개되어 있다. 이희수 교수는 한국외국어대학교를 졸업하고 터키 마르마라대학에서 박사학위를 취득하고, 조교수로 이슬람사를 강의하다 귀국해 한양대학교 역사학 교수가 된 이슬람사의 권위자다. 『한 · 이슬람교류사』, 『터키사』 등의 저서와 『중동의 역사』라는 번역서가 있다. 『세계문화기행』은 유학하던 이스탄불에서 시작해 카파도키아, 트로이, 보아즈쾨이 등 유적을 비롯해 아테나와 크레타는 물론, 이집트와 오리엔트의 각지를 다니면서 조사하고, 인도, 중앙아시아, 동남아시아, 중남미 등 세계의 유적과 오래된 문화를 찾아다녔던 문화기행서이다.

이 책 「오만, 신드바드의 꿈이 실현된 땅」의 장을 보면, 845년에 아랍인 이븐 쿠르다드비가 편찬한 『왕국과 도로총람』에 있는 신라에 대한 흥미 있는 기술을 소개하였다.

중국 맞은편에 산이 많고 여러 왕들이 다스리는 신라라는 나라가 있다. 그곳에서는 많은 금이 생산되고 있다. 그곳에는 많은 이슬람 사람들도 정착해 있었다. 중요 생산품으로는 금, 인삼, 직물원단, 말안장 장식, 도기, 검 등이 있다.

『왕국과 도로총람』이 편찬된 것은 통일신라시대였지만, 거기에 기술되어 있는 신라국의 상황은 삼국시대의 신라와 너무나 가까운 내용을 보여주고 있을 뿐 아니라, 『일본서기』에 기록된 내용과 서로 통하는 부분이 있음을 알 수 있다. 중요 산물로 금을 비롯해 인삼과 비단

신라가 꽃피운 로마문화

그림 8　신라도기로 알려진 뛰어난 경질토기. 4~6세기. 국립경주박물관 등 소장. 신라와 그 영향력
아래 있던 가야지역의 고분에서는 받침 달린 뿔잔(토제 류톤), 받침 달린 등잔형 토기, 짚신받침의
와인 잔 등과 같이, 걸출한 조형력을 보여주는 토기가 출토되고 있다.

으로 생각되는 원단, 말안장을 비롯한 마구와 '신라도기'로 알려진 뛰
어난 경질토기그림 8, 그리고 검 등의 언급이 주목할 만한 기록이다. 9
세기 이전에 이슬람세계와 관계를 가지고 있었던 신라에서 풍부한 금
이 생산되고 약재의 왕으로 불리는 인삼과 같은 자연산물 외에, 직물
을 비롯해 일반적 생산품이 아닌 말안장 등의 마구가 기록되었던 것에
주목할 만한 가치가 있다.

　중앙아시아 사마르칸트 아프라시압의 궁전벽화(6세기 후반~8세기)
그림 9에 그려진 신라 사신의 의복에서도 보이는 것처럼, 면과 화려한
색의 견직물이 생산되고 있었음이 추정된다. 이러한 내용이 분명하게
기록되었다는 것은 신라의 생산품들이 서아시아와 로마세계에도 널리
알려져 있었음을 보여주는 것으로 생각된다.

　또한 마구에 대해서는 황남동 98호분에 대한 해설에서 상세하게
소개한 것과 같이 비단벌레로 만든 화려한 말안장가리개(안교鞍橋)와

발걸이(등자鐙子) 같은 호화스런 마구의 명성이 말을 중심으로 생활하는 아랍세계까지 전파되었음을 알 수 있다. 게다가 서아시아세계에서는 이슬람시대에 접어들면서 각종 아름다운 토기가 발달했기 때문에, 신라토기가 신라의 특산품으로 꼽혔던 것은 이슬람시대 이전의 신라토기에 대한 평가가 반영된 것으로 생각된다.

결국 삼국시대에서 통일신라 초기까지의 신라에서 뿔잔, 손잡이 달린 컵, 상형토기처럼 화려하게 발달하던 신라토기였기 때문에 이런 기록의 대상이 되었던 것으로 생각한다. 이러한 신라토기와 마구류 역시 비단과 인삼, 그리고 황금제품과 함께 신라에서 수출되고 있었을 것이다.

마지막에 중요 산물로 검劍이 언급되었다. 신라고분에서 출토된

신라가 꽃피운 로마문화

엄청난 양의 고리자루큰칼(환두대도環頭大刀)의 아름다운 디자인은 서방세계 사람들의 주목을 끌었을 것이다. 칼손잡이장식(도검장구刀劍裝具)과 예리한 강철 칼날은 분명히 매력 넘치는 무역상품이었을 것이다.

이렇게 『왕국과 도로총람』에 신라의 중요 생산품으로 기록되었던 물건들은 모두 신라고분에서 흔하게 출토되고 있는 유물에 그대로 반영되어 있어, 이 기록의 정확성에 놀라움을 금치 못할 지경이다.

이븐 쿠르다드비가 편찬한 『왕국과 도로총람』은 기묘하게도 신라의 물건들이 서방세계 사람들에게 아주 매력적이었음을 분명하게 기록한 것이었다. 그렇기 때문에 이와 같이 매력적인 신라의 물건을 구하기 위해 많은 이슬람인(아랍인)들이 정착해 상행위를 하고 있던 상황이 아울러 기록된 것이었다.

이슬람사람들의 신라 정착과 관련된 것으로 보이는 중요 유물이 오늘날까지 신라에 남아 있다. 이 책에서 다루고 있는 것보다 시대가 조금 늦긴 하지만 여기에 소개해 둔다. 경주시에 있는 신라 제38대 원성왕(785~798년)의 괘릉에 세워져 있는 석인상과 석수상에는 강건한 아랍인의 풍모를 분명하게 보여주는 무인석상武人石像이 있다. 그림 10

왕릉의 수호자로 제작된 것으로 실제 강건한 호위무사로 활동하고 있었을 가능성도 있다. 아랍인들이 신라사회 속에 정착해 살고 있던 상황을 보여주는 현존자료이다.

그림 10 신라 제38대 원성왕의 괘릉에 서 있는 무인상. 경주. 무덤의 수호자인 무인상으로 아랍인의 풍모를 나타내고 있다. 신라에 정착해 살면서 실제로 강건한 호위무사로 활동하고 있었을 가능성도 생각할 수 있다.

한편 이희수 교수의 『세계문화기행』에는 더 흥미로운 자료가 삽도로 첨부되어 있다. 그림 11은 세계에서 가장 오래된 것으로 알려진 한반도 지도이다. 이런 지도가 아랍세계와 한반도의 밀접한 관계를 보여주는 증거임은 두말할 나위가 없을 것이다.

이희수 교수는 『왕국과 도로총람』의 소개에 앞서 다음과 같이 놀랄 만한 탐방기를 보고하였다. 사우디아라비아의 수도인 「리야드」의 장에는 다음과 같이 상상하기 어려운 기술이 실려 있다.

리야드 마을에서 동쪽으로 약 400㎞ 떨어진 후푸프라는 마을에 고대 한국인의 후예가 살고 있음을 듣고 찾아 갔다. 후푸프의 '알 윤AL Yun'이란 마

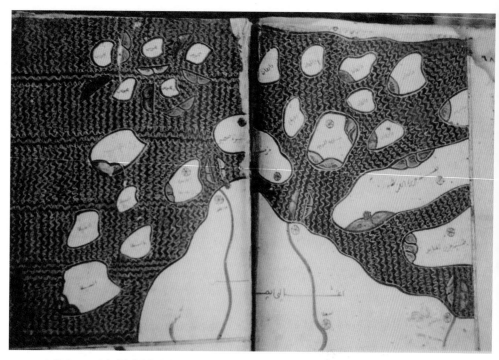

그림 11 1145년 아랍세계에서 제작된 것으로 보이는 한반도 지도로 세계에서 가장 오래된 것이다. 신라와 아랍세계의 밀접한 관계를 보여주는 중요한 자료이다.

신라가 꽃피운 로마문화

을에서 어머니가 한국계인 칼릴 이브라힘이라는 남자를 만나 이야기를 들었다. 옛날에 윤尹이란 장군이 전쟁에서 무공을 세워 (이슬람의 술탄에게) 마을 하나를 포상으로 받았는데, 윤 장군의 명예를 칭송하기 위해 마을이름을 '알 윤'이라 하였으니, 그곳이 이 마을이라는 것이다. 그래서 이 마을에는 여섯 가족의 고대한국인의 후손이 살고 있다고 한다. 거기에서는 실제로 콩으로 메주를 쑤고, 고춧가루를 즐겨 먹으며, 한국식 한방 처방이 남아 있었다고 한다.

알 윤 마을에 고대한국인의 후예가 어떻게 정착하게 되었는지는 분명치 않다. 그러나 신라를 구성했던 '육촌六村'처럼, 이 마을이 여섯 가족의 후예들로 구성돼 있었다는 것은 우연의 일치겠지만, 마치 고대 신라의 국가체제를 그대로 보존하고 있는 것 같은 착각을 들게 한다. 어느 쪽이든지 이들 고대한국인 후예들의 존재는 신라와 서방세계 사이의 인적 교류를 분명하게 보여주는 것으로 보아도 좋을 것이다.

이러한 사실은 신라와 서방세계의 문화교류가 인간과 물산의 양면에서 종합적으로 진행되었다는 것을 보여주는 것으로 생각할 수 있을 것이다. 서아시아세계뿐 아니라 뒤에 서술하는 바와 같이, 이러한 자료들은 남러시아에서 흑해 서안지방에 이르는 로마세계도 마찬가지로 인간과 물산의 양면적 교류가 진행되었던 것을 방증하고 있는 것으로 생각한다.

5 신라는 왜 중국문화를 필요로 하지 않았던가

이상과 같이 신라는 중국에 286년부터 564년까지 278년 동안 겨우 4회만 사신을 파견했을 뿐이었다. 국교가 없었던 것과 다름없는 상태였다. 한국측의 사료에도 이 기간에는 중국 관련의 기사가 없다. 신라와 중국 사이의 국교가 없었다고 단정해도 좋을 것이다.

그렇다면 신라는 왜 중국과 국교를 가지지 않았던 것일까? 국가 간의 밀접한 관계는 정치·경제·문화적 필요성에서 당사국 서로가 강한 상관관계를 가지고 있었기 때문에 성립된 것이었다. 즉, 국교를 필요로 하지 않았다는 것은 상대국에 대해 필요로 하는 것이 없었기 때문이라고 생각해야 할 것이다. 결국 신라가 중국에게 경제나 문화 관계를 전혀 필요로 하지 않았던 실태를 보여주는 것으로 볼 수 있다.

바꾸어 말해 인접한 백제나 고구려가 중국의 정치와 경제제도를 도입하고, 중국문화를 전면적으로 수용했다 해도, 신라가 동조해야 할 필요는 없었고, 자국의 정치제도와 경제시스템, 또는 문화 전반에 걸쳐 자신 있게 수행할 수 있을 만큼, 고도의 내용을 가지고 있었기 때문이었다고 생각한다.

이를 실증하는 것이 같은 시대 고분 등의 유적에서 출토되는 유물과 유구이다. 신라와 고구려·백제의 출토유물을 비교해 보면 신라가 왜 백제와 고구려를 따르지 않았던가, 왜 그 근원이었던 중국문화를 수용할 필요가 없었던가를 분명히 확인할 수 있을 것이다.

출토유물과 같이 구체적인 형태로 남아 있는 유산뿐 아니라, 형태가 보이지 않는 정신문화의 차이에 대해서도 확인해야 할 필요가 있다. 정치형태와 기술이나 사상 등은 눈에 보이지 않는 무형문화로서, 형태를 가지는 유물의 배경에서는 이러한 정신문화도 확실하게 읽어낼 수 있을 것이다.

이제부터 출토유물을 중심으로 신라왕국이 로마문화를 밀도 있게 수용하고 있었던 실태를 구체적으로 검증해 가고자 한다.

신라왕관의 수수께끼

중국과 한국, 그리고 일본의 문헌기록에서 살펴본 것처럼, 삼국시대 4~6세기 전반의 신라는 금은보화가 많은 나라로서 중국과 국교를 갖지 않았으며, 중국문화와 다른 문화를 가진 나라인 것 같다는 사실을 알게 되었다. 그래서 신라고분에서 출토되는 유물에는 어떤 것이 있으며, 그것들이 어떤 문화를 배경으로 하고 있었던가에 대해 구체적으로 살펴보고자 한다. 우선 처음으로 신라고분에서 다수 출토되고 있는 왕관에 대해 상세히 검토해 본다.

신라고분에서 출토되는 왕관과 닮은 유형이 중국에는 없고, 인접국인 고구려와 백제에도 없었던 독특한 형식을 가지고 있다. 왜 신라왕은 동양에도 비슷한 사례가 없는 왕관을 쓰고 있었던 것일까? 그 왕관의 원류는 도대체 어디에 있었던 것일까? 이러한 수수께끼를 풀 수 있다면 독자적인 신라문화의 유래를 밝힐 수 있게 될 것이다.

지금까지 신라의 특이한 왕관에 대해서는 이미 고인이 되었지만 한국과 일본 고고학계의 태두였던 일본 교토대학의 하마다 고우사쿠濱田耕作 교수와 한국 서울대학교의 김원룡 교수 등이 수수께끼 풀기에 나섰다. 다만 두 분의 연구가 시사성이 풍부한 많은 정보를 제공했지만, 신라왕관의 특수한 형식과 계보에 대해 명확한 답을 제시한 것은 아니었다. 왕관의 수수께끼는 여전히 미해결인 채로 남아 있다.

무엇보다 신라와 신라의 영향 아래 있었던 가야에서 출토되는 수목형 왕관에 대한 연구논문은 후지이 카즈오藤井和夫「신라·가야고분 출토 관 연구 서설」(『東北アジアの考古學』 2, 1996), 윤세영「한국고대 관모고-삼국시대의 관모를 중심으로-」(『한국고고학보』 9, 1980), 이인숙「가야시대 장신구 양식고-관류·이식·경식을 중심으로-」(『한국학논총』 14, 1988) 등처럼 많은 연구가 발표가 되었으나, 대부분이 왕관의 형식론과 편년론 중심이었다. 모두 흥미 깊은 논문으로 이 책을 쓰는 데 많은 가르침을 받기도 하였다. 그러나 왕관이 가지는 상징적인 의미나 문화사적인 위치, 또는 그 형식의 원류에 대해서는 앞에 제시한 두 분의 논문을 능가하는 것이 없다.

이에 비해 최근에 신라고분 출토 왕관에 대한 정밀한 연구가 이종선 전 서울시립박물관장에 의해 발표되었다. 『고신라왕릉연구』(서울; 학연문화사, 2000)에 수록된 「고신라의 삼산관三山冠」이 그것이었다. 먼저 이종선은 「삼산관의 여러 양상」에서 신라와 가야에서 출토되는 금관·은관·금동관의 형식 분류를 진행하고, 「삼산관의 정치적 의미」에서 금관에서 금동관에 이르는 삼산관이 신분의 고저에 따라 구분 사용되었으며, 김씨 왕조의 왕족을 비롯한 상급귀족이 상징적으로 쓰는 관이었음을 논한 후, 「삼산관의 연대」에서 형식적 편년을 시도하였다. 이렇게 신라·가야 출토의 삼산관(본서에서는 수목관樹木冠)의 전체상이 계통적으로 소개되었으며, 삼산관의 정치적 의미와 각 형식에 대한 새로운 편년이 제시되었다. 그러나 수목관의 의미와 원류에 대해서는 그다지 언급되지 않았다.

물론 모든 신라고분에서 왕관이 출토되는 것은 아니고, 대형 고

표 1 고신라고분(경주지역 고분) 피장자의 위계 추정

	신 분	삼산관	고분명	피장자 추정
1	왕	금관	금관총 천마총	자비마립간 소지마립간
2	왕비	금관	황남대총 북분	나물마립간 보반부인
3	상위왕족	금관	서봉총 금령총	공주(?) 왕자(?)
4	부마	금동관	황남대총 남분	나물마립간
5	전 왕자	금동관	금관총 천마총	즉위 전의 자비마립간 소지마립간
6	상위귀족	금동관	호우총 황오동34호분	가야귀족(?) 경주귀족
7	하위귀족	금동관	전 경주금동관 (오쿠라小倉 컬렉션)	경주귀족

분이나 수많은 고급 부장품이 출토되는 고분에서만 나오고 있다. 이
러한 사실은 신라고분 출토의 왕관이 단순한 보관寶冠이 아니라, 왕으
로서의 위상을 분명하게 상징하는 이른바 '왕관王冠'이었다는 것이 분
명하다.

　　다만 이종선은 신라·가야고분 출토의 수목관이 왕관임은 분명하
지만, 왕이 아니더라도 김씨 왕족 내지는 다른 성씨의 왕족과 그 휘하
의 상급귀족도 사용할 수 있었을 것으로 추정하였다. 그런 다음 결론
적으로 〈표 1 고신라고분(경주지역고분) 피장자의 위계 추정〉을 제시하
여, 각 고분 피장자의 신분을 명시하는 등 종래에 없었던 획기적인 견
해를 발표했다. 금관·은관·금동관과 같은 소재의 차이가 그 관을 착
용했던 인물의 신분차이에서 유래되었다는 것은 당연했을 것이다.

　　어쨌든 간에 삼국시대의 신라왕릉에서 출토되는 왕관은 한 나라
의 왕이나 수장만이 머리에 쓸 수 있었던 권위의 상징이었다. 따라서

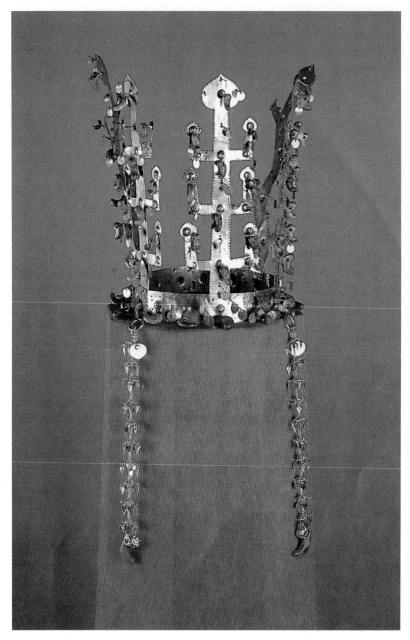

그림 12   금관. 높이 27.5cm(본체). 경주 금관총 출토. 5세기 말~6세기 초. 국립경주박물관 소장. 경주
의 신라왕릉에서 출토되는 전형적인 수목형 금관의 하나로 입식의 가지가 3단 대칭의 형식을 취
하였다. 금관총에서는 이 금관과 세트를 이루는 금제 투공무늬의 내관이나 새날개형 관식 외에 2
점의 금동관이 출토되었다.

신라가 꽃피운 로마문화

그림 13 금관. 높이 30.7cm(본체). 경주 서봉총 출토. 5세기 중 무렵. 국립중앙박물관 소장. 금제 달개와 곱은옥, 그리고 호화로운 수식을 내려뜨린 수목형 금관이다(봉황의 형태에 관해서는 그림 14 참조). 서봉총에서는 이외에도 금동관 1점이 출토되었다.

제3장 신라왕관의 수수께끼

이러한 왕관에는 그 휘하에 있었던 백성들의 암묵적 공감과 정신적 외경의 뜻이 포함돼 있었으며, 그 왕관의 형식이 민족적 전통이나 문화와 밀접하게 연결되고 있었음은 두말할 필요가 없다. 그렇다면 신라왕릉에서 출토되는 왕관이 나타내고 있는 전통과 문화란 도대체 어떤 것이었을까?

먼저 한 나라의 통치자였던 왕이 착용하고 있던 왕관을 상세하게 검토하고, 거기에 포함되었던 상징적 의미와 형식상의 계보를 밝힘으로써, 그 왕과 백성들이 속해 있던 문화가 어떠한 것이었던가를 밝혀보고자 한다.

┃ 신라왕릉 출토의 수목형 장식의 왕관

신라왕릉에서 출토되는 왕관에는 일정한 형식이 있다. 역대 신라왕은 그 형식을 엄격하게 준수하고, 왕관의 기본 구성요소인 수목형樹木形 입식立飾과 머리띠 모양 대륜帶輪의 기본형을 결코 변경하는 일은 없었다. 신라왕의 수목형 왕관이 신라 국왕과 백성들에게 극히 중요한 의미를 가지고 있었기 때문에, 아무리 왕이라도 왕관의 형태를 자의적으로 고칠 수 없을 정도의 신성 불침범적인 상징적 형식을 갖추고 있었다는 것을 의미한다.

금관총 등 각 왕릉에서 출토된 왕관

우선 〈표 2 경주시 신라고분 출토의 수목관〉을 살펴보기로 하자.

금관총, 금령총, 서봉총瑞鳳塚, 천마총, 황남대총 교동 폐분(교동 64번지 고분)에서 출토된 6개의 금관은 거의 동일한 형식으로 대륜부에 나뭇가지 형식을 세운 입식이 붙어 있다그림 12~18. 앞쪽에는 대칭으로

신라가 꽃피운 로마문화

표 2 경주시 신라고분 출토의 수목관

	고분명		금관	은관	금동관
1	금관총(황남동 128호분)		1		2
2	금령총(황남동 127호분)		1		파편
3	서봉총(황남동 129호분)		1		1
4	천마총(황남동 155호분)		1		1
5	황남대총 북분(황남동 98호분)		1		
6	황남대총 남분(황남동 98호분)			1(새날개 모양 관)	6(새날개 모양 관1)
7	교동 폐분(교동 64번지 고분)		1		
8	호우총				1
9	은령총				1
10	미추왕릉지구 제7지구 5호분				1
11	황남동 82호분 서곽				1
12	황오동 16호분	1곽			1
13		2곽			1
14		8곽			1
15	황오동 32-1호분				1
16	황오동 34호분 4곽				1
17	황오동 98-3번지 고분 북곽				1
18	인왕동 A군1호분				1
19	보문리 부부총 부총				1

가지가 배열되었는데, 가지의 끝은 모두 하트모양의 나뭇잎처럼 만들어졌다. 뒤쪽 좌우에는 교차로 잎이 달린 작은 가지모양의 2개의 입식이 대륜에 삽입된 것처럼 부착돼 있다. 작은 가지모양의 2개의 입식은 나뭇가지의 원형을 잘 유지하고 있다.

다른 3면의 입식에 대해서는 여러 가지 학설이 제기되어 산山모양이라든지, 출出자를 표현한 것이라는 등의 해석이 있었으나, 2개의 작은 가지모양 입식을 볼 때, 3면의 입식 역시 보다 형식화된 수목형

경주시 신라왕릉 출토의 금관

경주의 신라왕릉에서는 6점의 수목형 금관이 출토되었다. 이 중 5점은 통일된 형식을 보여주는데, 전면 입식의 가지가 3단 대칭형(그림 12·13·17)인 것과 4단 대칭형(그림 15·16)인 것이 있다. 또한 금제 달개(보요步搖)와 함께 곱은옥(곡옥曲玉)을 매단 형식(그림 12·13·16·17)과 그렇지 않은 형식(그림 15)이 있다. 이외에 수목관의 원형으로 생각되는 원초적 형식의 금관 1점도 출토되었다.(그림 18)

그림 14 서봉총 금관의 봉황형 장식 (그림 13의 측면사진). 경주 서봉총 출토. 5세기 중엽. 국립중앙박물관 소장. 머리띠 모양의 대륜 전후좌우에 반원형의 금제 띠를 붙여 중앙에서 교차하게 하고, 교차점 위에 3개의 나뭇가지를 달았는데, 그 끝에 3마리의 봉황이 앉아 있다.

그림 15 금관. 높이 27cm. 경주 금령총 출토. 5~6세기. 국립중앙박물관 소장. 4단 대칭의 입식을 세운 수목관으로 곱은옥을 달지 않은 심플한 형식이다. 금동관 파편과 함께 출토되었다.

그림 16 금관. 높이 32.5cm. 경주 천마총 출토. 5~6세기. 국
립경주박물관 소장. 피장자의 머리 부분에 씌워진 상태
로 출토된 수목형 금관. 목관 외부에서는 금관과 세트를
이루는 내관(그림 19), 관식(그림 21·22), 자작나무껍질제
관모(그림 20) 외에 금동관(그림 101) 1점이 출토되었다.

그림 17 금관. 높이 27.3cm. 경주 황남대총 북분 출토. 4세기
후반~5세기. 국립중앙박물관 소장. 무덤의 주인공이 여
왕이 아닌데도, 금제 달개와 곱은옥, 그리고 화려한 수식
을 많이 단 호화찬란한 수목형 금관이 출토되었다. 수많
은 호화찬란한 부장품들 중에서도 이 왕비의 범상치 않
은 권세를 상징하는 것으로 신라금관 중 압권이다.

그림 18 금관. 높이 12.8cm. 경주 교동
폐분(교동 64번지 고분) 출토. 5세
기 전반. 국립경주박물관 소장. 수
목형 금관의 원초적인 형태를 보여
주는 것으로 생각된다. 일본 시가
현 출토의 금동관(그림 65)과의 관
련을 생각하게 하는 금관이다.

제3장 신라왕관의 수수께끼

65

이라는 사실을 알게 된다. 따라서 수목관이라는 사실을 명확하게 인식할 수 있다.

또한 교동폐분(교동 64번지 고분) 출토의 금관그림 18은 곱은옥과 드리개수식(垂飾) 없이 대륜에 3개의 수목형 입식만으로 구성된 심플한 모양으로 수목형 금관의 원초적 형태를 보이는 금관이다. 수목형 입식은 능숙한 솜씨로 대륜에 황금 못으로 고정되었고, 가는 금줄로 금제 달개를 전면에 꿰어 붙였다. 또한 대륜에도 상하 2열의 금제 달개를 매달았으며, 세 갈래로 나뉜 가지 끝은 나뭇잎을 연상시키는 하트 모양으로 만들어져 있는데, 거기에도 나뭇잎모양의 금제 달개가 달려 바람에 흔들리는 나뭇잎의 이미지를 재현하고 있다.

금관총, 금령총, 서봉총, 천마총, 황남대총 북분 출토의 왕관은 교동폐분 출토의 왕관에 비해 형식화가 진행되면서 장식이 호화스러워졌고, 비취제 곱은옥을 매단 것이 많아졌다. 그러나 금제 달개를 전면에 붙인 점과 3면에 수목형 입식을 붙인 점은 모든 왕관에 공통되는 기본적 구성이었다. 점차 호화스러워지면서 입식과 대륜에는 점을 새겨 연결한 선이 테두리 장식으로 시문되었고, 많은 금제 달개가 달리게 되었다.

입식에는 가지가 3단 대칭형식(금관총, 서봉총, 황남대총 북분)과 4단 대칭형식(금령총, 천마총)이 있고, 금제 달개와 함께 곱은옥을 다는 형식(금관총, 서봉총, 천마총, 황남대총 북분)과 곱은옥을 달지 않는 형식(금령총, 교동폐분)이 있으며, 각 시대 왕권의 차이에 따른 것인지, 아니면 다른 요인에 의한 것인지, 상대적 변화가 인정되고 있다.

또한 이런 금관이 출토되는 고분에서는 다음과 같은 금동관이 동반 출토된 경우가 많다. 금관총의 금동관 2점, 금령총의 금동관 파편, 서봉총의 금동관 1점, 천마총의 금동관 1점그림 101에 비해 황남대총 북분과 교동폐분에서는 금동관이 출토되지 않았다.

금관이 출토된 것으로 보아 왕릉이 분명한데 어째서 금동관이 함께 출토된 것일까? 더구나 특수한 예로 황남대총 남분에서 특수한 형식의 은관 1점그림 23 · 142과 크고 작은 6점의 금동관그림 24~28이 출토된 것은 주목할 만하다. 왕릉이면서 금관은 부장되지 않았고, 예외적으로 특수한 형식의 은관을 소유하면서도 크고 작은 6점의 금동관이 아울러 부장되었다는 것은 무엇을 의미하는 것일까?

이러한 의문점에 대해서는 제4장과 제5장에서 자세하게 검토하기로 하고, 여기에서는 경주고분에서 출토된 왕관이 현재 29점에 달하고 있다는 현황을 보고해 두는 정도에 멈춰 두기로 한다.

경주 밖의 신라고분과 가야고분에서 출토된 수목관

지금까지 경주의 신라왕릉에서 출토된 왕관에 대해서만 서술했지만, 그 밖에도 경주의 서쪽과 신라의 중부와 북부에 분포하는 고분이나 신라의 영향력이 미쳤던 부산~선산에 이르는 낙동강 유역의 가야고분에서도 대부분 금동제의 수목관(1점은 새날개모양 관) 41점이 출토되었다.표 3, 지도 1

경주 서쪽에서는 경산 임당동 7호분 A곽그림 31, 경산 조영동 E Ⅲ-8호분그림 33, 대구 비산동(옛 달서면) 34호분그림 34, 대구 비산동 37호분그림 29 · 30, 대구 내당동(옛 달서면) 55호분 등이 있다. 신라 중부~북부에는 의성 탑리고분 1곽(새날개모양 관)그림 38, 안동 지동 2호분그림 37, 단양 하리고분그림 36, 동해 추암동 B지구 가-21호분그림 35 등이 있다. 가야지방에는 남에서 북으로 부산 복천동 1호분그림 46 · 47과 11호분그림 48, 양산 부부총그림 40과 금조총그림 41, 합천 옥전 M 6호분그림 45, 창녕 교동 7호분그림 43, 창녕 사리 A지구 1호분그림 44, 고령 지산동 32호분그림 39, 성주 가암동 고분그림 42, 구미 낙산동 고분(현재 소재지 불명) 등이 있다.

신라왕릉 출토 금관의 부속품(그림 19~22)

천마총에서는 금관과 세트를 이루는 금제 내관, 금제 새날개모양(조익형鳥翼形)과 나비모양(접형蝶形)의 관식이 동반 출토되었다. 이들에는 섬세한 투공이 시문되었고, 또한 관식에는 다수의 금제 달개가 매달려 금관을 한층 더 호화롭게 하였다. 이런 내관 안에는 자작나무껍질로 만든 관모를 착용했던 것으로 보인다. 이러한 내관과 관모는 경주의 금관총에서 금제가, 경주와 다른 지역의 고분에서는 은제와 금동제가 각각 출토되고 있다.

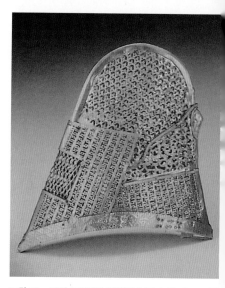

그림 19 금제 투공내관金製透孔內冠. 높이 19cm. 경주 천마총 출토. 5~6세기. 국립경주박물관 소장. 금관의 부속품으로 섬세하고 정밀한 투공무늬와 점열무늬가 전면에 시문된 호화제품. 내관 안에는 자작나무껍질로 만든 관모를 착용했을 것으로 생각된다.

그림 20 자작나무껍질로 만든 삼각형 관모(실측도). 천마총 출토. 5~6세기. 금관 부속품의 하나로 내관 안에 썼던 것. 자작나무껍질 제품으로 남러시아와 스텝루트의 기마민족과 강한 연결성을 생각하게 하는 유물이다.(그림 120·121 참조)

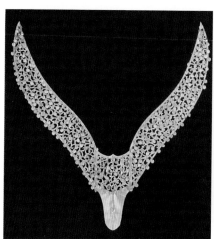

그림 21 금제 새날개모양 관식. 높이 45cm. 경주 천마총 출토. 5~6세기. 국립경주박물관 소장. 당초문의 섬세한 무늬가 투공으로 표현되었고, 다수의 금제 달개로 장식된 우아한 관식의 하나이다.

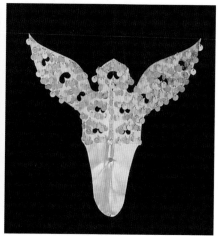

그림 22 금제 나비모양 관식. 높이 23cm. 경주 천마총 출토. 5~6세기. 국립경주박물관 소장. 다수의 금제 달개를 붙인 섬세하고 화려한 관식의 하나이다.

경주 황남대총 남분 출토 은관과 금동관(그림 23~28)

남분에서는 경주의 신라왕릉 중 특수한 예로서 새날개모양 은관 1점과 금동관 1점, 크고 작은 5점(소형 2점)의 수목형 금동관이 출토되었다. 이상 7점 중 발굴보고서에 게재된 6점의 전개 실측도를 여기에 제시하였다.

그림 23　새날개모양 은관(전개 실측도). 황남대총 출토. 4세기 후반~5세기 전반. 국립경주박물관 소장. 남분에서는 다른 신라고분에서 출토되지 않는 새날개모양 은관(그림 142)과 금동관(그림 24)이 출토되었다.

그림 24　새날개모양 금동관(전개 실측도). 황남대총 남분 출토. 4세기 후반~5세기 전반. 국립경주박물관 소장. 남분에서 출토된 특수 형식의 새날개모양 은관(그림 23·142)과 같은 형식의 금동관으로 같이 부장된 금관을 대신하는 약식의 관으로 사용되었던 것으로 추정된다.

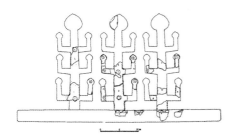

그림 25　금동관(전개 실측도). 경주 황남대총 남분 출토(1). 4세기 후반~5세기 전반. 국립경주박물관 소장.

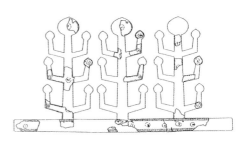

그림 26　금동관(전개 실측도). 경주 황남대총 남분 출토(2). 4세기 후반~5세기 전반. 국립경주박물관 소장.

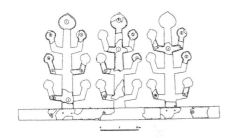

그림 27　금동관(전개 실측도). 경주 황남대총 남분 출토(3). 4세기 후반~5세기 전반. 국립경주박물관 소장.

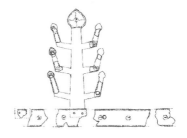

그림 28　금동관(전개 실측도). 경주 황남대총 남분 출토(4). 4세기 후반~5세기 전반. 국립경주박물관 소장.

이러한 곳에 출토된 수목관을 경주고분에서 출토된 통일된 형식의 수목관과 비교해 보면, 대체적으로 치졸한 조형이 많고, 원초적인 작은 가지의 형태를 남기고 있는 것, 퇴화된 것, 변형된 것이 많다그림 35·36·39·42·48. 그러나 그 중에서도 대구 비산동 37호분의 2점 중 1점, 양산 부부총그림 40과 금조총의 금동관그림 41과 같이, 경주 출토의 왕관 형식에 가까운 것도 있다.

이러한 수목관들이 경주 출토의 왕관과 근본적으로 다른 것은 금관이 1점도 없다는 점과 거의 대부분이 금동관이라는 점이다. 경주를 둘러싼 낙동강 유역에서 이러한 금동제 수목관이 출토되고 있다는 사실은 경주와 동일한 이념에서 만들어진 수목관이라는 왕관이 가야지역에서도 사용되고 있었다는 것을 나타내는 것으로, 다른 출토품에도 신라왕릉과 공통된 점이 많음을 볼 때, 가야지역이 신라의 영향력에 포함되었던 것을 명시하고 있다.

또한 경주왕릉 출토의 금관과 주변지역의 고분에서 출토된 금동관 사이의 중간적인 소재로 제작된 것으로, 가야지역의 합천 옥전 M6호분에서는 은관 1점이 출토되었다. 더구나 가야지역에서 유일하게 반점문의 로만글라스가 아울러 출토되고 있음을 볼 때, 옥전 M6호분의 피장자가 다른 가야지역의 피장자에 비해 특별한 존재였음을 짐작할 수 있다. 경주와 주변지역의 왕릉에서 출토된 왕관의 소재에 분명한 차이가 있음을 고려할 때, 옥전 6호분에 은관이 부장되었던 것에 대해서는 별개의 의미가 추가되었던 것으로 생각해야 할 것이다. 옥전 M6호분의 은관은 신라왕릉에서 유일하게 은관이 출토된 황남대총 남분 피장자의 신분을 생각하는 데 중요한 단서를 제공해줄 수 있을 것으로 생각한다.

더구나 왕릉과 왕비릉이 1개의 분묘로 결합된 표형분의 남분과 북분에서 북분의 왕비릉에서는 금관그림 17이 출토됐고, 왕릉으로 생각

신라가 꽃피운 로마문화

표 3 경주시외 신라고분 및 가야고분 출토의 수목관(새날개모양 관 1점 포함)

경주시 외의 신라고분 출토		금동관20, 은관1, 합21	
신라 북부~ 중부 지방			
1	강원도 동해시 추암동 B지구 가-21호분	금동관	1
2	강원도 동해시 중안안동 고분	금동관	1
3	충북 단양군 하리 고분	청동관	1
4	경북 안동시 지동 2호분	금동관	1
5	경북 의성군 탑리고분 제1곽	금동관	1(새날개모양 관)
경주 서쪽			
6	경북 경산시 임당동 2호분 남곽	금동관	1
7	경북 경산시 임당동 5호분 D-2곽	〃	1
8	경북 경산시 임당동 6호분 A곽	〃	1
9	경북 경산시 임당동 7호분 A곽	〃	1
10	경북 경산시 임당동 7호분 B곽	〃	1
11	경북 경산시 임당동 7호분 C곽	〃	1
12	경북 경산시 창수동 Ⅰ-C-41호분	〃	1
13	경북 경산시 조영동 A-1호분	〃	1
14	경북 경산시 조영동 CⅡ-1호분	〃	1
15	경북 경산시 조영동 EⅡ-2호분	〃	1
16	경북 경산시 조영동 EⅢ-3호분	〃	1
17	경북 경산시 조영동 EⅢ-8호분	〃	1
18	대구 서구 비산동 34호분	〃	1
19	대구 서구 비산동 37호분	〃	2
20	대구 서구 내당동 55호분	〃	1
가야고분 출토(북부~남부)		은관1, 금동관19, 합20	
21	경북 구미시 낙산동 고분	금동관	1
22	경북 칠곡군 구암동 56호분 북분	〃	1
23	경북 성주군 가암동 고분	〃	1
24	경북 고령군 지산동 32호분	〃	1
25	경남 창녕군 교동 7호분	〃	2
26	경남 창녕군 계남리 북1호분	〃	1
27	경남 창녕군 계남리 북5호분	〃	1
28	경남 창녕군 사리 A지구 1호분	〃	1
29	경남 합천군 옥전 M6호분	은관	1
		금동관	2
30	경남 양산시 부부총	〃	1
31	경남 양산시 금조총	〃	1
32	경남 양산시 북정동 3호분	〃	1
33	경남 양산시 북정동 23호분	〃	1
34	경남 양산시 신기동 1호분	〃	1
35	부산 동래구 복천동 1호분	〃	2
36	부산 동래구 복천동 11호분 주곽	〃	1

경주 서쪽 신라고분 출토의 수목관(그림 29~34)

경주 서쪽의 고분에서도 16점의 수목관이 출토되었다. 경주에서 출토된 통일된 형식의 수목관보다 심플하면서 치졸한 조형이 많으나 그 중에는 그림 29와 같이 경주의 형식과 근사한 것도 있다.

그림 31 금동관. 높이 22cm. 경산 임당동 7호분 출토. 5세기. 영남대학교박물관 소장.

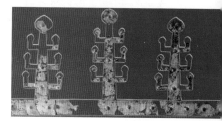

그림 32 금동관(부분). 높이 20.8cm. 경산 임당동 7호분 C곽 출토. 5세기. 영남대학교박물관 소장.

그림 29 금동관. 높이 30.9cm. 대구 비산동 37호분 출토. 5세기. 국립대구박물관 소장. 경주의 수목관과 근사한 형식을 나타내고 있다.

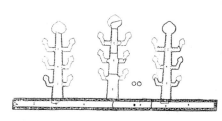

그림 33 금동관(전개도). 경산 조영동ㅌⅢ-8호분 출토. 5세기.

그림 30 금동관. 높이 23.3cm. 대구 비산동 37호분 출토. 5세기. 국립대구박물관 소장. 수목형 입식을 3개만 붙인 심플한 형식이다.

그림 34 금동관. 대구 비산동 34호분 출토. 5세기.

신라의 중부~북부지방의 신라고분 출토의 수목관 등(그림 35~38)

신라의 중부에서 북부지방에 분포하는 고분에서도 4점의 수목관이 출토되었다. 그것들은 경주의 수목관이 북부로 전파됨에 따라 변형이 진전되었던 것으로 생각된다. 특수한 예로서는 신라 중부에서 출토된 그림 38의 새날개형의 금동관이 있다.

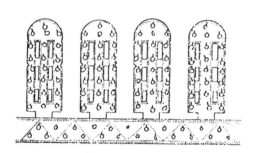

그림 35　금동관(전개도). 높이 20㎝. 동해 추암동 B지구 가-21호분 출토. 6~7세기. 강릉 관동대학교 소장. 신라 북부의 출토품으로 3단 대칭의 가지가 위 아래에서 연결되었고, 입식도 4면에 붙어 있다. 단 신라 중서부의 출토품(그림 56)과 신라 북서부의 출토품(그림 36) 등 더욱 변화가 진전된 형식으로 생각된다.

그림 36　청동관. 높이 26.9㎝. 단양 하리고분 출토. 6~7세기. 국립청주박물관 소장. 신라 북서부의 출토품으로 4단 대칭의 가지가 위 아래에 연결되어 가지 사이는 세로로 이어진 3개의 원형투공의 장식으로 변화하였다. 그림 35의 신라 북부 출토품이 더욱 변형되었던 것으로 생각된다.

그림 37　금동관. 높이 21.3㎝. 안동 지동 2호분 출토. 6세기. 대구 경북대학교 소장. 신라 중부의 출토품으로 3단 대칭의 가지가 위 아래에 붙어 있고 입식이 4면에 붙어 있다. 대륜과 입식에는 원형무늬와 점으로 새긴 무늬가 되어 있다.

그림 38　새날개모양 금동관. 높이 39㎝. 의성 탑리고분 1곽 출토. 5세기. 국립대구박물관 소장. 황남대총 남분의 새날개형 은관과 금동관(그림 142 · 23 · 24)의 입식과 유사한 디자인을 보이는 것으로 이러한 새날개형 관에서는 고구려의 간접적인 영향이 언급되고 있다.

되는 남분에서는 특수한 형태의 은관 1점과 크고 작은 6점의 금동관이 출토했던 사실은 남분에 묻힌 왕의 자질을 생각하는 데 중요한 의미를 가질 뿐만 아니라, 거기에는 미묘한 정치적 배경이 반영되었던 것을 짐작할 수 있다. 이에 대해서는 제5장에서 상술하기로 한다.

이외에도 도굴 등으로 출토된 수목형 관으로 가야지역의 고령지방 출토로 전해지는 금관 1점(리움 소장)을 비롯해 전 경주 출토(전 오쿠라컬렉션, 동경국립박물관 소장)의 금관 1점과 금동관 2점, 전 창녕 출토의 금동관과 전 서울 김경종컬렉션의 금동관 1점(리움 소장) 등 금관 2점과 금동관 9점으로 모두 11점이 알려져 있다. 그러나 이들 출토품이 신라제인지 가야제인지는 확실치 않다.

이들 중에서 고령 출토로 전해지는 금관에는 금반지와 금귀걸이, 목걸이와 곱은옥 장식품이 동반 출토되었다. 이러한 금관과 금제 장신구는 지금까지 출토된 같은 종류의 금제 장신구와 비교해 보면, 대체적인 형태가 닮았다 해도, 세부적으로 전혀 다른 부분도 있고, 제작기법 역시 전혀 다르기 때문에, 다시 검토해 볼 필요가 있을 것으로 생각한다.

또한 그림 56 신라고분 출토의 금동관은 통일된 경주 형식의 수목관과 유사한 조형을 보이며, 부속의 내관과 새날개와 나비모양의 관식이 갖추어져 있음이 주목된다. 대륜의 길이가 26.3cm로 직경이 8~9cm밖에 되지 않아 어린 왕자나 공주를 위해 만들어졌던 것으로 생각된다.

아무튼 간에 일본에서 약간의 예를 제외하면, 지금까지 서술한 수목관 형식의 왕관이 중국문화권에서 사용되었던 예는 전혀 발견할 수 없다. 다시 말해 신라가 중국문화를 향유하지 않았던 나라였음을 분명하게 보여주는 상징적 출토품이라 할 수 있는 것이다.

신라가 꽃피운 로마문화

신라 · 고구려 · 백제왕관의 계보

신라왕릉 출토의 왕관과 고구려와 백제 출토의 왕관을 비교해 보면, 고구려의 왕관에는 신라와 같이 나뭇가지를 연상시키는 입식이 붙은 관이 전혀 없으며, 불꽃모양(화염형)이나 2개의 입식을 관모에 붙인 형태로 만들어져 있어 신라의 수목관과는 아무런 관련이 없음을 알 수 있다. 평양 청암동 토성 출토의 왕관그림 58은 훌륭한 입식이 붙어 있지만, 그 형식이 불꽃모양의 디자인을 보이고 있어 수목형의 이미지는 전혀 찾아볼 수가 없다.

다만 백제고분에서는 신라왕릉 출토의 왕관과 약간 차이가 있지만, 나주 반남면의 신촌리 9호분에서 분명하게 수목관으로 인정되는 금동제 왕관이 출토되었다. 이곳은 신라에서 멀리 떨어진 한반도 서남 나주 반남고분군에 속하는 곳으로, 영산강 지류인 삼포 강변의 곡창지대에 위치한 신촌리고분군이다. 9호분은 11기의 독무덤(옹관甕棺)으로 구성돼 있는데, 최상층부에 조성된 을관乙棺에서 이 문제의 수목관이 출토된 것이다.그림 60

이 수목관은 대륜 3면에서 수목형 입식이 솟아오른 점에서 신라왕릉 출토의 수목관과 같은 계통이지만, 대륜에 붙어 있는 수목형 입식은 정면 꼭대기에 나뭇잎모양의 장식을 단 1개의 입식과 양쪽 측면에 세 개의 가지가 달린 입식이 각각 붙어 있으며, 그 위에는 모두 달개를 붙인 형식이다. 신라왕관의 디자인과 같은 발상이지만, 수목형 입식의 가지가 대칭을 이루지 않는 점이나 세 줄기 모양의 입식으로 구성되어 있는 점에 큰 차이가 있다. 그러나 신라왕관을 참고로 제작되었다는 것은 세부적 유사성에서 볼 때 의문의 여지가 없을 것이다.

반면에 같은 신촌리 9호분 내의 다른 옹관에서는 왕관이 출토되지 않았다. 따라서 이 을관의 피장자가 지역의 수장이었음을 알 수 있다. 더구나 을관에서는 신라왕릉에서 출토된 장식신발(식리飾履)과 고

그림 39　금동관. 높이 19.6cm. 고령 지산동 32호분 출토. 5세기. 국립중앙박물관 소장. 퇴화 형식의 수목관으로 일본에서 비슷한 것이 출토되었다.(그림 64 참조)

그림 42　금동관. 높이 8cm. 지름 17.5cm. 성주 가암동 고분 출토. 5세기. 국립김해박물관 소장. 신라 수목관이 퇴화된 형식으로 보인다.

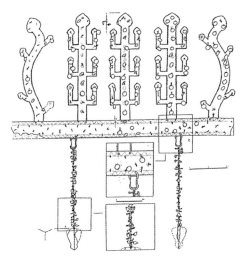

그림 40　금동관(전개 실측도). 양산 부부총 출토. 5세기. 동경국립박물관 소장. 경주의 수목관에 근사한 형식.

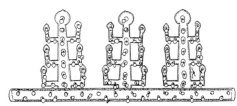

그림 43　금동관(전개도). 창녕 교동 7호분 출토. 5세기.

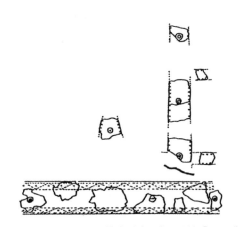

그림 44　금동관(전개도). 창녕 사리 A지구 1호분 출토. 5세기.

그림 41　금동관(전개도). 복원 높이 33.5cm. 양산 금조총 출토. 6세기. 동아대학교박물관 소장. 경주의 수목관에 근사한 형식.

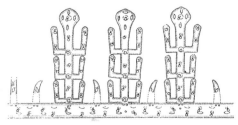

그림 45　금동관(전개도). 합천 옥전 6호분 출토. 6세기. 경상대학교박물관 소장.

가야고분에서 출토된 수목관(그림 39~48)

낙동강유역의 가야고분에서도 20점의 수목관이 출토
되었다. 경주의 신라왕릉에서 출토된 수목관보다 치
졸한 스타일이 많거나 퇴화되거나 변형된 형식으로
보이는데, 그 중에는 그림 40·41과 같이 경주의 형식
에 가까운 것도 있다.

그림 46 금동관. 높이 19cm. 부산 복천동 1호분 출토.
5세기. 동아대학교박물관 소장.

그림 47 금동관. 높이 19.9cm. 부산 복천동 1호분 출토.
5세기. 동아대학교박물관 소장.

그림 48 금동관. 높이 21.9cm. 부산 복천동 11호분 주곽 출토. 5세기
전반. 국립김해박물관 소장. 신라 수목관에서 변형된 것으로 생
각된다.

리자루큰칼 등이 출토되면서 호화로운 은제 장식 세잎무늬 고리자루
큰칼(삼엽문환두대도三葉文環頭大刀)과 삼지창, 철촉, 곱은옥 등도 출토되
었다. 고분의 연대는 5세기 후반으로 편년되고 있다. 신촌리 9호분의
소재지는 백제의 영역으로 간주돼 오던 지역이지만, 출토유물의 내용
은 신라와 강한 관련성을 시사하고 있어 과연 백제의 영역이었던가에
대해서는 다시 한 번 검토해 볼 필요가 있을 것이다.

　　이외에도 백제고분으로는 익산군 웅포면 입점리 1호분에서 수목
관 1점이 출토되었는데, 약간 퇴화된 형식이다.그림 59

일본 출토의 수목관에 대하여

이제 일본고분에서 출토되고 있는 수목관에 대해 약간의 해설을 해두고자 한다. 그림 61~66과 같이, 신라왕관과 같은 형식으로 볼 수 있는 것이 군마현群馬県 마에바시시前橋市 긴칸즈카 고분金冠塚古墳에서 출토된 수목형 입식이 붙은 금동관그림 61과 나라현奈良県 후지노키고분藤ノ木古墳 출토의 수목형 금동관그림 62이다. 그림 64·65의 금동관은 약간 퇴화된 형식으로 가야지역에서 출토된 수목관에 가깝다. 그림 65의 시가현滋賀県 다카시마군高島郡 다카시마초高島町 가모이나리야마고분鴨稲荷山古墳 출토의 금동관은 경주 교동폐분 출토의 금관그림 18과 전 대가야 고령 출토의 금관그림 52의 중간적 디자인을 나타내고 있어 신라계 왕족의 이주를 시사하고 있다.

또한 그림 63의 이바라키현茨城県 다마츠쿠리초玉造町 잔마이총三昧塚에서 출토된 금동관은 말과 수목 무늬가 교대로 투공 장식되어 신라 수목관의 계보를 계승하면서 말모양 장식이 가미된 새로운 형식이다. 말과 관계가 깊었던 종족의 왕관이었음이 상징적으로 표현되었다.

이외에도 외관의 수목형 장식 왕관이 망실되기는 했으나, 구마모토현熊本県 다마나군玉名郡 에다후나야마고분江田船山古墳 출토의 금동제 내관그림 66은 경주 신라왕릉에서 출토된 수목관의 내관과 공통성을 보이고 있다. 먼저 백제 남부의 나주 반남면 신촌리 9호분 출토의 수목관 내관과 아주 가까운 근사성이 인정된다. 따라서 망실된 외관의 형식도 대개 수목형으로 상상해 볼 수 있다.

이처럼 수목관을 기본으로 독자적 변형을 창출했다는 사실에서 신라계통의 이주민 집단이 일본 각지에 신라계통의 문화를 도입해 일찌감치 토착화시키면서 신라문화의 내용을 변화시켰던 상황이 이들 왕관에 훌륭하게 반영되었던 것으로 보면 좋을 것이다. 후술하는 바와 같이, 신라계통의 문화는 기본적으로 로마문화를 바탕으로 스키타

신라가 꽃피운 로마문화

이 등 북방 기마민족의 문화를 아울러 수용했던 비 중국계통 문화였다. 페르시아문화를 수용하고 있었던 중국, 고구려, 백제의 페르시아=중국계통 문화와는 이질적 문화였다. 수수께끼의 4~5세기라고 불리는 일본의 고분문화는 정말로 이 두 계통의 문화, 곧 로마문화와 페르시아문화=중국계통 문화 간 갈등의 시대로 볼 수 있기도 하다.

수목관의 원류

그렇다면 이렇게 독특한 신라 수목관의 원류는 어디에 있는 것일까? 수목관을 썼던 신라왕이 향유하고 있었던 문화의 원류는 수목관의 원류를 밝혀냄에 따라 자연스럽게 도출될 수 있을 것이다. 우선 신라왕관에 대해 지금까지 발표되었던 대표적 논문 2편을 소개해 두기로 한다. 하나는 교토대학 하마다 코우사쿠浜田耕作 교수의 「신라의 보관」(『宝雲』 2, 1932)이고, 또 하나는 서울대학교 김원룡 교수의 「신라 금관의 계통」(西谷正 번역 『한국문화의 원류』 學生社, 1981)이다. 이 논문들이 발표된 지 상당한 세월이 지났지만, 이후에 신라왕관의 형식적 의미와 원류에 대해 새로운 논문이 보이지 않기 때문에 우선 소개해 두고자 한다.

하마다 교수는 논문의 도입부에서 신라고분 출토의 금관과 금동관에 대해 해설을 붙이면서, 머리띠 모양의 대륜에 나뭇가지를 형식화해, 3개의 입식을 붙인 외관 형식과 그 안에 새날개모양 장식과 내관(관모)에 대해 상세하게 설명하면서 다음과 같이 언급하였다.

> 금관총에서 출토된 순금제 보관과 다양한 금동관이 과연 신라만의 독특한 것일까, 아니면 고구려 같은 북방 나라들에서도 사용되었을까를 생각해 보지 않으면 안 된다. 불행하게도 고구려고분에서 관모의 유물은 발견되지 않고 있다. 다만 신라고분에서 볼 수 없었던 벽화가 석실 내에 남아 있

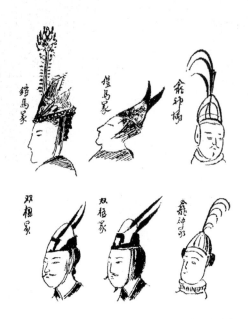

어 당시 풍속을 웅변해주는 자료를
제공하고 있다. 이 벽화 가운데는 신
라의 관모와 거의 흡사한 새 날개 장
식과 새날개모양 입식의 관을 쓴 인
물이 그려져 있다.

이어 하마다 교수는 그림 49
와 같이, 각 고구려고분의 벽화
에 그려진 관들의 그림을 제시
하였다.

그러나 이러한 도면을 볼
때, 금관총 등에서 출토된 내관
장식과 새날개모양 장식 사이에
공통된 점은 인정할 수 있어도,
외관의 머리띠 모양 대륜에 3개

그림 49 고구려 벽화고분에 그려진 각종의 관모. 하마다
교수는 '신라의 관모와 동일한 날개 모양 장식과 입
식이 있는 관'이라 하였지만...

의 가지를 세운 형식은 어디에서도 찾아볼 수 없다. 다시 하마다 교수
는 중국의 문헌과 『삼국사기』의 고구려에 관한 기록을 인용해 다음과
같이 서술하였다.

양梁 원제元帝의 「직공도職貢圖」는 다음과 같이 기록하고 있다. 고구려
에서 부인은 흰옷을 입고 남자는 비단 옷을 입는다. 금은으로 장식하는데,
귀한 자는 관책冠幘을 쓴 위에 사슴 귀 같은 무늬를 금은으로 꾸민다. 천한
자는 절풍折風을 쓰고 귀를 뚫어 금제 고리를 단다. 윗도리는 흰 적삼을 입
고, 아랫도리는 긴 바지(장고長袴)를 입으며, 허리에는 은제 띠(은대銀帶)를
하는데, 왼쪽에 숫돌을, 오른쪽에는 오자도五子刀를 찬다. 『삼국사기』에도
『북사北史』를 인용해 '고구려인은 모두 머리에 절풍을 쓰는데 모양이 고깔
과 같다. 선비는 거기에다 2개의 깃털을 꽂으며, 귀한 자의 관을 소골蘇骨이

신라가 꽃피운 로마문화

라 한다. 대부분 자줏빛 그물 실로 만들며, 금은으로 꾸민다. 따라서 우리
는 이러한 문헌들이 알려주는 내용과 고분벽화에 의해 고구려와 백제에서
도 중국과는 전혀 다르고 신라와 같은 성격의 관모를 쓰고 있었음을 알 수
있게 되는 것이다.

이러한 하마다 교수의 결론이 탁월하긴 하나, 고구려의 관을 신라
고분에서 출토된 관과 같은 것으로 인식하기 어려운 것은 도판이나 문
헌기록의 내용을 보아 분명히 알 수 있다.

그러나 하마다 교수는 이러한 서술 다음에 다음과 같이 주목할 만
한 논술을 전개하였다.

이상과 같이 나는 경주 금관총에서 발견된 보관을 중심으로 다른 금관
과 금동관에 대해 그 형식과 장식 등에 대해 일반적으로 논하였으나, 이러
한 보관의 형식이 도대체 어떤 의미를 갖는 것인지, 또는 그것이 어떠한 문
화적 기원과 계통을 가지는지 등에 대해 고찰해 볼 필요가 있다. 서양에서
현재도 존재하는 왕관들은 원래 페르시아와 동방 여러 나라의 제왕帝王들
사이에 시행되었던 백색의 머리띠帶輪와 그리스·로마의 화관花冠(corona)
을 융합해 만들어진 것으로, 모두 이러한 대륜 부분과 꽃가지 모양의 결합
으로 성립한 것이었다. 나는 이러한 해석이 신라의 보관에도 적용될 수 있
을 것으로 생각한다.

하마다 교수는 다시 한 발 더 나아가 다음과 같이 서술하였다.

아름다운 꽃잎을 머리에 꽂는 것은 인간의 자연적인 정서다. 고대 그리
스·로마인들은 감람나무, 도금양桃金孃, 담쟁이 등의 잎이나 장미 등의 꽃
을 가지고 화환을 만들었는데, 시 짓기 대회의 승자에게 주는 월계관처럼
처음부터 보석 같은 귀금속으로 만들진 것은 아니었다. 다만 그리스문화가

비정상적 발굴로 출토된 수목관(그림 50~56)

금관 2, 금동관 9점이 알려져 있다(표 4). 신라의 수목관과 비슷한 것이 대부분이나 그림 52만이 독자적인 형식을 보이고 있다. 이 11점이 신라제인지, 가야제인지는 지금 단계에서 판단하기 어렵다.

그림 50 금동관. (전)서울 김경종컬렉션. (현) 서울 호암미술관 소장.

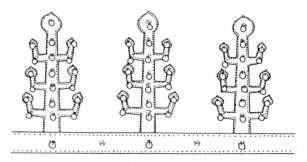

그림 51 그림 50의 전개도.

그림 52 높이 11.5cm, 전 가야 고령 출토. 5~6세기. 서울 호암미술관 소장. 신라 수목관과 다른 독자적인 형식의 금관으로 동반 출토되었다는 금제 장신구는 경주 출토품과 대체로 비슷하지만 제작기법과 세부에서는 차이가 있어 향후 검토가 필요하다. 일본 시가현 출토의 금동관(그림 65)은 이것과 그림 18의 금관의 중간적 형태를 보인다.

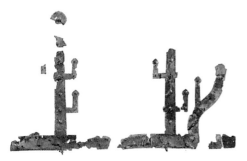

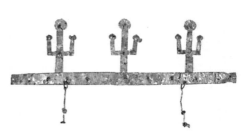

그림 53 금동관. 전 창녕 출토. 5~6세기. 서울 호암미술관 소장.

그림 54 금동관. 높이 14.9cm. 서울 호림박물관 소장.

그림 55 금동관. 오쿠라컬렉션. 전 경주 출토. 동경국립박물관 소장.

그림 56 높이 30.3cm. 전 상주 출토. 6세기. 국립중앙박물관 소장. 경주 수목관의 변형으로 신라 중서부 상주 출토로 전해진다. 수목형 가지의 너비가 넓어진 것으로 5개의 입식이 세워져 있다. 그림 35-36과 같은 신라 북부의 출토품은 보다 더 많은 변형이 진행된 것이다. 일본에도 이와 비슷한 출토품(그림 61)이 있다.

표 4 비과학적 발굴로 출토된 소목관−금관(2점)・금동관(9점)=모두 11점

(1) 전 가야 고령 출토(서울 호암미술관 소장)	금관(1점)	[그림 52]
(2) 전 창녕 출토(서울 호암미술관 소장)	금동관(1점)	[그림 53]
(3) 전 김경종컬렉션(서울 호암미술관 소장)	금동관(1점)	[그림 50・51]
(4) 서울 호림박물관 소장	금동관(1점)	[그림 54]
(5) 전 경주 출토(전 오쿠라컬렉션, 현 동경국립박물관 소장)	금관(1점)	
	금동관(2점)	[그림 55]
(6) 이토 츠츠오 소장	금동관(1점)	
(7) 전 경주 출토(국립경주박물관 소장)	금동관(1점)	
(8) 전 상주 출토(국립중앙박물관 소장)	금동관(1점)	[그림 56]
(9) 전 신라고분 출토(개인 소장)	금동관(1점)	

그림 57 금제 화관. 남러시아 켈치의 스키타이왕족 분묘 출토(하마다 고우사쿠 「신라의 보관」). 하마다에 따르면, 그리스·로마시대에 아름다운 꽃·가지·잎다발로 관을 만드는 습관이 있으며, 다시 그것을 본떠 황금의 얇은 잎으로 장송용 관을 만들던 지역이 있었다 한다.

융성하던 동방과 이탈리아의 에트루리아 등에서는 얇은 황금 잎으로 장례용 관을 만들기도 했으나, 그 형태는 역시 화환을 본뜬 형상이었다. 남러시아 케르치 지방의 고대 스키타이왕족의 고분에서 이런 종류의 금제 화관그림 57이 발견된 것은 잘 알려진 사실이다.

또한 그것과 함께 긴 머리카락이 흐트러지는 것을 막기 위해 헝겊 등으로 머리를 싸매는 일 역시 자연적 필요에서 생긴 것으로, 동서의 모든 나라에서 고대부터 발견되는 것이다. 특히 페르시아에서는 왕자王者의 위신을 나타내는 표식으로서 일종의 머리띠가 되었다가, 마침내 딱딱한 금속제의 관대冠帶로 발달해 각지로 전파되었다. 이러한 관대에 이파리 모양의 장식이 붙어 서양식 왕관이 발생하게 되었던 것이다. 다만 이때 그리스화관의 의미가 함께 포함되었을지에 대해서는 쉽게 알기 어렵다. 다만 신라의 보관이 이렇게 서방에서 발생한 관에 속한다는 것은 의심할 여지가 없다.

더구나 그것에 다분히 중국적인 요소가 가미되었다 하더라도, 오히려 북아시아에서 남러시아에 걸쳐 번성했던 스키타이문화와 깊은 관련이 있다는 억측을 금할 수 없게 만드는 부분이 있다. 물론 중국에서도 당 이전의 관에 대해, 특히 고고학적 증거를 바탕으로 한 지식이 결핍돼 있는 오늘날 가볍게 논단한다는 것은 위험하다. 그러나 매우 재미있는 사실은 중국에서 지금까지 신라의 보관과 같은 형식이 발견되지 않았던데 반해, 남러시아의 알렉산드로폴Alexandropol에 있는 고분에서 금제 관식그림 67이 발견되었다는 것이다. 그것은 가운데에 인동초 꽃가지 모양의 입식이 서 있고, 그 양쪽으로 4개의 작은 가지가 갈라져 나와, 그 끝에 작은 달개(영락瓔珞)가 1개씩 붙어 있다. 북방아시아의 스키타이문화와 관계 있는 것처럼 생각되

신라가 꽃피운 로마문화

지만, 이것 또한 다분히 한국 내 지방에서 변형과 창의가 추가되었을 것은 누구도 부정하지 못할 것이다.

결국 신라의 보관은 그리스풍 꽃잎모양의 왕관인 코로나와 페르시아 풍 머리띠 모양의 대륜이 결합되어 만들어진 서아시아 왕관 계통에 속하는 것으로 북아시아와 남러시아 스키타이문화의 영향을 많이 받았던 것으로 생각되며, 여기에 한국에서 탄생한 것으로 보이는 관모와 새 날개 장식에서 발전된 새날개모양 장식의 내관과 결합함으로써 마침내 완성되었던 것으로 보는 것이 가장 타당할 것이다.

이러한 하마다 교수의 지적은 정곡을 찔렀던 것으로 신라왕관의 원류를 분명하게 말한 훌륭한 결론이었다고 할 수 있다.

하마다 교수는 논문 말미에 "우리들은 저 황금보관을 머리에 쓰고 자랑스럽게 월성의 왕좌에 앉아 있었던 시라키栲衾(신라의 일본어 발음)인 신라新羅 국왕을 머리에 그려 본다"라고, 『일본서기』 서두의 「신대기」 상에 기록된 신라에 관한 서술을 이끌어 감개무량함을 표현했다. 그러나 이렇게 훌륭한 결론을 맺으면서도 신라의 왕관이 상징적으로 시사하고 있는 신라문화와 로마문화 사이의 강한 관련성에 대해서는 아무런 언급이 없었다.

또 하마다 교수는 『사림史林』 7권 4호(1922)에 게재한 「금세공에 대하여」라는 논문에서 누금세공기법이 그리스 · 로마에서 발달했던 상황을 서술한 뒤, 신라고분에서 정교한 금세공의 유물이 출토되는 것, 그리고 일본 각지에서 같은 형식과 수법의 장신구들이 출토되는 것을 소개하였다.

그런 뒤에 그리스의 기술이 알렉산더대왕의 동정과 함께 인도와 중앙아시아로 전파되었고, 중국과 서역의 교류가 시작되면서 중국에도 전파되었으며, 중국에서 한국으로 전해졌을 것이라고 서술하였다.

고구려와 백제의 왕관(그림 58~60)

고구려에 신라의 수목관과 같은 것은 전혀 없고, 백제의 영역에서는 신라의 수목관을 참고로 해서 만들었던 것으로 보이는 금동관 1점(그림 60)과 약간 퇴화된 형식의 수목형 금동관 1점(그림 59)이 출토됐다.

그림 58 고구려 불꽃모양 금동제 왕관. 길이 32cm, 높이 26.5cm. 평양 청암동 토성지 출토. 5세기. 국립중앙박물관 소장. 정교한 불꽃모양의 입식이 달린 왕관으로 신라 수목형 왕관의 이미지는 전혀 찾아볼 수 없다.

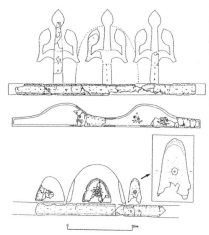

그림 59 백제의 금동관(전개 실측도) 익산군 웅포면 입점리 1호분 출토. 5~6세기. 신라의 수목관보다 약간 퇴화된 형식을 나타내고 있다.

그림 60 백제 남부의 금동관. 높이 25.5cm. 나주 반남면 신촌리 9호분 출토. 국립중앙박물관 소장. 형식화되기 전 수목의 원형을 유지하고 있으나, 신라의 수목관을 참고로 제작된 것이 분명하다. 신라에서 멀리 떨어진 이 고분은 백제의 영역으로 생각되고 있으나 다시 생각할 필요가 있다. 이 수목관의 내관과 유사한 것이 일본 구마모토현에서 출토된 바 있다.

일본 출토의 수목관 등(그림 61~66)

신라의 수목관 형식에 가까운 것이나 퇴화된 형식을 나타내는 것과 독자적으로 변형된 형식이 출토되고 있다. 이들은 일본 각지에서 토착화된 신라계통 이주민 집단이 신라계의 문화를 변용했던 상황을 보여주는 것으로 생각된다.

그림 61 금동관. 군마현 마에바시시 긴칸총 고분 출토. 6세기. 도쿄국립박물관 소장. 경주의 수목관을 변형한 것으로 보이는데, 다섯 면에 입식이 붙어 있다. 형식은 전 상주 출토품(그림 56)과 유사하다.

그림 62 금동관. 높이 약 35cm, 길이 약 52cm. 나라현 이카루가초 후지노키고분 출토. 6세기. 카시하라고고학연구소 부속박물관 소장. 신라의 수목관보다 더 수목의 원형을 잘 나타내고 있다.

그림 63 금동관. 길이 약 60cm. 이바라키현 다마츠쿠리초 잔마이총 출토. 이바라키현사관 소장. 말과 수목의 형태를 교차로 투공한 것으로 말과 관계 깊은 종족의 왕관이었던 것으로 생각된다.

그림 64 금동관. 높이 23cm. 후쿠이현 마츠오카초 니혼마츠야마고분 출토. 동경국립박물관 소장. 가야지역에서 출토하는 약간 퇴화된 형식의 수목관에 가까운 왕관.

그림 66 금동제 투공무늬의 내관. 높이 17cm. 구마모토현 다마나군 에다후나야마고분 출토. 5세기 후반. 도쿄국립박물관 소장. 외관의 수목형 왕관은 망실되었으나, 백제 남부 출토 수목관의 내관과 강한 유사성이 인정되기 때문에 외관의 형식도 상상할 수 있다.

그림 65 금동관. 시가현 다카시마군 다카시마초 가모이나리야마고분 출토. 교토대학총합박물관 소장. 경주 교동 폐분 출토의 금관과 가야 고령지역 출토의 금관의 중간적 조형을 나타내고 있다.

신라에서 출토되는 누금세공기법 장신구의 디자인과 기법이 그리스·로마적이었다고 하면서도, 모두 중국을 통해 한국에 전파되었을 것이라는 결론에 이르렀던 것이다. 신라왕관의 그리스적 기원설과 누금세공기법의 그리스·로마적 기원설이 제시된 배경을 보면, 하마다 교수가 신라문화 속의 짙은 그리스·로마적 요소를 분명히 인식했음을 충분히 추정해 볼 수 있다. 그럼에도 불구하고 하마다 교수 같은 고고학의 대가조차도 당시의 동양사적 상식에서는 중국문화의 범주 밖에 위치하는 신라란 상상도 할 수 없는 것이었다.

다음으로 북방원류설을 제기한 김원룡 교수의 「신라금관의 계통」을 소개해 본다. 김원룡 교수는 신라왕관에 대해 왕관의 구성요소를 외관과 내관으로 나누어 고찰하였다. 우선 내관에 대해서는 다음과 같이 언급하였다.

삼국시대의 귀족은 남과 북을 불문하고 비단, 자작나무껍질, 금속으로 된 삼각형의 관모를 사용했는데, 고구려에서는 그 모자에 실물이나 실물에 가까운 새의 깃털을 장식했으며, 남부에서는 금속제 뿔모양의 장식을 꽂았다. 지금 이와 같은 모자가 어디에서 발생했는지는 알 수 없으나, 자작나무껍질을 많이 사용했던 것과 새 날개가 갖는 샤먼적 의미를 고려한다면, 이렇게 특수한 모자는 분명히 중국의 동북지방, 몽골, 시베리아 지방에서 시작된 것이라고 추측해야 할 것이다. 따라서 우리나라 삼국시대의 관모冠帽는 원래 아시아 대륙 북쪽에서 탄생한 모자에서 발전해 온 것이라고 추측해도 좋다.

이렇게 결론을 내린 김 교수는 왕관의 외관에 대해 다음과 같이 서술하였다. 다소 길지만 그대로 인용해 보기로 한다.

앞에서 말한 것처럼 신라의 금관은 대륜 위에 3개의 출자형出字形 장식과 2개의 사슴뿔모양(녹각형鹿角形) 장식만을 세운 것인데, 간단한 것에는 달성 37호분(현 대구 비산동 37호분)의 예와 마찬가지로 출자형 장식만을 가진 것이 있다.그림 30

이 출자형 장식이 극도로 진전된 수목형이라는 것은 앞에서 말한 바와 같은데, 나주 반남면 신촌리 9호분(옹관)에서 나온 금동관그림 60은 초화형草花形 같기도 하지만, 분석해 보면 중심 기둥에서 좌우로 3개씩 가지가 나와 있고, 이 가지들과 기둥의 끝은 각각 보주형寶珠形으로 되어 신라 금관의 출자형 장식과 기본적으로 꼭 같으며, 신라의 것이 이러한 수목 원형에 가까운 형식에서 출발해 극단적으로 변하게 된 것임을 의심할 여지가 없다.

그런데 이러한 수목형 장식이 중국 육조시대 불상의 관, 예를 들면 6세기 중엽 무렵 산서성 천룡산 제16동굴(북제시대)에 있는 인왕상의 관 정면에 3개의 가지로 된 수목형 장식이 3개 있고, 그 형태나 형식이 우리 나주의 것과 통하고 있다. 이 관이 어떻게 해서 불상 위에 나타났는지는 알 수 없다. 그러나 당시 화북의 선비족들 사이에 이러한 관이 사용되고 있었을 수도 있지만, 여하튼 이런 보물이 있었기에 이렇게 불상 위에 나타난 것이라고 보아야 할 것이다. 보다 간략화된 것이긴 하지만 역시 수목형이라고 생각되는 금동관 장식이 영남지방에서 발견된 예가 있다.

이렇게 우리나라 외에 중국에도 수목형 장식을 가진 관이 통용되고 있는데, 우리의 흥미를 끄는 것은 알렉산드로폴 사르마트족의 고분에서 나온 금제 관식그림 67이다. 이것은 가지가 여

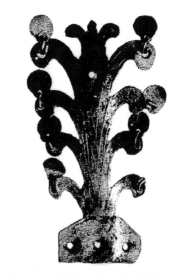

그림 67 금제 관식. 러시아 남부 알렉산드로폴의 고분 출토. 하마다 교수는 이 그림의 곡선적인 꽃가지 모양의 입식이 딱딱하고 직선적으로 변한 것이 신라 수목관의 입식이라 서술했고, 김원룡 교수는 이 관식을 남러시아에서 출토된 그림 68의 왕관이 간략화된 것으로 생각했다.

그림 68 수목과 사슴 장식의 금제 왕관. 남러시아 노모체르카스크 호불라치 고분 출토. 1세기. 상트 페테르부르크 에르미타주미술관 소장. 김원룡 교수에 따르면 남러시아 유목민의 왕관으로 보이는 사슴과 수목의 디자인은 남러시아에서 이란지방에 걸쳐 넓게 분포하는 것으로 수목의 형태는 생명수를 주는 성수의 형상을 본뜬 것이라 하였다. 중국과 한국의 수목관도 이러한 계통과 연결되는 것으로 그림 67의 금제 관식도 이 왕관의 형식을 간략화한 것이라 한다.

러 개지만 곡선으로 되어 있고 대륜에 부착할 수 있도록 못자리가 있을 뿐 아니라, 말단에는 영락까지 매달려 있다. 이와 같은 관 장식은 같은 지방의 노보체르카스크Nobocherkassk에서 나온 금관(B.C 1~A.D 1세기 무렵)그림 68 의 형식을 간단하게 한 것이 분명하다. 이 관은 남러시아 유목민족의 미술 인 소위 스키트 · 사르마트의 요소와 그리스적 요소를 섞은 것인데, 관의 대륜에는 자수정 · 석류석 · 진주 등을 박았고, 상부에는 사실적인 수목 두 그루와 사슴 세 마리를 배치했다. 이렇게 사슴과 수목을 배치하는 디자인 은 남러시아에서 이란 지방에 걸쳐 널리 퍼졌던 도안이다. 이 수목은 생명 을 주는 성수聖樹로서 인도의 리그베다Rig-Veda에도 나오며, 소마Soma 또는 하오마Hao-ma라고 불리는 것이다.

결국 앞에서 본 중국이나 우리나라의 수목형 장식의 관은 이러한 고대

신라가 꽃피운 로마문화

서아시아 지방의 관과 계통적으로 연결된다고 생각하는데, 시베리아 예니세이 지방 샤먼의 모자에 사슴뿔과 새 날개 장식이 달려 있는 것이 있어 더욱 그러한 느낌을 가지게 한다. 이미 헨쩨 교수가 지적했다시피 신라금관의 직접 조형적 존재가 되는 것은 이러한 시베리아 민족들에게 퍼져 있던 왕관이었다고 생각되며, 내관에서와 마찬가지로 우리나라의 관은 북방적인 것이라고 해야 할 것이다.

이 논문에서 김원룡 교수는 중국의 수목관에 대해 산서성 천룡산 제16동굴에 있는 6세기 중엽 북제시대 인왕상의 관에 수목형 장식이 있는 것과 영남지방에서 발견되었다는 수목형 장식의 금동관이 있음을 지적하고 있다.

그러나 중국의 왕과 황제의 관에 대해서는 하라다 요시토原田淑人 교수가 「동양 고유의 천자 및 황후의 보관에 대하여」(『聖心女子大學論叢』 34, 1969)에 상세하게 소개하였기 때문에 인용해 보기로 한다.

중국에는 고대부터 대례大禮(큰 의식)에 쓰는 관으로 면冕이라 부르는 것이 있었다. 이런 종류의 관은 군주뿐 아니라 신하들도 사용했는데, 여기에서는 천자가 대례에 착용하는 곤면袞冕이라는 관에 대해서 고찰해 보기로 한다.

천자가 쓰는 곤면의 형태에 대해 한漢의 유가 등이 풀이하고 있는 것을 종합해 보면, 그 재질은 비단(견포絹布)을 사용했음이 여러 문헌에서 명백하게 확인되며, 또 우리가 이전에 발굴했던 낙랑군의 오관상왕묘五官椽王墓에서 출토된 관을 보면 오관상 같은 하급 관인의 관조차 견포(칠사漆紗)를 재료로 하고 있음이 확인되고 있다. 면판冕板(머리에 얹는 검은색 사각판)의 크기는 천자 이하는 모두 넓이 7촌에 길이 1척 2촌으로, 판의 앞은 둥글게 하고 뒤는 모나게 했다. 면판의 윗면에는 검은색 견포를 바르고, 그 안쪽에는 붉은 주색과 녹색의 견포를 발랐던 듯하다. 면판의 전후에는 '류旒'

라고 부르는 끈緄을 내려뜨려 거기에 옥 장식을 꿰었다. 류의 길이는 앞쪽이 4촌, 뒤쪽은 3촌으로 하는데, 천자는 앞뒤로 각각 12류를 늘어뜨려 거기에 흰 옥구슬을 장식한다. 삼공三公 이하의 관리는 앞에만 류를 하면서 구슬의 색채와 수량을 다르게 하였다.

이러한 하라다 교수의 학설에 따라 한이래 당唐과 송宋 시대에 이르기까지 중국의 황제와 제후의 왕관에는 거의 같은 면의 형식이 계승되고 있었기 때문에그림 69, 수목관 등이 사용되었던 적이 없었음이 명백하다. 중국과 한국 신라에서 수목관이 보편적으로 사용되었다는 학설은 근거가 불충분하기

그림 69 『제왕도권帝王圖卷』에 그려진 무제상의 면관 (염립본閻立本으로 전해지는 송 대의 모사본) 보스턴미술관 소장. 하라다 교수에 따르면 한~당~송에 이르기까지 중국의 황제와 제후의 왕관에는 이 그림과 같은 면의 형식이 답습되고 있었기 때문에 수목관이 사용되었던 적은 없었다 한다.

때문에 수긍하기 어렵다.

따라서 앞에서 말한 것처럼 중국의 왕관에는 수목형 입식을 붙인 왕관은 존재하지 않았기 때문에 그 원류는 중국 이외의 고대문명에서 찾지 않으면 안 될 것이다.

수목관의 그리스 · 로마 기원설

1953년 6월 세계적 뉴스가 되었던 사건이 있었다. 런던 웨스트민스터 대성당에서 거행된 엘리자베스 여왕의 대관식이었다. 역대 영국 왕이 쓰는 왕관그림 80은 백금 바탕에 2천 수백 개의 다이아몬드, 약 300개의 진주, 10여 개의 사파이어와 에메랄드, 여러 개의 루비가 박

신라가 꽃피운 로마문화

힌 것이다. 루비 중에는 왕관의 정면에 박혀 있는 전설의 루비 '블랙 프린스 루비'라 불리는 것도 있고, 수많은 에피소드로 보석의 역사를 장식하는 가장 유명한 보석들이 포함돼 있다. 그 중에서도 압권을 차지하는 것이 대륜의 정면을 장식하는 309캐럿짜리 세계 최대의 다이아몬드 '아프리카의 별'이다. 그리고 그 대륜에는 수목형의 보석장식들이 단단하게 붙여져 있다.

그림 71~80에 유럽 각국에서 역대 왕들이 쓰고 있었던 수목형 왕관을 제시해 두었다. 그림 71~80과 같이 유럽에는 수목형 왕관이 압도적으로 많았다.

이들 유럽 왕관 수목관의 원류에 대해 영국의 민속학자 제임스 프레이저는 불후의 명저 『황금가지』에서 훌륭한 해석을 제시하고 있다. 프레이저는 숲의 여신 다이애나가 사는 성스런 숲에는 성스러운 성수聖樹 한 그루가 있는데, 성수의 가지는 누구도 꺾을 수가 없고 단 한 사람 숲의 왕만이 가지를 꺾을 수 있다는 전설을 소개하고 있다.

그리고 이러한 성수신앙이 고대 그리스·로마 세계에 퍼져나가 마침내 성수가지를 꺾어서 머리띠 모양의 대륜 앞과 좌우의 세 방향에 하나씩 꼽는 것이 신권神權을 부여받은 성스러운 왕이 되는 의식으로 시작되었던 것이다. 고대 그리스에서 머리에 띠 모양의 대륜을 붙인 것은 초인적인 인격, 곧 신을 상징하는 것이었다. 이 성수의 왕관이 마침내 왕이 되는 인물이 쓰는 왕관으로 만들어지게 되면서 수목관이 출현하게 된 것이다. 현존하는 사례는 이탈리아 라벤나 성 비탈레 성당 벽화에 그려진 동로마제국의 황후 테오도라의 보관寶冠에서 찾아볼 수 있다. 아마도 로마시대 초기부터 어떤 형태의 수목관이 만들어져 있었을 것으로 추정되지만, 나는 이 시대 수목관의 출토 사례나 전세 자료에 대해서는 아직까지 들은 바가 없다. 그러나 동로마황제 유스티아누스와 테오도라 황후의 보관을 계승하는 유럽 여러 나라 왕들

유럽 각국의 수목형 왕관(그림 70~80)

모두 그리스·로마 시대의 성수신앙에 기초한 성수의 왕관 형식을 답습해 만들어진 수목관이다. 수목형 입식의 수가 3면만이 아니라 4, 6, 8면으로 늘어나기도 하지만 기본적으로는 수목관의 형식이 계승되고 있다.

그림 71 성 푸아(성녀 피데스)의 보관. 10세기. 프랑스 콩크 생트 푸아 수도원 보물관 소장. 왕관 상부 3면에 삼엽형 가지 모양의 입식이 붙어 있다.

그림 70 성모자의 성화(이콘) 부분(이른바 클레멘차의 성모). 로마 산타 마리아 인 트라스테베레 성당 소장.

그림 73 로마 성 베드로 묘 제단 그리스도 상의 보관. 13세기. 바티칸박물관 소장.

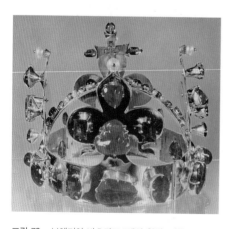

그림 72 보헤미아 바츠라프 1세의 왕관. 지름 19㎝. 10세기. 프라하 성 비타 교회 소장. 삼엽형 가지 모양의 입식이 대륜 4면에 붙어 있다.

그림 74 프랑스 성왕 루이의 왕관. 지름 21㎝. 1260년경. 루브르 박물관 소장

그림 75 독일 남부 반베르그 앙리 2세 왕관. 지름 20cm. 1280
년경. 뮌헨 레지덴츠박물관 소장.

그림 76 독일 쿠니군데 여왕 왕관. 지름 19cm. 1350년. 뮌헨
레지덴츠박물관 소장.

그림 77 영국 헨리 4세의 공주 브랑슈 왕관. 지름 18cm. 1370
~1380년. 뮌헨 레지덴츠박물관 소장.

그림 78 신성 로마 황제 루돌프 2세 왕관. 높이 28.6cm. 1602
년. 프라하 제작. 비엔나 미술사미술관 소장.

그림 79 프랑스 루이 15세의 왕관. 높이 24cm. 1722년. 루브
르박물관 소장.

그림 80 영국 「제국왕관」. 1838년. 빅토리아 여왕(재위 1837
~1901년)을 위해 제작된 것으로 이후 역대 영국 왕이 썼
던 호화로운 왕관. 대륜에는 수목형 보석장식이 붙어 있
는데, 그리스 · 로마 시대 이래 수목관의 전통을 계승하고
있는 것이 분명하다.

의 왕관은 여기에 그 일부를 제시하는 바와 같이, 모두 수목관의 형식을 답습하고 있을 뿐이다.

예를 들면 10세기 프랑스의 성 푸아(성녀 피데스)의 보관에는 많은 보석이 장식되어 있는데, 상부 3면에는 삼엽형 수목가지 모양의 입식이 붙어 있다그림 71. 보헤미아의 바츠라프 1세(재위 921~929년)의 왕관에는 4면에 삼엽형의 가지가 붙어 있으며, 전면은 많은 루비와 사파이어 등의 보석으로 장식되었다.그림 72

로마 성 베드로 묘 제단에 있는 그리스도 상의 보관(13세기)그림 73, 프랑스의 성왕 루이의 왕관(1260년 무렵)그림 74, 남부 독일 반베르크에 있는 앙리 2세의 왕관(1280년 무렵)그림 75, 독일 쿠니군데 여왕의 왕관(1602년)그림 76, 신성 로마 황제 루돌프 2세의 왕관(1602년)그림 78, 프랑스 루이 15세의 왕관(1722년)그림 79 등에 보이는 것과 같이, 수목형 입식은 3면이 아닌 4면, 6면, 8면으로 그 수가 늘어나고 있지만, 기본적으로는 수목관의 형식이 지켜지고 있다. 이와 같이 분명하게 유럽의 수목관은 로마시대부터 계승되었음을 알 수 있다.

마찬가지로 고대 메소포타미아의 푸아비 여왕[이전에는 시바(Shub-ad)의 여왕으로 잘못 읽히고 있었다]의 왕관그림 81과 고대 이집트 제17~18왕조(B.C 1650년 무렵) 여왕의 왕관그림 82을 여기에 소개해 둔다.

그림 70 · 71과 비교해 보면 알 수 있는 것처럼 모두 수목관과는 전혀 다른 형식의 왕관이다. 메소포타미아 여왕의 왕관은 수련의 꽃과 나뭇잎의 형태로 장식되었고, 고대 이집트 여왕의 왕관에는 뿔이 난 사슴 머리와 연꽃이 머리띠 모양의 대륜에 장식되어 있다. 그리고 지금까지 알려진 바에 따르면 이후의 메소포타미아 왕이나 이집트의 파라오들 역시 수목관을 사용했던 예는 없었다.

반면에 그리스 · 로마의 유적에서는 월계관과 넝쿨관(목만관木蔓冠, 그림 83~85) 등이 출토되는 예가 많다. 또 당시의 조각이나 벽화에도 이

고대 메소포타미아와 이집트의 왕관(그림 81 · 82)

이 두 지역 모두 그리스 · 로마의 수목관과는 전혀 다른 형식의 왕관이 사용되었다.

그림 81　고대 메소포타미아 푸아비 여왕의 왕관. 슈메르 우르유적 출토. B.C 2500년 무렵. 대영박물관 소장. 수련의 나무와 잎의 형태로 장식되어 있다.

그림 82　고대 이집트 제17~18왕조 여왕의 왕관. 에스사르비아 출토로 전해짐. B.C 1650년 무렵. 뉴욕 메트로폴리탄박물관 소장. 뿔이 난 사슴 머리와 연꽃이 머리띠 모양의 대륜에 장식되어 있다.

것들을 머리에 쓴 인물이 그려져 있는 것이 많다. 이것들이 신성한 왕권을 수여받은 왕자의 상징으로서가 아니라 신의 축복을 받은 승리자의 영광을 찬양하던 영예관이었음을 첨언해 두어야겠다.

　　1세기의 플리니우스[23(24?)~79년]는 『박물지』에서 이러한 영예관에 대해 상세히 소개하였다. 제1권 9절의 「영예관의 역사」나 제16권 7절의 「로마의 명예화관」에서는 영예관에 대해 떡갈나무 관(견엽관樫葉冠) 그림 87을 비롯해, 금관, 성벽모양 관(성벽관城壁冠) 그림 86, 석탑모양 관(석탑관石塔冠) 그림 88, 해전관海戰冠, 뱃머리모양 관(선취관船嘴冠) 등이 있어, 승리자의 명예를 찬양하는 내용에 따라 이런 장식의 관이 수여되었던 것을 설명하였다.

로마시대의 영예관(그림 83~88)

왕권의 상징으로서의 왕관 외에도 여러 경기와 전투의 승리자에 대해 그 영광을 찬양하는 관이 수여
되었다. 시가 경연의 승리자에 대한 월계관과 넝쿨관, 전투 승리자에 대한 성벽관과 석탑관, 경기와
전공의 내용에 따라 다양한 재질과 모양의 영예관이 수여되었다.

그림 83 로마시대의 넝쿨관. 길이 17cm. 이탈리아 남부 타란토 출토. B.C 4
세기 무렵. 메타폰토고대박물관 소장.

그림 84 로마시대의 넝쿨관. 길이 31.5cm. 이탈
리아 남부 타란토 출토. B.C 2세기 무렵. 국
립타란토고고학박물관 소장.

그림 85 로마시대의 넝쿨관. 길이 31.3cm. 이탈리아 남부 타란토 출토. B.C
4세기 말 무렵.

그림 86 로마시대의 성벽관.

그림 87 로마시대의 떡갈나무관. 길이 13.3cm. 이탈리아 남부 타란토 출토.
B.C 2세기 무렵.

그림 88 로마시대의 석탑관.

이와 같이 그리스신화에 연원을 가지는 성수신앙과 왕권의 결합으로 탄생했던 수목관은 그리스·로마시대 이래 유럽문명을 통해 계승돼 온 것이었다. 시대적 추이와 지역 차이에 따른 다소의 형식적 변화는 있었지만 기본적 요소인 대륜과 성수라는 두 가지 요소는 불문율처럼 엄격하게 지켜지면서 수목관의 형식으로서 계승돼 왔다. 아시아와 아프리카에도 성수신앙은 있었지만 성수가 왕관으로 사용되었던 적은 없었다. 수목관은 유럽세계의 독특한 왕관으로서 오늘날까지 전해진 것이었다.

결국 신라의 수목관이 의심할 여지없이 이런 계보에 속하는 왕관이었다는 사실은 이로써 충분히 인식되었을 것으로 생각한다.

따라서 묘하게도 일찍부터 하마다 교수가 지적했던 것 같이 그리스에 원류가 구해지는 서구의 전통적 왕관의 계보를 잇는 것으로 신라의 왕관이 서구적 전통의 로마문화적 계보에 속하는 것이라는 사실을 시사하는 것이다. 신라 사람들이 같은 시대의 로마문화, 즉 동로마 제국의 문화를 수용하고 있었음을 상징적으로 시사하고 있는 것이다.

2 아프가니스탄 틸랴 테페 출토 수목관의 문제

1978년의 일이었다. 옛 소련 국경에서 100㎞ 정도 남쪽 아프가니스탄 시바르간시 교외의 틸랴 테페 유적지도 4에서 '시바르간의 보물'이라 불리는 방대한 양의 금은제품이 발굴되었다. 이 지방은 일찍이 그레코·박트리아 왕국이 번영했던 지역이었다. 그 풍족한 문화국가의 박트리아에 월지족月氏族이 침입해 약탈과 파괴를 자행함으로써 박트리아는 마침내 기원전 139년에 멸망했다. 한동안 월지는 박트리아의 부를 바탕으로 정착했으나, 기원후 1세기 중반 무렵에 토착세력이었던 쿠샨족이 성장하면서 지역을 통일해 쿠샨왕조를 세웠다.

틸랴 테페 유적은 월지시대부터 쿠샨시대 초까지 만들어졌던 것으로 B.C 1~A.D 1세기로 편년되고 있다. 그러나 이 유적의 연대에 대해서는 발굴조사자와 연구자들 사이에 이견이 있어 지금까지 확정된 견해가 없다.

한편 발굴되었던 방대한 양의 금은보화 중에는 황금 왕관 몇 개가 포함돼 있었다. 이 왕관들은 모두 피장자의 머리에 장착된 상태로 발굴되었다. 이 중에는 신라왕관의 원류로 볼 수도 있는 황금의 수목관 1점이 포함되어 있다그림 89. 그것은 틸랴 테페 6호묘의 여성 피장자가 쓰고 있던 것이었다.그림 90

발굴을 담당했던 소련 과학아카데미 고고학연구소 상급연구원 빅토르 살리아니데 I 세(1929~)는 6호묘의 금관에 대해 다음과 같이 보고하였다.(카토큐조加藤九祚 역, 『실크로드의 황금 보물-시바르간왕묘발굴기-』岩波書店, 1888)

지금까지의 분묘와 마찬가지로 구덩이는 틸랴 테페 신전지에 굴착되어 있었다. 그 넓이가 상부 3×1.5m, 바닥 2.5×1.5m로 내려가면서 좁아졌다. 상하 단차에 만들어진 목제 천정 위에 풀을 깔고 흙을 덮었다. 분묘 바닥은 청소되었다.

목관은 길이 2m, 넓이 65cm, 높이 30cm로 각 측벽은 1장의 판자로 만들어졌는데, 판자들은 이미 우리들이 잘 아는 쇠못(鐵釘)으로 연결 고정되었다. 관은 맨땅이 아닌 벽돌을 깐 위에 안치되었다. 발굴할 때 관 바닥이 함몰했기 때문에 유골은 거의 바닥에 떨어져 있었다. 풍부한 금은의 작은 원판들이 목관 전체를 덮고 있었다. 목관 안의 피장자는 몸을 바로 편 채 하늘을 보고 누웠는데 머리를 서쪽에 두었다. 머리에는 몇 개의 조각으로 결합된 금관을 쓰고 있었는데, 금관의 하부는 얇은 황금 판으로 폭 넓은 머리띠로 만들어졌다. 머리띠 양 끝에는 양쪽을 연결하던 주조의 연결고리

신라가 꽃피운 로마문화

틸랴 테페 출토의 수목관

'시바르간의 보물' 중에는 몇 개의 황금왕관이 포함돼 있는데, 6호분에서 출토된 1점은 신라왕관의 간접적 원류였다고 생각되는 수목관형 금관이었다. 이 분묘의 피장자는 스키타이의 여왕으로 생각되는데, 물론 시바르간과 신라 사이에는 400~500년의 시간적 차이가 있지만, 신라가 그렇게 오래 전부터 스키타이와 접촉을 유지하면서 로마문화의 흡수를 도모하고 있었던 것을 시사해준다.

그림 89 황금수목관. 대륜 45×2.5cm, 입식 높이 13cm. 아프가니스탄 시바르간 틸랴 테페 6호분 출토. B.C 1~A.D 1세기 무렵. 카불박물관 소장. 얇은 황금판 머리띠 모양의 대륜에 수목형 입식이 붙여졌고, 작은 원형의 금제 달개로 장식한 점이 신라왕관과 근사한 형식이다.

그림 90 시바르간 틸랴 테페 6호분 유물 출토 상황. 호화로운 금관과 장신구와 같은 부장품이 매납된 목관으로 보아 피장자를 스키타이 여왕으로 추정하고 있다.

그림 91 로만글라스인 마블글라스 작은 병 2점. (좌) 높이 10cm, (우) 높이 5cm. 틸랴 테페 6호분 출토. 1세기 무렵. 시리아 남부 지방(고대 시리아) 제품. 카불박물관 소장. 이 유물의 연대추정이 가능하게 되었던 것은 지중해 동안의 시리아 남부지방에서 1세기에만 제작되었던 로만글라스가 동반 출토되었기 때문이다.

가 붙어 있다.

　머리띠 표면에는 황금 판에서 잘라 낸 여섯 잎의 꽃모양 장식 20개가 장식되었는데, 가는 황금 실로 꿰어 매단 달개가 달려 있다. 각 꽃모양 장식의 중앙에는 금알갱이로 둘러 싸 터키석을 박을 수 있도록 얕은 홈이 만들어져 있다. 꽃모양 장식은 머리띠의 작은 구멍을 통해 고리로 고정되어 있다.

　머리띠 안쪽에는 5개의 작은 파이프가 붙어 있는데, 거기에 얇은 황금 판을 오린 5개의 입식*이 고정되어 있다. 입식은 형식화된 수목을 투공기법으로 오려낸 것인데, 수목 하부에는 수평의 띠가 있고, 그 위에 줄기를 세웠는데, 각 줄기의 끝은 잎으로 마감되었다. 상부 가지에는 날개를 펴고 목을 뺀 새들이 쌍으로 배치되었는데 새는 부리로 하트모양의 나뭇가지에 연결돼 있다.

　입식 수목의 표면에는 누금으로 둘려져 터키석이 박힌 여섯 잎의 꽃잎 장식이 고정돼 있다. 각 꽃잎에는 자유롭게 움직이는 작은 원판 달개가 금실로 매달려 있다. 각 수목에는 아래 가지에 2개, 위 가지에 2개, 가운데 가지에 2개로 모두 6개가 붙어 있다(또는 위에 1개, 가운데 3개, 아래 2개로 보기도 한다). 입식의 바닥 안쪽에는 작은 파이프가 2개씩 세로로 붙어 있는데(각 1개, 중앙 입식에 3개로 모두 7개), 여기에 피장자의 머리에 두르는 띠의 작은 파이프가 고정되어 있다.

　중앙의 입식은 다른 네 개의 입식과 다른 형태이다. 아래에는 넓은 띠가 투공되어 그 양 끝에 가지가 잘린 줄기가 세워졌고 굽은 가지에는 나뭇잎이 달렸다. 수목의 하부는 원형으로 잘라냈는데, 그 안은 소용돌이 모양의 장미형 장식이 되었다. 위의 가지는 서로 연결되었고 끝이 뾰족한 이파리로 마감되었다. 바깥쪽 중앙 입식은 6장짜리 꽃잎모양 장식 9개가 장식돼 있는데, 중앙에는 진주가 박혀 있다. 꽃잎 말단에는 금실로 작은 원판이 붙어 있고 입식의 상부에도 동일하게 작은 황금 원판으로 마감되었다. 금관의 지름은 아주 짧아 45㎝에 불과하다. 그것은 발굴 당시에 두개골의 이마

* 저자는 높은 아치형 파르멧이라 부르고 있다.

신라가 꽃피운 로마문화

부분이 약간 솟아올라 있었던 것으로 보아, 아마도 금관은 높이 솟아 있던 머리카락 꾸밈, 곧 가채에 꼽혀 있었던 것으로 추정된다.

입식에 투공된 무늬, 곧 수목과 거기에 앉은 새에 대해서는 특별하게 언급할 필요가 있다. 이 테마에 대해서는 많은 해석이 있지만, 최근에는 청동기시대 박트리아의 청동제 부적이었다는 유추가 있었다. 전문가의 견해에 따르면 수목과 거기에 머무는 새는 일반적으로 풍요의 관념을 상징하며 행복과 평안을 나타낸다. 조로아스터교의 경전 『아베스타』의 찬가에는 세계 모든 식물들의 씨앗을 가진 성스러운 나무가 등장한다. 수목에 머무는 새는 가지의 껍질을 벗기거나 떨어진 씨앗을 하늘로 운반한다. 하늘에 오른 씨앗은 비와 함께 땅에 떨어져 새로운 식물로 자란다. 금관보다 1500년이나 앞선 시대의 관념이 살아 남아 소유자의 번영과 평화를 상징하기 위해 입식에 표현되었던 것이 아닐까 한다. 이렇게 우리들은 수수께끼에 가득 찬 인도, 이란의 세계, 특히 조로아스터교 일부의 오래된 신화적 관념이 놀랄 만한 생명력을 가지고 있음을 알게 된다.

수목형 입식과 머리띠 형의 대륜에 붙어 있는 꽃모양 장식에 대해서는 신라왕관과 차이가 있지만, 대륜의 수목형 입식과 작은 원판의 금제 달개 장식은 완전히 동일한 형식이다. 발굴보고자는 널 안에서 발견된 '성스런 결혼'을 부조로 새긴 황금 장식판과 누금세공의 목걸이, 날개가 달린 아프로디테 상 등을 근거로 피장자를 스키타이의 여왕으로 추정하고 있는데, 그 가능성이 높을 것으로 생각한다.

또한 이 여왕의 팔에는 동물머리 장식의 팔찌, 발에는 터키석을 상감한 황금발찌가 채워져 있었다. 그리고 귀에는 에로스 조각상이 달린 귀걸이를 달았으며, 목에는 투공장식 판의 금제 달개로 장식한 목걸이가 걸려 있었다.

이 여왕이 매장된 연대를 추정하게 하는 중요한 부장품이 있다. 지중해 동안의 시리아, 즉 고대 시리아 지방 남부의 유리산지(시돈, 틸루스, 아크루 등)지도 4에서 1세기 무렵에 제작된 로만글라스인 마블글라스의 작은 병 2점그림 91이다. 이것에 의해 이 수목관이 1세기 무렵에 제작된 왕관인 것을 알게 되었다.

신라 5~6세기의 수목관과 이 스키타이 여왕의 수목형 금관 사이에는 400~500년의 연대 차가 있지만, 간접적이라도 이것이 원류가 되었다는 것은 부정할 수 없을 것이다. 바꿔 말해, 신라문화는 이렇게 오래된 시대부터 스키타이인과 연결을 가지고 있었으며, 그 연결고리는 이후에도 소중하게 유지되어 로마문화의 흡수를 도모하고 있었던 것이다. 틸랴 테페의 금관과 로만글라스가 이런 사실들을 우리들에게 암시해주는 것으로 보아도 좋을 것이다.

3 신라왕의 수목관이 의미하는 것

지금까지 살펴본 한반도 삼국시대 고분 출토의 왕관을 종합해 보면 각국을 통솔하는 왕자의 왕관 중에 신라와 그 영향력 아래 있었던 가야지방만이 현저한 특색을 나타내는 수목관이란 것이 확인되고, 신라가 아시아문화권에서는 거의 찾아볼 수 없는 이질적인 형식의 왕관을 사용하고 있었다는 사실을 알게 되었다. 나아가 왕관의 형식이 고대 그리스신화에 묘사되었던 숲의 신 다이아나 숭배신앙에서 탄생한 성수의 가지, 곧 황금가지에 대한 신앙에서 비롯되었던 것이었다. 곧 성수가지를 머리띠(대륜 = 신격의 상징)로 나타낸 것을 통해 신권에게 수여된 왕자 상징의 머리 장식, 곧 왕관이 만들어지게 되었다는 사실을 확인하였으며, 그것이 유럽의 전통적 왕관의 형식이 되어 오늘날까지 전승돼 왔던 사실 역시 명백해졌다.

그러나 고대 유럽의 왕관과 공통되는 형식을 가진 수목관의 신라

왕관이긴 하지만, 유럽과 남러시아, 또는 지중해와 흑해 주변의 로마 제국의 영역이나 식민지 등에서 신라왕관과 유사한 것이 출토되지 않는다는 사실은 고대 유럽의 수목관적 전통을 계승하면서도 신라의 독자적인 디자인이 창출되었던 것을 보여주고 있다.

물론 신라 출토의 수목관이 신라의 통솔자, 곧 왕자의 왕관이며 로마문화의 계보에 속하는 것이라 하더라도, 그 사실만으로 신라가 로마문화를 전면적으로 수용하고 있었다는 논거로 삼기에 충분하다고 할 수는 없다. 신라가 로마문화를 수용했던 국가였다는 것을 충분히 증명하기 위해서는 왕관 이외의 많은 유물들이 로마문화와 밀접한 관계를 가지고 있음을 밝혀내지 않으면 안 된다.

제4장부터 출토자료를 바탕으로 신라라는 국가의 실태를 밝혀 가면서 신라가 로마문화를 수용하고 중국문화에는 물들지 않았다는 사실을 구체적으로 밝혀 가고자 한다. 신라의 왕관이 그리스·로마문화적 계보에 속하는 것이었다는 사실처럼 종래의 한국고대사나 동양사의 통념과는 너무나 다른 사실을 실재했던 자료들을 통해 점차 구체적으로 밝혀져 갈 것이다.

제 4 장

천마총의 유구와 유물이 보여주는 것

천마총이 있는 경주 황남동에는 백 수십여 기의 고분이 있는데
지도 3, 광복 전후에 학술 조사된 고분만해도 수십 기에 달한다. 그러
나 출토 유물과 유구에 대한 보고서가 간행되었던 것은 20여 기 정도
로, 보고서의 내용도 고분의 개략적인 실태를 알 수 있을 정도에 불
과하다.

1973년부터 1975년까지 한국 정부는 경주종합개발계획을 세우고
우선 황남동 미추왕릉지구의 정비사업을 시행하게 되었다. 이 사업에
서 최초로 실행된 것이 황남동 155호분의 발굴이었다. 뒤에 상술하듯
이 155호분은 아름다운 천마도를 그린 말다래(장니障泥)가 출토되었기
때문에 「천마총」으로 명명되었다. 그림 92~95 · 98

발굴은 한국문화재관리국 김정기 단장의 주도로 1973년 4월 6일
부터 시작해 같은 해 12월 4일에 종료했다. 당시 경주지방에는 7~8월
의 폭염으로 가뭄이 심했는데 조상숭배의 전통이 각별한 경주 사람들
사이에 고분 발굴 때문에 저주가 내렸다는 소문이 퍼져 심상치 않은
상황이 발생할 뻔하기도 했다고 한다.

155호분과 98호분 쌍분의 발굴이 종료되고 출토품들이 발굴현장에 보관되고 있던 1975년 가을에 나는 이 미추왕릉지구를 발굴 조사했던 영남대학교박물관 이은창 선생의 초대로 황남동 98호 쌍분과 155호분의 발굴현장을 견학하게 되었다. 특수한 유구와 출토유물을 직접 본 나는 큰 충격을 받았고, 오랫동안 의문을 품어 왔던 삼국시대 신라의 특수성에 대한 수수께끼가 얼음 녹듯이 한 번에 풀리는 듯했다. 이 책을 집필하겠다는 생각도 바로 이때 시작된 것이다.

1만 점 이상되는 천마총 출토유물의 전모를 살피는 것이 신라문화의 전체 모습을 탐구하는 데 중요한 단서가 될 것은 의심할 여지가 없다. 지금부터 이러한 단서들을 상세히 소개하면서 출토품의 계보 추적을 통해 출토품에 반영돼 있는 문화의 내용을 출토품 스스로 말하게 함으로써 신라문화의 내용을 밝혀가고자 한다.

1 천마총의 발굴

천마총은 지도 3에 보이는 것처럼 미추왕릉지구 북단에 위치하는데, 경주 최대의 고분인 98호분 쌍분에서 서쪽으로 약 130m 떨어진 곳에 있다. 발굴조사단이 최종 목표로 했던 98호분 쌍분 조사의 전 단계, 이른바 98호분 발굴의 예비조사로서 천마총의 발굴이 시행되었다. 천마총은 지름 47m, 높이 12.7m의 대형 원분이었다.

발굴조사 결과부터 소개하면, 이 고분은 돌무지덧널무덤이라는 특이한 형식의 고분이었다. 특이하지만 삼국시대 신라고분의 대부분은 이와 같은 돌무지덧널무덤의 형식으로 만들어졌다. 중국, 고구려, 백제에서는 거의 만들어진 적이 없는 고분의 형태라는 점에서 동양에서는 보기 드문 고분 축조법이었다. 더구나 무려 11,450여 점의 유물

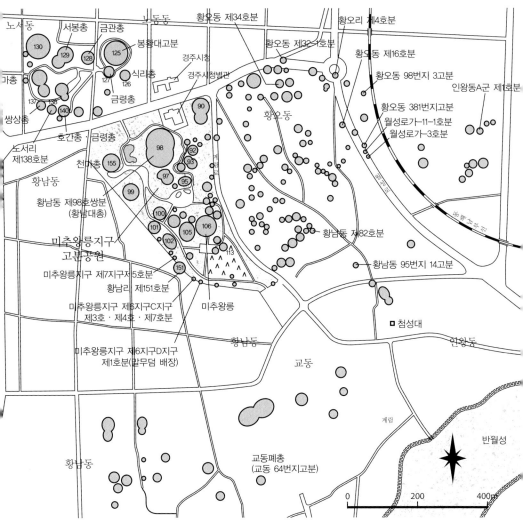

노서동
서봉총
금관총
노동동
황오동 제34호분
황오리 제4호분
봉황대고분
황오동 제32-1호분
황오동 제16호분
130
129
128
125
경주시청
황오동 98번지 3고분
인왕동A군 제1호분
가총
식리총
경주시정별관
황오동 381번지고분
127
126
월성로가-11-1호분
137
138
금령총
90
월성로가-3호분
쌍상총
140
황오동
호간총·금령총
98
노서리
제138호분
155
92
황남동
천마총
93
97
95
99
황남동 제98호쌍분
(황남대총)
100
미추왕릉지구
101
105
106
고분공원
102
황남동 제82호분
미추왕릉지구 제7지구저 5호분
113
황남리 제151호분
151
황남동 95번지 14고분
미추왕릉지구 제6지구C지구
제3호·제4호·제7호분
미추왕릉
미추왕릉지구 제6지구D지구
제1호분(말무덤 배장)
황남동
인왕동
■ 첨성대
교동
계림
반월성
황남동
교동폐총
(교동 64번지고분)
0   200   400m

지도 3 경주 시내 신라고분의 분포. 황남동과 그 주변에는 미추왕릉지구 고분공원 안의 천마총(황남동 155호)과 황남동 98호분 쌍분(황남대총) 등을 비롯해 백 수십 기의 고분(왕릉, 왕족묘, 귀족묘등)이 밀집해 있으며, 경주 시내 전체에는 300기 이상을 헤아린다. 신라시대에는 수 배에 달하는 고분이 있었을 것이라 한다.

그림 92 경주시 황남동 미추왕릉지구 고분공원 남쪽 상공에서 찍은 사진. 동서남북 약 500m 전후의 구역 안에 크고 작은 수십 기의 고분이 밀집해 있다. 1973~75년에 천마총과 황남동 98호분 쌍분 등이 발굴되어 방대한 양의 부장품이 출토되었다.

그림 93 봉토 정상부 발굴 중인 천마총. 경주종합개발계획(1973~75년)에 따라 1973년에 최초로 발굴 조사된 천마총이었다. 발굴보고서에 따르면 이 고분의 축조연대는 5세기 말에서 6세기 초로 편년 되고 있으며, 제21대 소지왕이나 제22대 지증왕의 무덤으로 추정되고 있다.

신라가 꽃피운 로마문화

이 출토되었다.

　이 출토품들에 대해서는 다음 3절에서 상세하게 소개할 것인데, 여기에서는 돌무지덧널무덤의 구조와 성격에 대해 검토해보고자 한다.

2　특이한 고분축조법

　천마총의 돌무지덧널무덤그림 94 · 95은 지표면을 약 2m 정도 파고 들어 가 약 1m 정도 되는 사질점토층을 깔아서 다진 뒤, 그 위에 10㎝의 황토층, 다시 그 위에 10㎝의 흑갈색 토층, 다시 그 위에 5㎝의 부식 토층, 그리고 자갈을 혼합한 15㎝의 단단한 점토층을 각각 다져 기초를 만들었다. 다시 기초 부분의 둘레에는 지름이 20㎝ 정도 되는 냇돌을 1.2m 높이까지 쌓아 올린 뒤 봉토를 덮어 다졌다. 기초 부분 위에서 덧널이 설치되는 부분 아래까지는 사람 머리만한 냇돌로 채워졌다.

　덧널 안에 널(목관木棺)과 부장칸이 배치된 모양은 그림 95와 같다. 덧널 전체의 크기는 높이 21.2m, 길이 6.6m, 너비 4.2m이다. 밤나무가 사용된 판재의 두께는 8㎝이다. 덧널과 부장칸은 느티나무로 만들어졌다. 덧널을 보호하기 위해 바깥 틀이 만들어졌는데, 측면은 냇돌로 채워졌고 덧널을 덮는 것처럼 전체에 냇돌을 쌓아 올렸다. 돌무지층은 약 6m로 그 위에 약 6.7m 두께의 봉토를 쌓아 완성했다. 봉토의 표면은 잔디로 덮어 나무가 자라지 못하도록 정성껏 관리되었다.

　발굴과정에서 덧널부가 무너져 내려 돌무지가 덧널과 부장칸을 파괴했으나 도굴의 흔적이 없어 매장 당시 그대로를 보여주었다. 따라서 이 고분의 축조법과 매장형식, 의복(소실되었다)과 장신구, 일상에서 사용되던 부장품 등은 살아 있는 신라문화를 보여주었다.

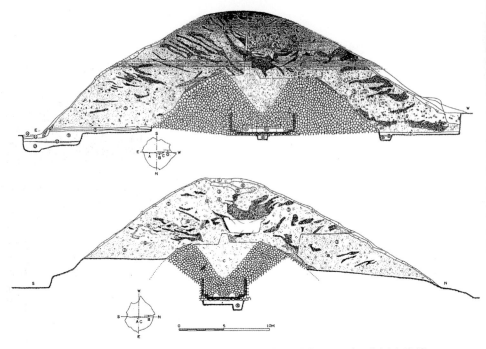

그림 94 천마총 단면도. (상) 동서단면. (하) 남북단면. 독특한 신라만의 구조로, 지표 가까이에 덧널을 만들어 그 안에 널을 매납하고, 덧널의 측면을 냇돌로 채운 뒤 덧널을 뒤덮듯이 전체에 냇돌을 쌓아 올리고 그 위에 봉토를 만들고 봉토의 표면은 잔디로 덮는다. 도굴의 흔적 없이 매장 당시와 같은 상태를 유지하고 있었다.

    발굴보고에 따르면 이 고분의 축조연대는 5세기 말에서 6세기 초로 편년되고 있다. 제21대 소지왕이나 제22대 지증왕을 피장자로 추정하고 있다. 지증왕은 신라를 비약적으로 발전시켰던 왕으로 이전까지의 왕호였던 마립간을 대신해 처음으로 신라왕의 칭호를 사용했던 왕이었다.

    『삼국사기』 권4 지증왕 4년조는 다음과 같이 기록하고 있다.

    4년(503) 겨울 10월에 신하들이 상주하였다. "시조가 나라를 세운 후에 지금까지 나라의 이름이 정해져 있지 않습니다. 어떤 때는 사라斯羅라 칭하고, 또 어떤 때는 사로斯盧로 하다가, 어떤 때는 신라新羅라고 합니다. 저희들이 생각하기에 신新이란 '덕업德業이 날마다 새로워진다'는 뜻이고,

신라가 꽃피운 로마문화

라羅는 '사방을 망라 한다'는 뜻이 기 때문에 이것이야말로 우리나라에 어울리는 이름이 아니겠습니까? 또 예로부터 나라를 다스리는 사람은 모두 제帝나 왕王을 칭하였습니다. 우리나라에서는 시조의 건국 이래 오늘에 이르기까지 22대에 걸쳐 거서간居西干, 이사금尼師今, 마립간麻立干 같은 방언을 써 왔으며, 아직 정식으로 왕의 칭호를 채택하지는 않았습니다. 지금 신들의 일치된 의견으로 삼가 신라국왕新羅國王의 칭호를 바치고자 합니다"하니 왕이 그 의견에 따랐다.

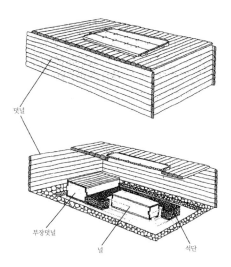

그림 95 천마총의 덧널부(추정구조도). 덧널은 높이 2.1m×길이 6.6m×너비4.2m. 덧널은 두께 8cm의 밤나무. 덧널과 부장덧널은 느티나무로 제작되었다.

이처럼 제22대 지증마립간 4년에 왕호가 사용되기 시작했음을 분명하게 기록하고 있다. 이렇게 제23대 법흥왕 이후의 신라왕은 마립간 같은 칭호를 폐지하고 왕의 칭호를 사용하기 시작하였다. 이런 지증왕의 공적과 인품에 비추어보면 천마총의 규모가 크긴 하지만 출토품의 내용이 조금 빈약하다는 문제가 있다. 마찬가지로 이 고분의 축조에 동원되었던 노동력과 기간은 가장 적게 잡아 연인원 8,900명에 기간은 90일로 추정되고 있다.

신라는 왜 고구려나 백제처럼 중국식 돌방무덤(석실분石室墳)을 만들지 않았던 것일까? 신라에서 돌무지덧널무덤이 만들어지게 되었던 유래는 어디에 있는 것일까? 이런 의문에 대해 명확한 설이 발표된 것은 아니지만, 아즈마 우시오東潮・타나카 토시아키田中俊明『한국의 고대유적』1 신라편에 다음과 같은 견해가 서술되어 있다.

종래에는 지석묘, 토광묘, 낙랑목곽묘가 융합한 것이라는 설도 있었지
만 상호 시간적 괴리가 너무 크다. 그런데 강인구 교수는 적석목곽분이 고
구려의 적석총積石塚(돌무지무덤)과 대동강 유역 묘제의 영향을 받은 목곽
묘가 결합해 성립했다는 설을 제기하였다. 앞에서 서술한 것과 같이 3~4세
기 전반으로 올라가는 구정동고분군이 발굴되었지만 목관(널)의 내부 주
체는 목관묘(널무덤)의 맥락을 잇고 있다. 조양동의 목관(널) · 목곽(덧널)
과 무관하지 않다. 한편 고구려의 적석총(돌무지무덤)은 환인桓仁(요녕성)
에서 집안集安에 걸친 지역에서 발달하였다. 구조적으로는 할석적석총에
서 기단식절석석실묘*로 전개되는데, 그 정점을 이루는 것이 5세기 전반
집안의 장군총과 태왕릉으로 대표되는 방형계단식석실묘다. 한강유역에
는 서울 석촌동적석총과 문호리적석총 등 고구려의 영향으로 축조되었던
것으로 보이는 적석총이 분포한다. …(중략)… 그러나 낙랑 대방군 말기의
묘제는 목곽묘(덧널무덤)에서 전실묘 또는 횡혈식석실묘로 변해가기 때문
에 목곽묘의 직접적인 영향 관계는 분명하지 않다. 경주에서는 5세기 중엽
이후에 복원된 천마총 같은 거대한 목곽묘가 성립하고 있어 낙랑 대방군
의 멸망과는 그 계기를 달리할지도 모르겠다. 기마문화를 수반한 북아시
아 목곽묘 문화가 고신라로 직접 도래했음을 상정하는 견해(최병현)도 있
지만 시기와 전파경로가 분명하지 않다. 어쨌든 간에 객관적으로는 고구
려적 분구의 적석(돌무지)과 낙랑적 목곽(덧널)이 하나로 되어 적석목곽분
(돌무지덧널무덤)이란 신라의 독특한 묘제가 창안되었던 것으로 말할 수
있을 것이다.[森浩一 감수, 東潮 · 田中俊明 편저 『韓國の古代遺跡』 1 신라편 경주
(中央公論社, 1988)]

이상과 같이 편저자는 강인구 교수가 주장한 고구려에서 돌무지

* 자른 돌을 기단식으로 쌓아 올려 내부에 석실을 만드는 고분

신라가 꽃피운 로마문화

덧널무덤의 성립을 지지하면서, 최병현 교수가 주장한 북아시아 덧널무덤 문화의 도래를 부정하고 있다. 그러나 고구려의 돌무지무덤과 낙랑 덧널무덤의 합체로 신라 독특의 돌무지덧널무덤이 성립했다는 주장에는 큰 문제가 있다. 그 이유는 예로부터 죽은 자의 매장의례는 전통에 따라 행해지는 것으로, 특히 서로 다른 민족의 묘제를 혼합해서 새로운 분묘형식을 창출한다는 것은 고구려와 낙랑으로부터 직접적인 문화적 충격이 없는 한 도저히 일어날 수 없는 현상이다.

이러한 점에서 최병현 교수가 주장하는 북아시아 덧널무덤 문화의 도래설은 충분히 수긍할 수 있는 개연성이 있다. 북아시아 카자흐스탄의 이리강 유역에는 사카족이 조영한 대규모의 고분군이 점점이 분포하는데, 이에 대한 발굴조사가 진행돼 왔다. 고분의 규모는 지름이 30~100m로 신라고분의 규모와 거의 비슷하고, 지상에 덧널을 만들어 그 안에 널을 안치하며, 주위에 냇돌을 채우고 덧널을 냇돌로 뒤덮은 뒤, 그 위에 봉토를 쌓아 올리는 돌무지덧널무덤으로 신라 돌무지덧널무덤과 축조수법이 동일하다. 다만 그 연대가 기원전 7~3세기로 신라고분의 기원후 5~6세기와 비교해 연대적 격차가 크다.

이러한 사카족의 돌무지덧널무덤에 대해 좀 더 살펴보기로 하자. 하야시 도시오林俊雄는「초원의 인민」(護雅雄·岡田英弘『民族の世界史』4 中央ユ·ラシアの世界, 山川出版社, 1990)에서 사카족 베스샤토르 고분군의 축조법을 상세하게 소개하였는데, 그 부분을 여기에 인용해 보기로 한다.

발굴된 1·3·6·8호분 모두의 내부구조는 거의 동일했다. 1호분은 지름 52m, 높이 9m에 달한다. 분구 표면에서 1m 정도까지 돌이 쌓여 있고, 그 아래에 토석혼축층이 있으며, 다시 아래에는 큰 돌덩어리로 된 퇴적층이 있는데, 이들을 제거하자 원 지표면 위에 만들어졌던 '오두막' 같은 것이

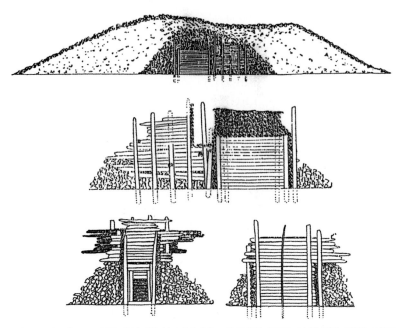

그림 96 베스샤토르 고분군 1호분. (상) 분구단면, (중) 묘실의 측면, (하좌) 묘실의 전면, 〈하우〉 묘실의 뒷면.

나타났다. '오두막'은 3개의 공간으로 구성되었다. 먼저 동쪽에 길이 5.7m, 너비 1.5m, 높이 5m의 통로가 있는데 천정은 없다. 여기에서 전실이 이어지는데, 길이 1.7m, 너비 1.25m, 높이 2.5m로 낮게 되어 있는데, 통나무를 늘어놓은 천정이 있다. 그리고 그 안에 주실이 있다그림 96·97. 주실의 크기는 약 3.6×3.3m로 정방형에 가깝고, 높이는 4m이다. 천정에는 통나무를 더부룩하게 쌓아 올렸고, 그 위에는 갈대로 짠 돗자리가 덮여 있었다. 주실로 들어가는 입구는 큰 돌을 쌓아 올려 막았으며, 통로의 공간도 돌로 채워져 있었다. 사용된 목재는 모두 껍질을 벗겨 가공되었다. 베스샤토르 고분군의 분묘 모두가 그렇지만, 이 분묘 역시 완전히 도굴돼 주실에서 산란된 남녀 인골과 동물 뼈, 그리고 나무다리의 약간이 발견되었을 뿐이다. 그러나 이 발굴이 있은 지 10년 후에 남서로 약 100㎞ 정도 떨어진 곳에서 도굴되지 않은 고분이 발굴되었다.

이 고분의 소개에 이어 다시 베스샤토르 고분군의 이리강 중류지

그림 97 베스샤토르 고분군 1호분 묘실. 북아시아 카자흐
스탄의 이리천 중류 역에 있는 사카족의 고분군에서는
신라고분과 마찬가지로 지상에 나무로 짠 오두막 같은
묘실을 세우고 그 위를 흙과 돌로 덮었다. 이 지역 사카
족의 묘제는 남러시아 스키타이족의 돌무지덧널무덤에
서 비롯된 것으로 뒤에 이 지역을 계승하는 흉노(훈)족
에게 계승되었다가 다시 신라로 전파되었을 가능성이
높은 것으로 생각된다. 마찬가지로 이 이리분지에서 남
서 100km 지점에 위치하는 같은 사카족의 잇시크 고분
에서는 일반적으로 유목민의 고분에서 보이는 것과 같
이 지하에 묘실을 만들고 있어 같은 사카족에서도 부족
에 따라 묘제의 차이가 있었을 것으로 생각된다.

역에서 남서로 약 100㎞ 정도 떨어진 잇시크 강변에서 동일한 축조법
을 보이는 대형 고분군(잇시크쿠르간)지도 4을 소개하였다.

　이러한 사카족의 돌무지덧널무덤은 남러시아에 근거를 두고 있는
스키타이고분의 축조법을 계승한 것인데, 이 이리분지에서 사카족의
영토를 계승한 흉노(훈족)가 다시 돌무지덧널무덤을 계승하였다. 이에
대해 에가미 나미오江上波夫는 『기마민족국가』(中公新書, 1967)에서 다음
과 같이 설명하였다.

　　흉노는 사람이 죽으면 수혈을 파고 통나무집 형식의 덧널을 만들어 그
　안에 널을 매납하고, 그 위를 원형 또는 타원형의 낮은 무덤으로 덮었다. 죽
　은 자가 일상생활에서 애용했던 모든 것을 부장하였다.

　한漢과의 전쟁에서 패한 흉노는 남북 2개국으로 나뉘었다. 남쪽의
흉노는 사카족의 본거지였던 이리분지로 옮겼다가 기원후 4세기 무
렵에 다시 남러시아로 이동하였다. 원래 유목민족이었던 흉노는 일정
지역에 정착해 생활할 수 있는 수단을 가지지 못했다. 평화적으로는
교역을 생업으로 삼아 동서로 문물을 운반하면서 교역의 이익을 취하
는 이른바 무역을 생업으로 하는 한편, 유익한 것을 생산하는 정착민

을 습격해 약탈하는 것을 일상적으로 하고 있었다.

북쪽의 흉노가 정착한 남러시아에는 로마의 식민지가 많았는데, 이중에는 로마문화가 성행하던 지역도 있었다. 따라서 흉노가 취급하던 문물 중에 많은 로마문화권의 산물이 포함된 것은 필연적이었을 것이다. 이렇게 돌무지덧널무덤을 가진 흉노가 남러시아에서 손에 넣었던 로마계통의 문물이 스텝루트를 거쳐 신라로 유입되었을 것은 충분히 생각해 볼 여지가 있다. 왜냐하면 제8장에서 상술하는 바와 같이 신라왕릉에서 출토되는 로만글라스와 같은 것이 남러시아와 스텝루트상의 고분에서 다수 발굴되고 있다는 한 가지 예만으로도 뒷받침될 수 있기 때문이다.

돌무지덧널무덤의 원류에 대해서는 최병현 설과 같이 북아시아 사카족의 축조법이 흉노에 계승되었고, 그 흉노의 축조법이 로마계통의 문물과 함께 신라에 도입되었을 것으로 추정하기에 충분하다. 신라와 같은 시대의 돌무지덧널무덤을 남러시아의 흉노지역 이외에서는 발견할 수 없기 때문이다.

3 출토된 수많은 보물들

천마총에서 출토된 유물은 다음 표 5에 보이는 바와 같이 무려 11,450점에 달한다. 출토유물의 전체상을 살피기 위해『천마총발굴조사보고서』(문화재관리국, 1975)에 게재돼 있는 출토품의 총목록을 옮겨 둔다.

이 목록을 일별해 보면, 중국 · 고구려 · 백제의 출토품과 큰 차이가 있음을 알게 된다. 예를 들면 청동경 · 진묘수 · 묘지명 같은 것이 전혀 없는 반면에, 금관 · 반지 · 팔찌 · 귀걸이 · 목걸이 등과 같은 장

신라가 꽃피운 로마문화

그림 98 현재 천마총 전경. 경주시 황남동 미추왕릉지구 고분공원. 1973년 발굴조사 완료 후에 독특
한 신라 돌무지덧널무덤의 구조로 복원된 내부가 공개되고 있다.

표 5 경주 천마총 출토유물의 수량

종 류	건 수	계
장신구류	29	8,754
무기·이기류	37	1,234
마구류	29	490
그릇류	38	226
기타	33	745
계	166	11,450

신구가 많고, 철제 무기·무구·공구 등이 현저하게 많다. 특히 중국
고분의 출토품과 비교해 보면 대부분이 서로 다른 종류·형태·기법
으로 만들어진 유물임이 분명하다. 이러한 출토품은 신라사람들의 사
상과 습속, 그리고 일상생활을 보여주고 있을 뿐 아니라, 이들을 만들

어낸 기술과 형식에도 그들의 문화가 짙게 반영되어 있다.

내가 이 책에서 제시하고자 하는 '신라론'이란 "신라도 예외 없이 중국문화의 영향 아래 있던 하나의 국가로서 당연히 중국문화를 수용하고 있었다"는 일반적 통념과는 전혀 다른 주장으로, "신라는 로마문화를 수용하고 있던 로마문화국가였다"라는 새로운 학설이다. 따라서 이러한 출토품 전면에 로마문화가 반영되어 있는 현상을 발견해 내지 못한다면 나의 주장은 허구가 되고 말 뿐이다. 각 시대에 살았던 사람들이 자신들의 거주지에서 사용했거나 만들었던 물건에는 그들의 일상이 그대로 녹아 있으며 저절로 반영되었을 것이라는 사실에는 어떤 거짓이나 허구가 포함될 수 없다. 따라서 저자는 출토품들 스스로 그것들이 실재했던 시대와 사회, 그리고 문화를 있는 그대로 말하게 하고자 하는 것이다.

이상과 같이 수많은 양의 출토유물들은 명백하게 로마문화를 반영하고 있다. 이제부터 그러한 사실들을 하나하나 살펴보기로 한다.

우선 장신구류에 대해 발굴보고자는 다음과 같이 8개의 항목으로 분류하였다.

① 관모류 ② 귀걸이 ③ 팔찌 ④ 금반지 ⑤ 목걸이와 구슬류 ⑥ 허리띠꾸미개와 띠드리개 ⑦ 신발 ⑧ 기타

이들 중에서 귀걸이·금반지·목걸이에 대해서는 지금까지 중국의 고분에서 삼국시대부터 북위시대 고분의 일부를 제외하고는 출토 예가 거의 없었으며, 이러한 장신구로 몸을 치장하는 습관 역시 중국에는 존재하지 않았다. 마찬가지로 중국문화를 받아들였던 나라라 하더라도 귀걸이·금반지·목걸이 등을 고분에 부장했던 예는 당시 신라와 동맹관계를 맺고 있었던 시기의 백제고분을 제외하고는 아주 드

물었다. 반면에 신라고분에서는 이러한 3종류의 장신구가 거의 예외 없이 출토되고 있다. 따라서 신라에서는 이것들을 몸에 치장하는 관습이 일반화되어 있었음을 알 수 있다.

더구나 이들의 형태와 무늬, 그리고 제작기법에도 분명한 특색이 있다. 모두 그리스 · 로마 장신구의 계보에 연결되는 것들이다. 구체적인 예를 들어 살펴보면 다음과 같다.

관모류

금관그림 16과 금동관그림 101, 그리고 그에 부속되는 금제 장식품그림 19 · 21 · 22과 자작나무껍질의 관모그림 20 등이 주된 대상이다.

이들 중에 금관은 피장자의 머리에 착장된 상태로 출토되었는데, 모든 출토품 중 가장 중요한 부장품이다. 금관의 대륜은 지름 20㎝, 너비 4.5㎝, 높이 32.5㎝이다. 금관의 입식은 정면과 좌우의 3면에 붙어 있는데, 1개의 중심축에 좌우 대칭으로 2개의 가지가 4단을 이루고 있다. 금령총 출토의 금관그림 15과 같은 형식이나 세부의 형식에는 차이가 있다.

또한 금관 대륜부의 하단에는 각각 1개의 길고 짧은 한쌍의 금드리개(금제 수식金製垂飾)가 금관에서는 떨어져 대륜에 부착된 상태로 출토되었다. 긴 쪽 한쌍은 13.5㎝의 고리모양 드리개로 많은 하트모양의 금제 달개를 달았고 끝에는 세 날개모양 장식을 달았다. 다른 짧은 한쌍은 5㎝로 같은 금 고리에 금제 달개의 장식이 달렸다. 아울러 널 밖에서는 금관 안에 쓰는 금제 투공 무늬의 내관그림 19과 자작나무껍질의 관모그림 20, 새날개모양과 나비모양의 관장식그림 21 · 22 등이 출토되었다.

또한 천마총에서는 별도의 금동제 왕관 단편이 출토되었다. 그림 101에 제시한 것처럼 복원된 형태는 입식에 붙은 대칭의 가지가 3단

그림 99 복원된 신라왕의 모습. 부산박물관 복천분관. 황금제 수목관과 목걸이(가슴장식)·허리띠·허리띠드리개 등 신라왕관 장식은 다른 차원의 화려함을 자랑하고 있다.

으로 되어 있어 금관의 형식과 약간의 차이를 보이고 있다. 소재와 형식이 다른 이 금동관의 의미에 대해서는 아직 미해결의 문제로 남아 있다. 천마총에서 금동관이 출토되었다는 사실은 천마총의 피장자가 금관을 쓰기 이전에 금동관을 썼던 시기, 곧 금동관에 상응하는 신분이었던 시기가 있었음을 시사하는 것이거나, 금관 대신에 썼던 약식의 관으로 사용했을 가능성 등이 있다. 앞으로의 연구에서 밝혀져야 할 것으로 생각한다.

금관과 대륜의 드리개, 금관 장식의 새날개모양과 나비모양의 장엄구, 금관에 부속된 금제 투공무늬의 내관과 안쪽의 자작나무껍질 관모 등처럼 호화롭게 제작된 형식은 신라왕의 관 장식이 아시아의 다른 나라 국왕이나 황제의 왕관에 비해 전혀 다른 차원의 화려함을 가지고 있었던 것으로 볼 수 있다.그림 99

이들 금관에 부속된 장식들 중에 주목을 끄는 것은 자작나무껍질의 관모이다그림 20. 마치 일본의 조정 대신이나 무사가 쓰는 에보시鳥帽子 같은 모양으로 상부가 둥근 느낌이 나는 삼각형 관모이다. 2장의 자작나무껍질을 꿰매어 만들었다. 자작나무껍질의 판재는 1.2㎝ 간격으로 비스듬히 격자모양으로 꿰맨 자리가 남아 있다. 나무껍질이 세로 섬유질의 갈래에 따라 갈라지는 것을 방지하기 위해 비스듬히 꿰맸

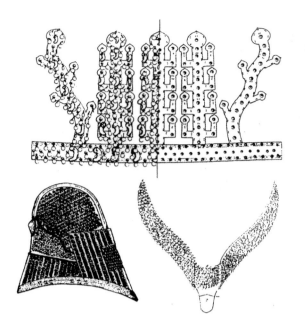

그림 101 금동관(전개실측도). 경주 천마총 출토. 5~6세기. 금관과 동반 출토된 금동관으로 3단 대칭의 수목형 가지인데, 금관은 4단으로 되어 있다. 이러한 소재와 형식의 차이는 과연 무엇을 의미하는 것일까?

그림 100 (상) 금관. 높이 32.5cm. (하우) 금제 새날개모양 관장식. 높이 45cm. (하좌) 금제 투공무늬 내관. 높이 19cm. 모두 천마총 출토. 5~6세기. 천마총에서는 금관과 세트를 이루는 금관 장식이 출토되었다.

던 것으로 실로 깨지고 끊어지는 것을 막고 안으로 굽는 것을 예방하기 위해 꿰매서 강화했던 것으로 보인다. 자작나무껍질을 재료로 사용하는 데 익숙했던 사람이 만들었음을 알 수 있다.

원래 자작나무껍질에는 밀랍성분과 살리실산이 들어 있어 물기를 튕겨 내는 발수성이 있기 때문에 잘 썩지 않는다. 그 특성과 유연성을 살린 자작나무껍질 세공은 남러시아와 스텝루트의 초원 민족이 일상적으로 사용하는 재료와 기법이었다. 풍족한 소재의 혜택을 받는 온대지방 사람들에게 원래 자작나무껍질은 별로 인연이 없는 소재였다. 따라서 이러한 자작나무껍질이 관모 외에도 천마도를 그린 말다래그림 120와 기마인물도를 그린 도넛모양의 그림판그림 121 등과 같은 중요 물건에 사용되었다는 것은 초원 민족과의 강한 관련성을 분명하게 보여주고 있는 것으로 생각해도 좋을 것이다.

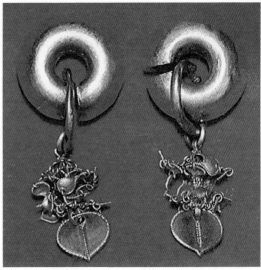

그림 102 (좌 2점) 큰 하트모양 드리개를 매단 금제 가는귀걸이 1쌍. 길이 6.2cm. 천마총 출토. 5~6세기. 국립중앙박물관 소장. (우 2점) 크고 작은 하트모양의 드리개를 매단 굵은귀걸이 1쌍. 길이 7.1 cm. 천마총 출토. 5~6세기. 국립경주박물관 소장. 천마총에서는 금귀걸이가 6쌍 출토됐는데, 그 중 굵은고리귀걸이는 금관과 세트를 이루는 것이고, 가는고리귀걸이는 약식용으로 생각된다.

그림 103 누금세공된 공과 물방울 모양 드리개를 매단 금제 가는귀걸이 1쌍. 길이 5cm. 천마총 출토. 5~6세기. 국립 경주박물관 소장. 그림 102의 귀걸이와 마찬가지로 그 리스·로마시대의 누금세공기법으로 드리개를 붙인 이 어링 계통의 귀걸이.

그림 104 고대 로마 누금세공기법의 귀걸이. 길이 9.9cm, 너비 5.8cm. 이탈리아 남부 타란토 출토. B.C 4세기 후반. 타란토 국립박물관 소장. 복잡하게 장식된 작은 배모양의 본체에 로제트(꽃잎 모양)와 암포라* 모양 등으로 만들어진 7개의 드리개를 체인으로 매단 호화로운 제품. 신라의 누금세공 기법으로 제작된 드리개 형식 귀걸이의 원형이 그리스·로 마시대 유적에서 다량 출토되고 있다.

* 올리브유나 포도주를 담는 그리스·로마의 전형적인 항 아리

귀걸이

금관과 세트를 이루는 것으로 보이는 금 귀걸이는 모두 6점이 출토되었다. 크고 작은 하트모양의 드리개를 가는 금줄로 매단 굵은귀걸이(태환이식太環耳飾)가 1쌍, 같은 것으로 파손이 심한 것 1쌍그림 102(우), 큰 하트모양의 드리개 앞뒤 양면에 약간 작은 하트모양을 덧붙이고 누금세공된 장구모양 장식으로 가는귀걸이(세환이식細環耳飾)를 연결한 1쌍그림 102(좌), 누금세공된 공과 물방울 모양의 드리개를 매단 가는고리귀걸이가 1쌍그림 103, 그 외에 파손이 심한 가는고리귀걸이 2쌍이 출토되었다. 굵은고리귀걸이는 금관과 세트를 이루는 것이지만, 가는고리귀걸이는 약식용이었을 것이다. 이들의 원형은 그리스·로마시대의 장신구에서 일반적으로 사용되었던 누금세공이라는 특수기법의 드리개 형식 귀걸이로 그리스·로마문화에서 그 연원을 구할 수 있다.그림 104

팔찌

발굴보고서에 팔찌(천釧)로 되어 있다. 금제 팔찌 2쌍, 은제팔찌 2쌍이 출토되었다. 각 둘레의 바깥 면에는 요철의 각목 무늬가 새겨져 있다. 이러한 형식의 팔찌는 그림 106에 제시한 것과 같이 그리스·로마 세계의 기원을 가지는 남러시아에서 일반적으로 사용되었으며, 그 전통은 10세기까지 이어졌다. 이런 팔찌들이 이러한 계보에 속하는 것이 분명하다. 또한 같은 형식의 금·은제 팔찌가 가야 지역의 창녕 교동 12호분과 양산 금조총, 신라 북부 동해 중안동고분 등에서도 출토되고 있다.

금반지

두들겨서 마름모 모양의 정면을 만든 심플한 형태의 금반지로 양

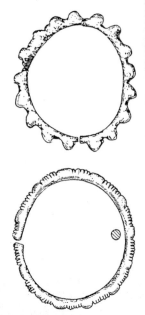

그림 105 금제 팔찌 1쌍. 지름 7.6㎝. 천마총 출토. 5~6세기. 국립경주박물관 소장. 천마총에서는 금제와 은제 팔찌가 각각 2쌍씩 출토되었다. 모두 바깥 둘레에 돌기 모양의 돌출문이 타출되었다. 이 형식의 팔찌는 그리스·로마 세계에 기원을 갖는 것으로 남러시아에서 일반적으로 사용되었다.

그림 106 은제 팔찌. 남러시아와 흑해 연안의 스키타이 분묘 출토. B.C 3세기. 천마총의 금제·은제 팔찌 형식이 이런 계열에 속하는 것이 명백하다.

쪽 손가락 모두에 끼웠던 상태로 총 10개가 출토되었다그림 107·182. 이 천마총의 반지는 지름이 2~2.6㎝로 황남동 98호분 북분 출토의 금반지그림 181(우 5개)와 유사하며, 금관과 마찬가지로 양자의 형식에 차이가 거의 없기 때문에, 거의 같은 시대, 같은 공방에서 제작되었을 가능성도 있다.

원래 그리스·로마문화에서는 반드시 반지를 끼지 않으면 안 되는 습속이 있었으며, 오늘날까지 엄청난 양의 자료가 출토 또는 전세되고 있다. 로마시대의 분묘에서는 반드시라고 해도 좋을 만큼 피장자의 유해와 함께 출토되고 있다. 마찬가지로 천마총 출토품과 같이 마름모 형태의 정면을 만들어냈던 금반지는 그리스·로마 금반지의 기본적 형식으로, 그림 108과 같이 로마시대 유적에서 출토되는 예가 많

신라가 꽃피운 로마문화

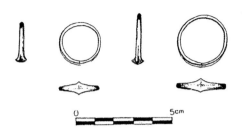

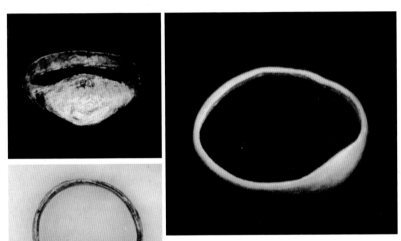

다. 마찬가지로 로마문화를 수용했던 남러시아와 흑해 주변 지역의 유
적에서도 반지를 비롯한 다량의 장신구가 출토되고 있다.

이에 비해 중국문화를 수용했던 고구려와 백제의 유적에서는 신
라와 밀접한 관계를 가지고 있었던 백제의 일부 지역을 제외하면 반지
가 출토되는 예가 거의 없다. 반지를 장신구로 하는 것이 얼마나 그리
스 · 로마문명에서 기본적이며 필수불가결한 습관이었던가를 그 문화
를 계승하고 있는 현대의 유럽문화에서도 분명하게 찾을 수 있다. 신
라왕이 10개의 손가락 모두에 10개의 반지를 끼고 있었다는 사실이야

말로 로마문화의 수용을 보여주는 상징적인 현상이라 할 수 있다.

목걸이(가슴장식)와 구슬류

총 2,377개에 달하는 크고 작은 유리구슬과 1,814개에 달하는 속이 빈 금구슬(3개와 200여 개에 금박흔적), 22개의 금제 연결장식과 3개의 비취제 곱은옥으로 구성된 길이 64cm의 대형 목걸이가 출토되었다. 목걸이보다 가슴장식으로 부르는 것이 더 어울릴지 모르겠다.

속이 빈 금·은제 구슬은 각각 사방에 하트모양의 금제 달개를 금실로 매달았으며, 모난 기둥모양의 연결 장식 표면에는 하트모양의 금

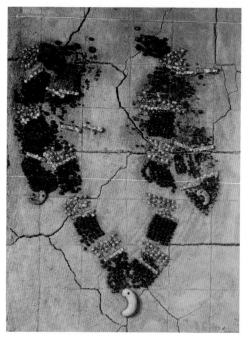

그림 109 목걸이(가슴장식). 길이 64cm. 천마총 출토. 5~6세기. 국립경주박물관 소장. 당당한 대형 가슴장식인데, 사용된 구슬류 등의 재질을 황남동 98호분 북분의 출토품과 비교해 보면 천마총의 피장자를 특정할 수 있을 것으로 생각한다.

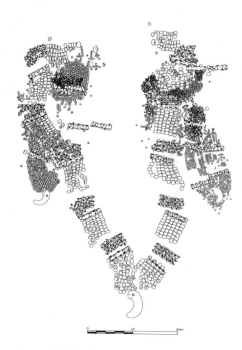

그림 110 가슴장식 실측도

신라가 꽃피운 로마문화

제 달개가 10개씩 붙어 있었다. 이러한 금·은제 장식과 대부분을 차지하는 유리구슬들을 조합해 중앙부의 주된 장식으로 구성하고, 좌우에는 유리구슬로 된 약 25cm 길이의 장식을 배치했다. 실로 당당하게 보이는 대형 가슴장식이다.

그러나 여기에 한 가지 의문이 생긴다. 그것은 후술하는 황남동 98호 북분 출토 목걸이(대형 가슴장식)그림 183·184와 비교해 속빈구슬 중에 은제 구슬이 섞여 있다는 점이다. 북분의 대형 가슴장식에는 은제 구슬이 사용되지 않았고, 크고 작은 곱은옥이 108개나 사용되었으며, 상감구슬·호박구슬·유리구슬 같은 진귀한 구슬이 다량 사용되었던 것에 비해, 천마총의 대형 가슴장식에는 겨우 3개의 곱은옥이 사용되었을 뿐 진귀한 구슬들은 전혀 사용되지 않았다.

이 양쪽 대형 가슴장식의 품격 비교를 통해 천마총의 피장자를 상상해 본다. 보고서에서 추정했던 제21대 소지마립간 또는 제22대 지증마립간 중에 굳이 어느 쪽을 택해야 한다면 전자인 소지왕이 더 적합할 것으로 생각한다. 왜냐하면 후자인 지증마립간은 신하들의 주청을 받아들여 국호를 신라로 하고 왕호를 처음 사용했던 왕으로 두터운 덕망으로 신라의 국세를 비약적으로 발전시켰던 인물이었기 때문이다. 지증왕의 장례에 사용되었던 장엄구에는 최고의 물품이 사용되었을 것이다. 주인공의 문제는 별도로 하더라도 이러한 대형 가슴장식은 다른 문화에서 비슷한 예를 찾아볼 수 없는 신라만의 독특한 것이었다.

허리띠꾸미개(과대銙帶)와 띠드리개(요패腰佩)

허리띠꾸미개는 혁대에 금속제 장식을 붙인 금속장식버클이다. 띠드리개는 허리띠에 붙여 내려뜨린 드리개 장식이다.

천마총에서는 금제 허리띠꾸미개와 띠드리개그림 111, 넝쿨무늬(당초문, 인동문)를 뚫은 은제 허리띠꾸미개와 3점의 허리띠꾸미개가 출토되었다. 금제 허리띠꾸미개와 띠드리개는 띠꾸미개(과판銙板:벨트에 붙인 투조금속판)이 44장, 띠꾸미개의 달개가 101개, 띠고리(교구鉸具:버클)가 1개, 띠끝꾸미개(대단금구帶端金具) 1개, 띠드리개 13점이 출토되었다. 은제 허리띠꾸미개는 부식으로 결실된 부분이 많아 완전한 형태를 알 수 없다. 따라서 완벽한 상태를 유지하고 있는 허리띠꾸미개와 띠드리개에 대해 약간의 해설을 첨부해 둔다.

우선 특징이 있는 띠꾸미개에 대해서는 에가미나미오江上波夫가 상세하게 논하고 있듯이(『騎馬民族國家』), 시베리아에서 도나우강 유역의 헝가리에 이르기까지 넓게 분포하는 띠끝꾸미개이다. 도나우강 유역에 있는 아바르유적에서 출토되는 허리띠꾸미개에는 동물무늬를 뚫어새겼으나(투조透彫) 용도와 구성의 기본에는 차이가 없다.

천마총과 황남대총남분·북분 출토의 허리띠꾸미개그림 172·174

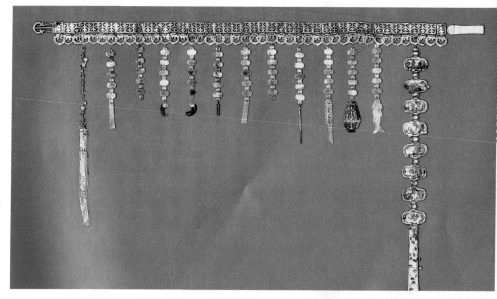

그림 111 125×73.5cm. 천마총 출토. 5~6세기. 국립경주박물관 소장. 혁대에 붙인 띠꾸미개는 유라시아 기마민족의 디자인으로 통하는 것이며, 13개의 띠드리개 중에 좌단의 숫돌모양의 금판을 늘어뜨린 체인에서는 그리스·로마시대 이래 상용되었던 장신구의 영향을 짐작할 수 있다.

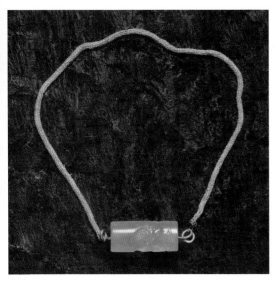

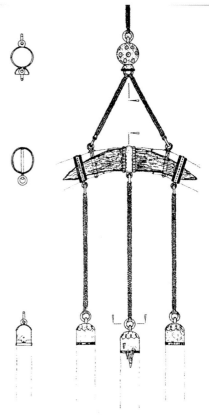

그림 113 체인에 매달린 원통형 도장. 이탈리아 남부 타란토 출토.
B.C 3세기. 타란토국립고고학박물관 소장. 체인을 사용한 장신구
는 그리스 · 로마에 유행했고, 그리스 · 로마문화를 수용했던 러
시아 남부와 중국의 북위 등 유적에서도 다수 출토되고 있다.

그림 112 체인을 사용한 3줄 달린 이형띠드리개(쇠뿔모양 나무
드리개장식). 천마총 출토. 5～6세기. 여기에서 보이는 체인
은 그리스 · 로마시대 이래 상용되었던 장신구용의 체인이
었다.

그림 114 금제 체인과 누금세공기법으로 만든 가
슴장식. 길이 26.7㎝. 우크라이나 키로보그라
드주 그로도스이촌 분묘 출토. 7～8세기. 키에
프 우크라이나역사보물박물관 소장. 그리스문
화를 수용했던 러시아 남부와 흑해 연안 스키
타이 장신구의 출토 예이다.

그림 115 체인으로 만든 장신구(부분). 길이 128㎝. 북위 오맹달무기 출토.
4～5세기. 내몽고자치구 달무기박물관 소장. 로마문화를 수용했던 중
국 북위의 출토 예이다.

에 비교적 가까운 것으로, 시베리아 아무르강 유역의 유적에서 출토된 예가 있다그림 116 ④~⑥. 이 사각 판에는 당초무늬가 투조되었는데, 원형의 띠드리개에도 같은 무늬가 투조되었다. 천마총과 황남대총남분·북분 출토의 허리띠꾸미개 모두가 유라시아 기마민족의 허리띠꾸미개 장식과 강한 관련을 가지고 있었던 것이 분명하다.

띠드리개에 대해서는 아직 충분히 밝혀진 계보와 해석이 없다. 그러나 작은 책이나 숫돌 같은 모양의 금판을 내려뜨리는 체인(사슬)그림 111은 그리스·로마시대 이래 상용되었던 장신구용 체인이었음을 지적해 두어야겠다그림 104·113~115·227. 그 중에서도 유별난 3줄의 띠드리개(소뿔모양 나무에서 내려오는 장식)그림 112에 사용되고 있는 부드럽고 유연하게 움직이는 체인이 좋은 예가 된다.

이외에 앞에서 서술한 3개의 허리띠꾸미개와 다르게 아마도 단독의 가죽벨트로 만들어졌던

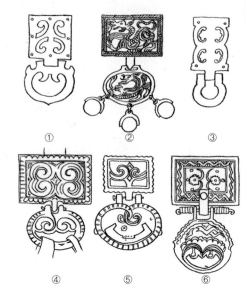

그림 116 각종 띠꾸미개. ① 천마총 출토 금제 허리띠꾸미개. ②③ 일본 고분 출토. ④~⑥ 시베리아 아무르강 유역 출토. 천마총 출토의 금제 허리띠꾸미개와 은제 허리띠꾸미개에 보이는 띠끝꾸미개는 사각형 판에 당초무늬를 투조하였고, 심엽형의 띠드리개에도 비슷한 투조가 있다. 시베리아 아무르강 유역의 출토품에도 닮은 예가 보이는 것처럼 유라시아 기마민족의 디자인과 강한 관련을 보여준다.

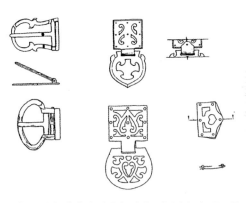

그림 117 (상 하) 은제 허리띠꾸미개 2점. (상단 좌·중·우) 당초무늬가 투조된 띠끝꾸미개(길이 6.7cm)·과구·단금구. (하단) 인동문이 투조된 띠끝꾸미개(길이 8cm)·허리띠꾸미개·띠끝꾸미개 장식(단금구). 모두 천마총 출토. 5~6세기. 국립경주박물관 소장. 상단의 띠끝꾸미개는 금제 허리띠꾸미개와 유사한 것. 허리띠꾸미개는 오늘날의 버클과 같은 것으로 고대 중국의 띠고리는 형식과 기능이 전혀 다르다.

신라가 꽃피운 로마문화

것에 붙어 있었다고 생각되는 은제 띠고리 6점이 출토되었는데, 현대의 버클과 크게 다르지 않은 점이 흥미롭다. 이들 역시 고대 중국의 버클인 띠고리帶鉤와 형식이나 기능이 전혀 다른 점에 주목하지 않으면 안 될 것이다.

무기와 철기

신라의 무기는 거의가 철제이며 농공구나 건축용 못, 그리고 꺾쇠 등의 모든 것도 쇠로 만들어졌다. 주변국의 출토품과 비교해도 철기가 압도적으로 많은 것이 신라고분 출토품의 특징이다. 먼저 종류별로 나열해 보면 아래와 같다.

금동제 정강이가리개 1벌, 덩이쇠 (철정) 37개, 대도 7자루그림 118, 막대형철기 6개, 도 9자루, 9두 철봉 5개, 단도 55자루, 고리모양철기 13개, 투구 1개, 굽은자루철기 2개, 철창 36자루, 꺾쇠 174개, 철촉 118개, 쇠못 52개, 쇠도끼 8자루, 기타

이들 중에 금동제 정강이가리개 (경갑脛甲)는 야구에서 포수가 착용하

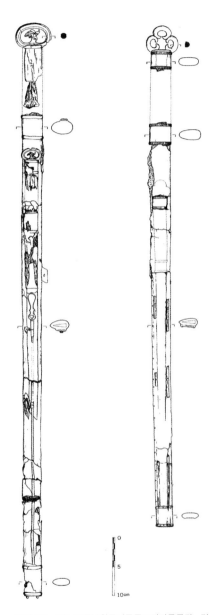

그림 118 (좌) 금동봉황무늬둥근고리자루큰칼. 길이 98cm. (우) 금은세고리자루큰칼. 칼집 길이 68cm. 모두 천마총 출토. 5~6세기. 국립경주박물관 소장. 천마총에서 출토된 7자루 대도 중 2자루로, 금동봉황무늬둥근고리자루큰칼은 일본 고분에서도 출토되고 있다.

는 정강이 보호대와 비슷한데, 무릎 부분이 크고 둥글게 퍼져 있으며, 다리 뒤쪽에서 고정할 수 있도록 아랫부분에서 1/3 정도 되는 곳에 경첩을 붙이는 판이 있고, 후크에 꼭지를 걸어 잠글 수 있도록 되어 있다. 황남동 98호분 남분에서 같은 형식의 은제 정강이가리개가 완전한 상태로 출토돼 전체적 구성을 잘 살필 수 있다. 이것은 그리스·로마의 병사들이 차고 있었던 정강이가리개와 구조적으로 닮아 있다.

큰 칼(대도大刀)로는 일본 고분에서도 출토되는 봉황무늬둥근고리자루큰칼 1자루가 출토되었다그림 118(좌). 전체 길이가 98cm나 되는 긴 칼로 칼집 옆면에 봉황무늬가 있는 새끼칼이 붙어 있다. 모두 양날 직도直刀이다. 칼집에는 50cm 정도의 가늘고 긴 바늘 모양의 꼬챙이가 붙어 있는데, 칼집은 목제를 금동으로 싼 것으로 칼 몸은 철제이다. 또한 금은장식의 둥근고리자루큰칼 2자루(1자루는 칼집 길이가 68cm)그림 118(우)와 은장식의 큰 칼 1자루 외에 3자루 분량의 철제 큰 칼이 있는데, 부식이 심해 복원할 수 없다고 한다.

이러한 큰 칼들 외에 길이 10cm 내외의 짧은 칼(단도)이 55자루나 출토되었다. 이 짧은 칼은 무기라기보다 일상용으로 사용되던 칼이라 생각된다. 마찬가지로 일본 나라의 도다이지東大寺 쇼소인正倉院에도 길이가 5홉과 3홉 정도 되는 짧은 칼, 또는 무소뿔자루 짧은 칼과 상아자루 짧은 칼 등이 전해지고 있는데, 모두 문방구처럼 사용했던 것으로 알려져 있다.

창(철모鐵鉾)에는 자루를 안으로 박아 넣기 위해 구멍을 만드는 형식과 자루 안에 심을 박아 넣는 2종류가 있다. 또한 창날모양은 평판형, 삼각형, 마름모형, 끌모양, 세 마름모형 등처럼 아주 다양하게 발달해 있다. 이외에 3자루 분량의 삼지창도 출토되었다.

특이한 것은 전투용 쇠도끼가 8자루나 출토된 점이다. 쇠도끼는 동양에서 드문 무기지만 기마전을 벌이는 로마나 북방 기마민족의 군대에서는 필수적인 무기였다. 또 6자루의 막대형 철봉과 5자루의 9두형 철봉은 중세 유럽의 기마전에서 곧잘 사용되는 곤봉에 해당되는 것이 아닐까 하는데, 길이가 55㎝ 정도 되는 점도 비슷하다.

말갖춤새(마구馬具類)

부장품 중에 말갖춤새는 중요한 의미를 가진다. 특히 천마총이란 이름의 유래가 되었던 천마도의 말다래 등이 포함돼 있기 때문에 고분 피장자의 위상을 짐작하는 중요 단서가 된다. 말갖춤새는 다음과 같은 것이 비교적 양호한 상태로 출토되었다.

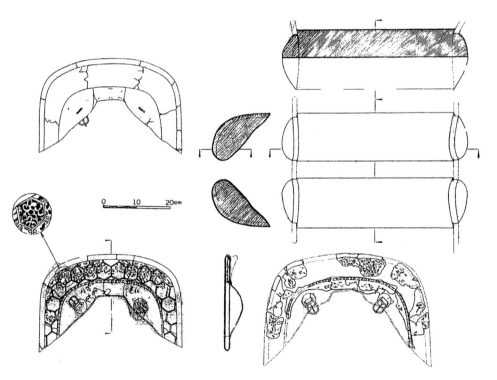

그림 119 금동장식 말안장가리개 실측도. 천마총 출토. 5~6세기. 국립경주박물관 소장. 천마총 출토의 금동장식 말안장가리개 4점과 은장식 말안장가리개 1점 중에 유일하게 투조된 것으로 투조판 전면에 금제 달개를 매다는 등 가장 화려하게 제작되었다. 천마총 출토의 안장가리개에는 중국제와는 다르게 안장에 안장가리개를 고정하는 연결 띠고리가 붙어 있다. 이런 종류의 띠고리는 그리스 · 로마와 북방 기마민족이 상용하던 장치였다.

금동장식 말안장가리개 4점, 은장식 말안장가리개 1점, 말다래 3장, 안장깔개 1장, 말방울(馬鐸) 59개, 발걸이 5개, 말띠드리개(행엽杏葉) 23개, 말띠꾸미개(운주雲珠) 267개, 띠꾸미개(帶金具) 37개분, 기타

이들 중에 금동장식 말안장가리개 1점그림 119에는 거북등무늬(귀갑문龜甲文)로 구획된 투조금동판 장식이 앞바퀴前輪 앞면의 상부*에 붙어 있고, 그 하부** 좌우에는 띠고리가 1개씩 붙어 있다. 안쪽에는 줄무늬비단縞織이 발라져 있다. 투조금동판장식에는 금제 달개가 전면에 붙어 있어 왕의 안장에 어울리도록 호화롭게 제작되어 있다. 다른 2점의 금동장식 말안장가리개에는 투조금동판장식은 없지만, 가장자리에 금동 못을 줄지어 박아 아름다운 구슬장식처럼 제작하였다. 이 2점의 말안장가리개 앞가리개에는 고리가 없고 뒷가리개 좌우에는 고리가 2개씩 붙어 있어 전자와 다른 용도로 사용되었음을 알 수 있다. 다른 1점의 금동장식 말안장가리개는 보고서에 기술이 없어 상세한 것을 알 수 없다. 이외에 은장식말안장가리개 1점이 출토되었으나 부식이 심하고 부속금구들이 발견되지 않아 복원이 곤란하다.

이들을 같은 시기 중국의 말안장과 비교해 보면 기본적으로 다른 부분이 있다. 신라제는 연결 띠고리, 곧 연결 버클이 있는데 비해, 중국제는 띠에 구멍을 뚫어 가죽이나 섬유의 단추로 꿰게 되어 있다. 신라의 연결 띠고리는 그리스·로마나 북방 기마민족문화에서 상용되던 장치였다.

천마 그림의 말다래

3장의 말다래가 출토되었는데, 천마도가 그려진 자작나무껍질 말

---

* 해海라 부른다.
** 기磯라 부른다.

신라가 꽃피운 로마문화

그림 120 자작나무껍질로 만든 '천마의 말다래'(부분). 길이 53cm, 너비 75cm, 두께 0.6cm. 천마총 출토. 5~6세기. 국립중앙박물관 소장. 이 말다래의 도안이 '하늘을 나는 말'로 해석되었기 때문에 '천마총'이란 이름이 붙여졌지만, 실제로 날개가 그려져 있는 것은 아니다. 천마(페가수스)가 아니라 질주하는 준마의 움직임을 실감나게 묘사했던 것이다. 주위에 그려진 인동당초무늬의 표현은 대조적으로 치졸하다. 소재인 자작나무껍질을 다루는 기술 등에서 볼 때 북방 기마민족이 보내온 것임에 틀림없다.

다래 1점그림 120, 투조금동판을 붙인 대나무 말다래 1점, 가죽에 칠을 한 칠판漆板 말다래 1점 등이 있다. 대나무 말다래는 금동판의 무늬가 명료하게 보이지 않지만 많은 금제 달개가 달려 있으며, 말안장가리개를 고정시키는 연결 띠고리 1쌍이 붙어 있다. 또 칠판의 말다래 파편에는 거북등무늬, 반절꽃잎무늬, 직선무늬 등의 기하학무늬가 흰 칠로 그려져 있다.

　　대나무 말다래는 분명히 신라에서 자생하던 대나무가 사용되었으며 칠판 말다래는 중국 전통의 칠 기술이 사용되었다. 칠 기술이 낙랑시대 이후에 신라로 전해져 있었음을 보여주고 있다. 한편 자작나무껍질 말다래는 삼국시대 이전의 출토 예가 적고, 고신라시대에 들어 비로소 본격적으로 등장하기 시작한 소재라는 점이 중요하다. 자작나무 껍질은 오늘날에도 시베리아~러시아 남부에 이르는 지방에서 생활도 구와 민예품 제작에 사용되는 일반적인 소재로, 이러한 지방의 전통 기술이라는 점에 주의할 필요가 있다. 과거부터 오늘날까지 단절 없이 제작되고 사용돼 왔던 것이다. 이렇게 초원민족에게 익숙하던 자작나 무가 신라에 들어와 기마에 필요한 말다래로 제작된 것이다. 초원 기 마민족과의 관련성을 부정하기 어려울 것이다.

'천마의 말다래'로 불리는 자작나무껍질 말다래에 그려진 천마와 인동당초무늬를 자세히 살펴보면 의외의 사실이 발견된다. 우선 '천 마天馬'라 불려 왔던 말 그림에는 천마(페가수스)에게 있어야 할 날개가 없다. 날개 대신에 앞 다리 사이 가슴 아랫부분과 배 아래와 뒷다리 사 이 뒤쪽에 고사리 같이 둥근 구름무늬 같은 것이 그려져 있다. 아마도 질주하는 말 다리 아래서 피어오르는 먼지를 표현한 것일 것이다. 입 에서 기염을 토하고 말갈기와 긴 털 꼬리는 질주하는 말의 속도를 표 현하기 위해 뒤쪽으로 힘차게 날리고 있다. 말의 목과 얼굴, 다리와 몸이 실로 실감나게 그려져 있어 말을 친근하게 느끼는 사람이 그렸 음을 알 수 있다.

이 그림을 다시 잘 관찰해 보면 백마의 목과 발목, 그리고 몸체 등 에 초승달 같은 반점이 그려져 있음을 알 수 있다. 서아시아와 유럽 의 천마도에는 이처럼 초승달 모양 무늬가 그려진 페가수스는 없다. 따라서 이 무늬에는 특별한 민족적 상징의 디자인이 반영되었다고 보 면 좋을 것이다. 이것을 빈번히 사용했던 유물에는 스키타이를 비롯 한 북방 기마민족의 동물무늬와 동물끼리 싸우는 무늬가 많다그림 122. 결국 이 말다래의 질주하는 말과 말의 기염과 초승달 무늬 디자인에 는 다름 아닌 북방 기마민족의 상징이 반영되어 있는 것으로 단정해 도 좋을 것이다.

신라가 꽃피운 로마문화

그림 121 자작나무껍질에 기마인물도를 그린 도넛모양의 화판(부분). 지름 40cm. 천마총 출토. 5~6세기. 국립경주박물관 소장. 기마인물도와 서조도瑞鳥圖를 그린 도넛모양의 화판 2점이 출토됐다. 여러 겹의 자작나무껍질을 겹쳐 부채모양의 판을 8장(각각 기마인물도 1개)과 6장(각각 서조도 1개)을 가죽 띠와 같은 것으로 박아 마무리했다. 용도는 알 수 없으나 '천마의 말다래'와 마찬가지로 북방 기마민족이 보내온 것이 아닐까 한다.

그림 122 스키타이 격투동물무늬장식판. 길이 8.5cm, 너비 14cm. B.C 4~3세기. 에르미타주미술관 소장. 스키타이를 비롯한 북방기마민족의 동물디자인에는 이 그림처럼 멧돼지 몸으로 보이는 초승달 모양 무늬의 표현이 많다. '천마의 말다래'에서 말 몸에 그려져 있는 초승달 모양의 반점에도 기마민족의 디자인이 반영되어 있는 것으로 생각한다.

이렇게 볼 때 생생하게 그려진 말에 비해 말을 둘러싸듯이 그려진 인동당초무늬는 당시 고구려와 신라, 또는 중국에서 그려졌던 인동당초무늬와 큰 차이가 있으며 표현의 치졸함이 눈에 띈다. 각각의 인동무늬가 연속되지 않고 독립적으로 나열되었을 뿐 인동무늬의 기본 조건인 연속 당초무늬가 확인되지 않았다. 인동무늬 자체도 통상의 인동무늬와 다르게 꽃받침이 말려 올라간 위에 1장의 꽃잎이 그려졌고, 꽃받침에는 3장의 꽃잎이 비슷한 크기로 그려졌다. 원래는 꽃받침 부분에 중심의 꽃잎이 제일 크게 그려지고 좌우에 각각 2개의 꽃잎이 점점 작아지도록 그려져야 한다. 신라왕실 수준의 공인이 그리지 않았음이 분명하다.

말다래의 소재인 자작나무껍질 다루는 솜씨를 보면 자작나무껍질 관모그림 20와 마찬가지로 나무껍질이 말라서 안으로 말리거나 찢어지는 것을 막기 위해 천이나 가죽으로 배접을 하고 비스듬히 늘어놓은 나무껍질을 공들여 몇 겹으로 접합하였음을 보아도 자작나무껍질의 성질을 충분히 이해하고 있던 인물의 제작임을 알 수 있다.

또한 자작나무껍질은 발수성의 밀랍을 함유하고 있기 때문에 땀이나 흙탕물을 견디기 좋은 소재인데, 말이 달릴 때 튀어오르는 진흙이나 물을 튕기는 말다래에 자작나무껍질의 발수기능을 이용하였음을 볼 때, 자작나무껍질 세공에 능통했던 공인의 제작임은 의심할 여지가 없다. 따라서 이 '천마의 말다래'는 초원의 기마민족이 보내왔던 것으로 천마가 아니라 준마를 그린 말다래임이 틀림없다. 기마인물도가 그려진 도넛모양의 화판그림 121도 마찬가지로 생각해야 할 것이다.

안장깔개

말안장 아래 까는 쿠션인 안장깔개(안욕鞍褥) 1장이 비교적 양호한 상태로 출토되었다. 그림 124와 같이 섬유질의 심지를 가죽으로 싼 뒤, 그 위를 가로 · 세로 · 사선 방향으로 촘촘하게 누비고, 삼각형으로 남게 된 여백의 부분도 빈틈없이 누볐다. 가장자리는 가죽으로 마감했는데 역시 꼼꼼하게 누볐다. 전체적인 누빔으로 격자와 삼각 무늬가 만들어져 정연한 기하학 무늬를 만들어내고 있다.

예를 들어 그림 123과 같은 디자인은 중앙아시아 기마용 안장에서 빈번하게 사용되는 것으로 천마총에서 출토된 안장깔개와 일맥상통하는

그림 123 은제 돋을새김 기마인물형 술주전자. 높이 34.5cm. 서투르키스탄 동부 출토. 8〜9세기. 모스크바 크레믈린박물관 소장.

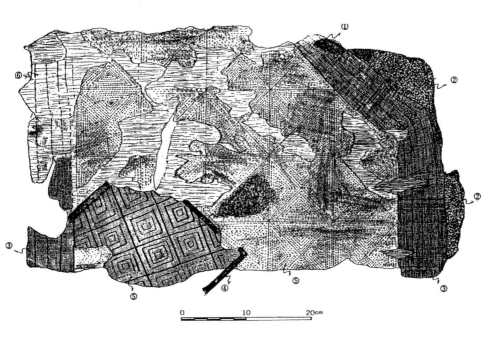

그림 124 안장깔개 실측도. 길이 48cm, 너비 74cm, 두께 0.3cm. 번호 ①〜⑥은 겉에서 안쪽으로의 순서를 나타냄. 천마총 출토. 5〜6세기. 국립경주박물관 소장.

점이 있다. 이 8~9세기의 기마인물형 술주전자는 서투르키스탄 동부에서 출토된 것인데, 4세기 이후부터 이 지방에 살고 있던 돌궐족이 곧잘 사용하던 안장깔개의 형태와 디자인이 유사하다고 한다. 에르미타주미술관의 B. B. 마르샤크도 이처럼 해설하였다.(『특별전 실크로드의 보물』 일본경제신문사, 1985)

누빔으로 강도를 높이는 방법은 북방민족의 전통 기술이었다. 천마총 안장깔개의 기하학적인 디자인과 질박한 가죽의 조형에서 농도 짙은 기마민족 안장깔개의 전통을 읽어 낼 수 있다. 아니 오히려 이 안장깔개 자체가 기마민족으로부터 직접 전달되었을 가능성이 높다고 해야 할 것이다.

가죽벨트(혁대장식구)

버클과 마감장식이 부착된 37개분의 가죽벨트가 출토되었다. 금·은·금동 장식의 버클이 있고, 하트모양의 링 끝에 붙어 있는 것도 있어 모두 가죽벨트에 사용되었는지 명확하지 않지만, 신라에서는 고리가 붙은 가죽벨트가 필수품이었던 것이 분명하다.

집기류(토기·칠기·금속기·유리기)

전체 출토품 중에 집기류가 차지하는 비율은 그리 많지 않다. 토기 119점, 칠기 62점, 금속기 43점, 유리잔 2점으로 모두 226점이다. 전체의 2%에 조금 못 미치는 수량이다.

개별 검토에 들어가기 전에 우선 이 집기류들을 개관해 보면 토기에 대해서는 이른바 '신라토기'라는 고유명사로 불릴 만한 특징적 형태와 소성법이 확인된다. 칠기에 관해 특기해야 할 것은 출토품 중에 유일하게 '동薰'이란 한자 명문이 쓰인 잔그림 125이 포함되어 있다는 사실이다. 금속기에 대해서는 기형과 기법에서 중국과 큰 차이가 확인된

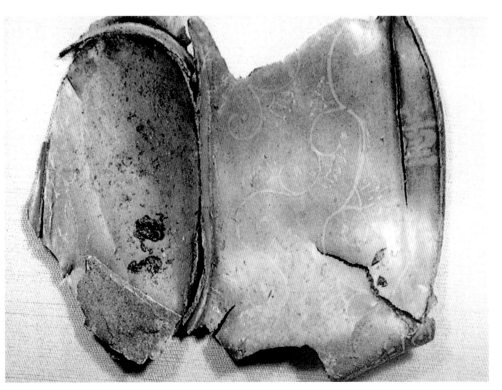

그림 125 '동董'자 명문 칠기 잔. 천마총 출토. 5~6세기. 국립경주박물관 소장. 타원형 잔에 쓰인 '董' 자는 소유자의 이름이었을까? 신라왕릉 출토품 중에 극히 드문 명문의 하나이다. 24개체 분이 출 토된 타원형·원형 잔은 5점의 굽다리접시와 함께 비교적 양질의 칠기라고 할 수 있다.

다그림 127. 2점의 유리잔이 출토되었는데, 전형적인 로만글라스로 이 고분의 성격을 생각하는 데 중요한 자료가 된다.그림 128·136

집기는 일상생활에 밀착된 도구이기 때문에 다른 소재의 그릇에 담긴 역사적 메시지와 문화적 계보를 읽어 낼 수 있다면, 그 시대의 사 회적 실상이 보다 분명하게 드러나게 될 것이다.

토기

출토된 토기류의 특징은 모두 얇게 만들어 섭씨 1200도 이상으로 구워 낸 경질토기로 유약은 바르지 않았고, 선각무늬 장식은 모두 기 하학적 무늬로 통일되어 있다. 신라시대 이전의 토기와 제작기법이 전혀 다르다. 신라의 독특한 기형으로 뚜껑 달린 그릇이 많다. 특히 뚜껑손잡이에 보주형이나 모란형 같은 중국식 꼭지는 거의 없으며, 대각도치형이나 장식이 없는 꼭지가 붙어 있다. 뚜껑의 형식에는 2가지가 있다. 하나는 단지처럼 안쪽에 턱받이가 있어 뚜껑이 안쪽 턱받이에 맞게 들어가는 것이고, 또 하나는 아가리의 바깥 턱에 맞게 덮는 형식이다. 덮는 형식이 압도적으로 많다.

드문 예긴 하지만 한쪽에만 귓바퀴 모양의 손잡이를 붙인 커피 잔 같은 모양이 있다. 신라와 그 영향력하에 있었던 가야지방 고분에서 출토되는 토기에는 이렇게 손잡이가 달린 그릇이 많다는 특징을 보인다. 모두 로마 계통의 잔에서 디자인적 영향을 받은 것으로 생각된다. 이렇게 신라왕릉에서 출토된 토기류가 어떤 계보에 연결되는 가에 대해서는 제9장 1절「뿔잔(각배角杯:도제 류톤)의 출토」에서 상술하고자 한다. 그것들은 말할 필요도 없이 전형적인 로마문화가 반영된 일상적 용기의 토기들이었다.

칠기

천마총에서 출토된 칠기는 비교적 양질의 칠기와 같은 시기의 중국 칠기와 비교해 아주 조잡한 기술로 제작된 두 종류로 대별되는데, 후자의 대부분은 조각된 목기에 직접 칠한 것이다. 기형에 대해서는 새모양 잔그림 126과 오리모양 잔처럼 중국의 칠기에서 원형이 구해지는 것도 적지 않으나, 거기에 새겨진 무늬와 당초무늬와 새모양무늬 등의 표현이 아주 치졸하다. 이러한 것에서 중국의 칠기기술과 디자인이 직접 도입되었을 것으로 생각하기는 거의 불가능한 것을 알 수 있다.

비교적 양질의 칠기에는 굽다리접시(고배高杯) 5개, 잔 24개체분이 있는데, 중국제 또는 고구려나 백제의 생산품으로 생각된다. 이들 굽다리접시는 바닥면에 타원판이나 원판의 기대가 붙어 있는데, 기형도 타원형과 원형으로 대별되고 있다. 타원형 중 1점에는 다른 것과 마찬 가지로 주색의 당초무늬가 그려져 있는데, 파편 쪽에는 정확한 전서체로 '동董'자가 쓰여 있다. 원 소유자의 이름이었을지도 모르겠다.

신라왕릉에서 출토되는 유물에는 한자의 명문이 기록돼 있는 것이 아주 적다. 호우총에서 출토되어 고구려의 '호태왕好太王' 명문이 돋을새김 된 청동호우, 황남동98호분 북분에서 출토된 '부인대夫人帶' 명문이 새겨진 은제 띠끝꾸미개그림 203, '동東'자 명문 칠기, 황남동98호분 남분 출토 '마랑馬朗' 명문의 칠기 잔그림 162 등이 있을 뿐이다. 중국 문화가 도입된 6세기 이전에 신라에서 한자가 사용된 적이 없고 한자를 필요로 하지 않았던 문화를 가지고 있었던 것이다. 따라서 이 '동董'자 명문의 잔을 비롯한 비교적 양질의 칠기는 중국문화권에서 직접 전래되었던 것으로 생각할 수 있는 유물들이다.

그림 126 새모양 칠기 잔. 높이 10㎝, 길이 13.5㎝, 동체 너비 7㎝. 천마총 출토. 5~6세기. 국립경주박물관 소장. 천마총 출토 칠기에는 비교적 양질의 것과 조잡한 것의 2종류가 있다. 7개의 새모양 잔과 8개의 오리모양 잔은 제작 기술과 무늬가 조잡해 중국의 칠 기술과 디자인이 직접 도입된 것으로 보기 어렵다. 이들 잔 바닥에는 작은 배꼽구멍이 있어 다리가 붙어 있었던 흔적으로 보이는 것도 있다.

그림 127 세 귀가 붙은 금동제 굽다리접시. 높이 18㎝, 입지름 10㎝, 바닥 지름 5.3㎝. 천마총 출토. 5~6세기. 국립경주박물관 소장. 금동판을 잘라 만든 뚜껑 달린 굽다리접시. 천마총에서 출토된 것 중에서 독특한 신라적 특징을 보여주는 것 중 하나이다.

또한 칠의 원료와 제품에 대해서는 북 아시아나 남부 러시아와 관련이 없기 때문에 어떤 과정을 거쳐 동아시아의 다른 나라에서 도입되었던 것으로 생각하지 않으면 안 될 것이다. 또 치졸한 무늬의 칠기와 조잡한 마무리로 나무 바탕에 직접 칠을 했던 칠기 등은 신라 제작으로 생각할 수 있는 유물이다.

금속기

금속기 중에는 명료하게 중국의 영향을 받았던 것과 중국 또는 고구려나 백제에서 수입된 것으로 생각되는 것 3개가 포함돼 있는데, 청동제 세발솥(정鼎), 청동제 자루냄비(초두鐎斗), 청동제 다리미(위두熨斗) 등이다.

청동제 자루냄비는 양머리 모양의 입과 손잡이가 있는데, 같은 모양은 중국에서도 많이 출토되며, 강원도 원주의 백제고분에서도 같은 모양의 유물이 출토되었기 때문에 중국과 백제 중 어느 쪽의 수입품이었을 것으로 생각된다. 세발솥과 다리미도 마찬가지이다.

신라만의 독특한 것으로는 세 귀 달린 금동제 굽다리접시그림 127 와 손잡이 달린 철제 솥, 십자모양 꼭지가 달린 뚜껑, 고리모양 꼭지가 달린 뚜껑 등이 있다. 이들에 대해서는 앞으로 충분한 검토가 필요하다.

유리그릇

2점의 로만글라스 잔이 출토되었다. 제작 장소와 연대가 명료하게 판별되는 거북등무늬가 있는 진남색의 유리잔그림 128 1점과 굽다리가 달린 담록색 유리잔그림 136 1점이다. 후자는 작은 파편들로 파손되었지만 거의 원형대로 복원할 수 있었다. 이 2점의 유리그릇에서 신라에 유입되었던 문화의 고향이 나타난다. 상세히 검토해 보면 더

그림 128 거북등무늬 유리잔. 높이 7.4㎝, 입지름 7.8㎝. 천마총 출토. 4~5세기. 남부 시리아(고대 시리아) 산. 국립경주박물관 소장. 이 유리잔은 4~5세기 지중해 동안의 시리아 남부에서 제작되어 스텝루트(초원길)를 통해 5~6세기의 신라에 전달되었던 것으로 생각된다.

음과 같다.

우선 거북등무늬의 진남색 유리잔은 높이 7.4㎝, 입지름 7.8㎝의 크기이다. 코발트블루의 거북등무늬 유리잔은 입 부분에 세로줄무늬가 돌려져 있다. 세로줄무늬의 길이는 짧은 것과 긴 것이 있어 조금씩 길어지다 짧아지고 짧다가 다시 길어짐을 반복하고 있다. 각각의 거북등무늬는 불규칙적이지만 전체적으로 그물 같은 모양으로 성형되었다. 거북등무늬는 아래쪽으로 내려가면서 점점 커지고 있다. 바닥 안쪽은 약간 동그랗게 솟아올라 있다.

이 거북등무늬 유리잔의 성형방법은 그림 135와 같이, 토제 또는 석제로 된 팬케이크 모양의 특수한 거푸집에 유리를 불어 넣은 뒤 다

그림 129 거북등무늬 진남색 유리잔(등잔). 높이 12.7cm. 전 시리아 지방 출토. 4~5세기. 뉴욕 코닝유리박물관 소장. 천마총의 유리잔과 같은 지역, 같은 시기에 제작된 것으로 생각된다.

외국에서 출토된 거북등무늬 유리잔(그림 129~134)
천마총 출토품과 같은 제품들이 지중해 주변에서부터 흑해 연안, 러시아 남부, 도나우강과 라인강 유역에 걸쳐 넓게 분포하고 있다.

그림 130 거북등무늬 담녹색 유리잔. 전 시리아 지방 출토. 4~5세기. 높이 7cm, 입지름 7.8cm. 일본 개인 소장.

그림 131 거북등무늬 담녹색 유리잔. 전 시리아 지방 출토. 4~5세기. 높이 10.2cm, 입지름 12.4cm. 뒤셀도르프미술관 소장. 아가리 부분에 세로줄무늬가 없는 형식이다.

그림 132 거북등무늬 진남색 유리잔. 전 시리아 지방 출토. 4~5세기. 높이 9.9cm. 매사츠세츠주 노턴휘튼대학 소장.

그림 133 거북등무늬 담녹색 유리잔. 전 시리아 지방 출토. 4~5세기. 뒤셀도르프미술관 소장.

그림 134 거북등무늬 담녹색 유리잔. 독일 쾰른 야콥스거리 고분 출토. 높이 13cm, 입지름 10cm. 4~5세기. 쾰른 로마게르만미술관 소장. 쾰른 지방 출토품에는 담녹색으로 입술 부분의 외반이 약한 제품이 많다.

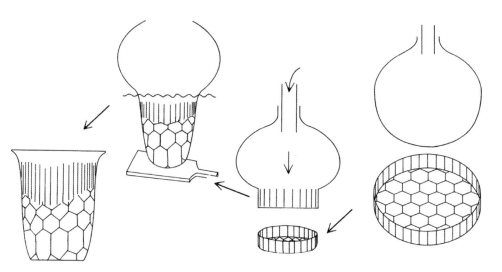

그림 135 로만글라스의 거북등무늬 유리잔 제작방법. 이 형식 불기기법의 유리잔은 로만글라스의 독특한 커트 패턴을 모방하기 위해 위의 그림 135와 같이 특수한 거푸집을 사용해 양산되었을 것으로 생각된다. 바탕색은 진남색이나 담록색이 있고, 입부분에 세로줄무늬를 넣은 것과 그렇지 않은 것이 있으며, 거북등무늬가 마름모가 된 것이 있고, 입술 부분이 밖으로 꺾이는 외반이 강한 것과 약한 것이 있다.

시 가열하면서 바람을 불어 넣으면 바닥의 거북등무늬가 가장 크게 늘어나고 위로 갈수록 작은 거북등무늬의 패턴이 유리그릇의 돋을새김무늬로 나타나게 된다. 거푸집에 파인 줄무늬는 다시 가열하면서 바람을 불어 넣을 때 크게 늘어나는 부분과 그렇지 않은 부분이 만들어져 세로줄무늬의 길이가 달라지게 된다. 제작기법을 잘 보여주는 중요한 흔적이다.

동양에는 비슷한 유물의 출토가 없지만, 거북등무늬 유리잔은 지중해 주변에서 흑해 주변, 러시아 남부, 도나우강과 라인강 유역에 걸치는 유적에서 출토되고 있다. 진남색, 담녹색, 황녹색 바탕색이 있고, 세로줄무늬가 있는 것과 없는 것의 2종류가 있다. 대체로 기형은 비슷하지만 크기에는 약간의 차이가 있다.그림 129~134

거북등무늬 유리잔의 원산지는 '거푸집 불기'를 장기로 삼았던 지중해 동안 시리아(고대 시리아) 남부의 유리 산지(시돈, 티루스, 아크루 등, 지도 4)였던 것으로 생각된다. 고고학 조사의 발굴품은 아니지만 유럽과

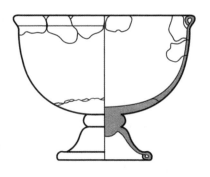

그림 136 (좌) 굽다리가 달린 담녹색 유리잔. 바닥지름 5.3cm, 입지름 10cm, 높이 약 8cm, 천마총 출토. 4~5세기. 시리아 남부 산. 국립경주박물관 소장. (우) 추정복원도. 입술과 굽다리 아래의 고리모양 테두리는 로만글라스의 특징을 잘 보여주고 있다. 그림 137의 로만글라스와 아주 닮아 있다. 거북등무늬 진남색 유리잔과 함께 같은 시기, 같은 지역에서 제작돼 함께 전파되어 왔을 것으로 생각된다.

그림 137 굽다리 로만글라스 잔. 높이 7cm, 입지름 11.8 cm. 전 시리아 지방 출토. 4~5세기. 독일 엘빈 오펜렌더 고대유리콜렉션.

미국 미술관의 소장품에는 이 지방에서 출토된 것들이 많다. 이들 중에서 천마총 출토품처럼 세로줄무늬와 거북등무늬가 있는 진남색 유리잔은 미국 뉴욕 코닝유리박물관 소장품과 같이그림 129, 4~5세기의 시리아 지방에서 출토된 것으로 알려지고 있다.

또한 이후에 이런 기법을 보유한 공인들이 독일 쾰른 주변의 로마식민지로 이주해 같은 종류의 거북등무늬 유리잔을 제작했으며, 쾰른에서는 350년경 콘스탄티누스 2세의 은화가 동반 출토된 야콥스거리고분에서 동일한 로만글라스그림 134가 출토되고 있다.

신라왕릉에서 출토되는 여러 로만글라스와 관련되지만 이 천마총의 거북등무늬 진남색 유리잔이나 파편 같은 것이 크림반도의 케르소네소스 고분군에서 출토되고 있다지도 4. 이 고분군에서는 금관총 출토의 물결무늬가 있는 굽다리의 유리잔그림 232(우), 서봉총 출토의 그물무늬가 있는 담녹색 유리잔그림 234, 또는 금령총 출토의 반점무늬가

신라가 꽃피운 로마문화

있는 진남색 접시그림 233 등과 비슷한 유물도 출토되고 있어 로만글라스를 동쪽으로 전파하던 중간점이 되고 있음을 알 수 있다.

다음으로 굽다리가 달린 담녹색 유리잔그림 136인데, 바닥 지름 5.3cm, 입지름 약 10cm, 높이 약 8cm다. 굽다리 부분과 입술 부분이 남아 있는 와인글라스 모양의 그릇인데, 입술 부분을 말아서 튜브처럼 만든 고리형 테두리로 로만글라스의 특징을 그대로 보여주고 있다. 같은 시대의 출토품과 비교할 때 그림 137과 같은 그릇이었을 것으로 생각된다. 금관총에서 출토된 민무늬 굽다리유리잔그림 232(좌) 등과 비슷한 소재와 기법으로 만들어졌다.

앞에서 소개한 거북등무늬의 진남색 유리잔과 동일한 시기와 지역에서 만들어진 것이 동일한 루트를 통해 동쪽으로 전파되었던 것으로 생각된다. 결국 이 두 가지의 유리용기는 4~5세기 지중해 동안의 시리아 남부지역에서 만들어진 뒤 흑해로 북상해서 크림반도의 케르소네소스 지방에 상륙하였고, 스텝루트를 통해 5~6세기의 경주에 도착했던 것으로 생각된다. 지도 4

4 러시아 남부에서 로마에 걸치는 출토 유물의 계보

이상과 같이 특이한 고분의 축조법에서 시작해 금·은제 장신구와 일상 용기에 이르기까지 각각의 계보를 추적하면서 그 원류를 더듬어 왔다. 그 결과 동양에서는 유례가 없는 신라만의 고분축조법인 돌무지덧널무덤의 원류가 4~5세기에 러시아 남부를 거점으로 삼고 있었던 흉노(훈족)에 있었고, 흉노의 돌무지덧널무덤이 북아시아의 사카족, 그리고 기원전 7~3세기 러시아 남부의 스키타이족의 돌무지덧널무덤에서 기원했음을 알 수 있었다.

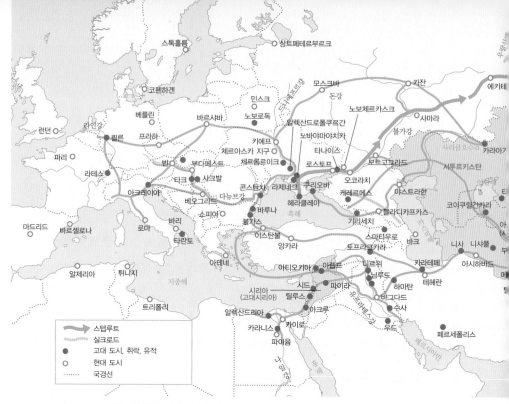

스톡홀름 · 상트페테르부르크

코펜하겐

런던 · 라인강 · 베를린 · 모스크바 · 카잔 · 에카테

파리 · 쾰른 · 프라하 · 바르샤바 · 노보로도 · 돈강 · 노보체르카스크 · 사마라

라테소 · 반 · 부다페스트 · 키에프 · 알렉산드로폴쿠르간 · 볼가강

아크레이야 · 타크 · 사크발 · 체르카스카 지구 · 노바야마야치카 · 서투르키스탄 · 카라아기

마드리드 · 바르셀로나 · 로마 · 베오그라드 · 다뉴브강 · 라제나크 · 쿠리오바 · 오코라치 · 아스트라한 · 코이쿠림간카라

타란토 · 바리 · 소피야 · 바루나 · 헤라클레아 · 케레르메스 · 블라디카프카스 · 니사 · 니샤풀

아테네 · 이스탄불 · 불가스 · 기리셰치 · 바크 · 아시하바드

알제리아 · 튀니지 · 앙카라 · 스마티우로 · 토프라크카라 · 카라테페

트리폴리 · 안티오키아 · 아레포 · 니므릇 · 님루드 · 하마탄 · 테헤란

시리아 · 시돈 · 파라 · 바그다드 · 페르세폴리스

(고대시리아) · 틸루스 · 수사

알렉산드리아 · 아크루 · 우드

카라니스 · 카이로

파이움

스텝루트
실크로드
● 고대 도시, 취락, 유적
○ 현대 도시
…… 국경선

지도 4 스텝루트(초원길). 유라시아대륙을 횡단하는 장대한 동서교통로는 오늘날 시베리아횡단철도
가 통하는 길로, 흑해 북안에서 출발해 러시아 남부를 경유한 뒤 머나먼 한반도에 이른다. 지중해
동안의 시리아(고대 시리아) 지방(북부 안티오키아와 아레포, 남부 시돈과 티루스, 그리고 아쿠르
등)에서 제작된 후기 로만글라스들과 흑해 서안지방에서 제작되었을 것으로 생각되는 '미소 짓는
상감구슬'(그림 2, 207)과 '금제 보석상감팔찌'(그림 178), 그리고 '황금보검'(그림 212) 등을 비롯한

    또한 흉노가 거점으로 삼고 있었던 러시아 남부에는 로마의 식민
지가 있어 대량의 로마문물이 유입돼 있었는데, 로마문화의 산물이었
던 금·은장신구와 로만글라스, 그리고 무기와 그릇 종류에도 로마문
화의 영향이 진하게 반영돼 있음을 확인할 수 있었다. 신라 출토의 금
은제품과 로만글라스, 그리고 무기와 무구류 등이 이러한 계보에 속
해 있음이 분명하다.

    그밖에도 자작나무껍질로 만든 제품은 스텝루트에 분포하는 초
원민족의 전통적 산물이었고, 그들이 만든 관모그림 20와 말다래그림
120·121가 신라에 유입되었을 가능성과 안장깔개그림 124 역시 디자인

신라가 꽃피운 로마문화

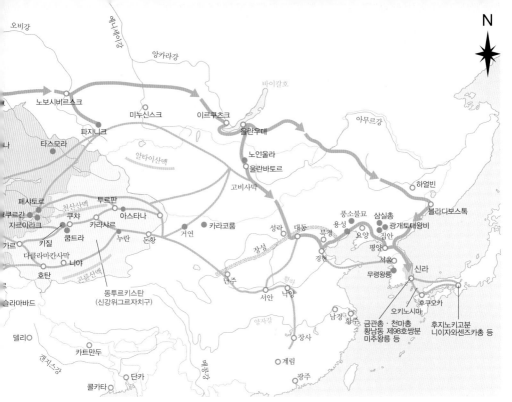

4~6세기 로마 세계의 문물은 이 멀고 먼 스텝루트를 통해 도난이나 사고도 없이 운반되어 5~6세기의 신라에 도래했던 것으로 추정된다. 이 스텝루트를 통해 로마 세계의 물질문화가 유입되었을 뿐 아니라, 로마 세계의 사절이나 공인들이 도래하거나 일용품과 장신구 등의 디자인이나 제작기술과 같은 소프트는 물론, 정신문화까지도 도입되었던 것을 다양한 신라왕릉의 출토품을 정밀하게 조사함으로써 충분히 확인할 수 있다.

과 기법에서 볼 때 북방 기마민족의 손으로 만들어진 제품이 거의 확실하다는 것도 알게 되었다.

　더구나 이렇게 신라고분에서 출토된 유물들이 고구려나 백제의 고분에서 거의 출토되지 않는다는 것 역시 앞에서 지적한 바와 같다. 그러나 러시아 남부를 통하는 로마 계통의 문물이 스텝루트를 경유해서 신라에 유입되기 위해서는 반드시 고구려를 거치지 않으면 안 되었을 것이다. 더구나 초기의 신라는 고구려와 교전상태 또는 적대관계에 있었기 때문에 그곳을 통과하는 것이 용이하지 않았을 것이다.

　물론 고구려에서도 이 진귀하고 매력적인 로마 제품을 도입하고 싶었을 것이다. 그럼에도 불구하고 고구려가 로마문화를 도입하지 않았던 것은 무슨 이유에서였을까? 당연한 의문이겠지만 그 의문에 답하기 전에 신라 최대의 고분인 황남동 98호분 쌍분에서 출토된 총 58,500점을 넘는 방대한 양의 유물과 그 계보를 다음 제5장에서 검토해 두고자 한다. 이러한 유물들에도 로마계통의 문물이 넘쳐나고 있음을 확인하기 위함이다.

제5장

황남동 제98호분 쌍분의 충격적인 발굴

1975년 10월 한국고고학계가 충격에 휩싸였다. 신라의 도읍이었던 경주 최대의 고분 황남동 98호분 쌍분(남분과 북분이 연접한 황남대총이라고도 부른다)이 1973년부터 1975년까지의 발굴을 통해 찬란하게 빛나는 비단벌레 장식의 말안장가리개그림 170, 발걸이그림 171, 안장꾸미개, 금동제 허리띠꾸미개그림 172 등이 출토되었던 것이다. 호류지法隆寺의 비단벌레로 만든 불상의 목제 감실인 다마무시즈시玉虫厨子에 필적하는 훌륭한 보물이었다.

1975년 현지를 방문한 나는 이제 막 발굴되어 수조에 담겨 있는 말안장가리개의 눈부심을 보고 절로 환호성을 질렀다. 살아서 날갯짓이라도 하는 듯한 아름다운 오색빛 비단벌레의 날개가 발하는 요염한 광채에 순간 나 자신을 잊은 듯했다.

그 뿐만이 아니었다. 황금제 용기와 왕관, 그리고 장신구와 함께 후기의 로만글라스 12점(남분 7점)그림 156~160, 북분 5점그림 187 · 191 · 192이 출토되었다. 더구나 놀랄 만한 것으로 수천 점의 무기와 무구류가 출토된 것이었다. 쌍분의 출토품은 무려 58,500점을 넘는 방대한 것이었다. 고분의 규모나 방대한 양의 출토유물, 그리고 전대미문의 화려한 부장품 등 어느 것을 보아도 98호분 쌍분의 피장자가 고대 신라를 통치했던 최고 권력자였음은 틀림없을 것이다. 따라서 이 고분의 내용과 성격을 충분히 검토해 간다면 신라가 과연 어떠한 나라였던가를 구체적으로 밝혀 갈 수 있을 것으로 생각한다.

사실 출토유물에는 한국고대사나 동양사에 대한 우리의 상식을 비웃기라도 하는 듯한 것들로 넘쳐났다. 지금부터 황남동 98호분 쌍분의 출토유물이 보여주는 충격적인 사실을 소개해 보고자 한다.

1 신라 최대의 왕과 왕비의 합장묘

황남동 98호분 쌍분은 신라 최대의 고분으로 5세기에 축조된 것이다그림 138~141. 이 98호분 쌍분에 대해 당시 국립중앙박물관 지건길 고고과장은 다음과 같이 해설하였다.(한국고대문화전 『천마총과 황남대총』 中日新聞社, 1983)

목곽 안에서 출토된 유물을 비교해 보면, 남분에 비해 북분에는 장신구가 아주 많지만 농공구류와 무기류는 아주 적은 것으로 알려져 있다. 이러한 유물의 성격에서 남분이 먼저 축조된 남편의 무덤이고, 북분이 나중에 축조된 부인의 무덤임을 알 수 있다. 실제로 북분의 목곽 안에서는 '부인대夫人帶'그림 203란 명문의 띠끝꾸미개(대단금구帶端金具)가 출토되어 이 쌍분의 성격을 말해주고 있다.

남분이 왕묘, 북분을 왕비묘로 보는 설은 발굴보고서에도 명기되어 있으며 다른 주장은 없다. 또 남분이 축조된 뒤에 그 일부를 깎아내고 북분을 만들어 붙여졌음을 볼 때 북분이 남분보다 뒤에 만들어졌음

신라가 꽃피운 로마문화

그림 138 복원된 황남동 98호분 쌍분. 황남동 미추왕릉지구 북부에 위치한 신라 최대의 고분으로 5세기로 편년되고 있다. 1973~75년의 발굴조사에서 남분과 북분을 합해 58,500점을 넘는 호화로운 유물이 출토되었다. 고대 신라 최대의 권세를 과시하던 것으로 보이는 이 쌍분의 피장자는 과연 어떤 인물이었을까?

은 분명하다.

이 신라 최대의 고분에는 당연히 신라에서 최대의 권력을 자랑하던 왕과 왕비가 매장되었던 것으로 보아도 좋다. 실제로 이 98호분 쌍분에서는 지금까지 발굴된 신라왕릉 중에서 최대량의 부장품이 출토되었으며, 품질에서도 다른 고분의 추종을 불허할 정도로 최고급의 품격을 갖추고 있는 것이 많다. 최고의 품질, 최대량의 부장품, 최대 규모의 거대 고분은 피장자가 유례없이 강한 권력의

그림 139 황남동 98호분 북분 널(목관) 내부 출토 전경. 수목형 금관(그림 17)을 쓰고, 대형 가슴장식(그림 183 · 184)과 금제 허리띠와 허리띠꾸미개 같은 화려한 장신구로 치장한 왕비로 생각되는 피장자는 초월적 권세를 자랑하던 인물이었음에 틀림없다.

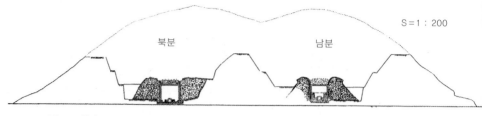

S = 1 : 200

그림 140 황남동 98호분 쌍분 남북 단면도

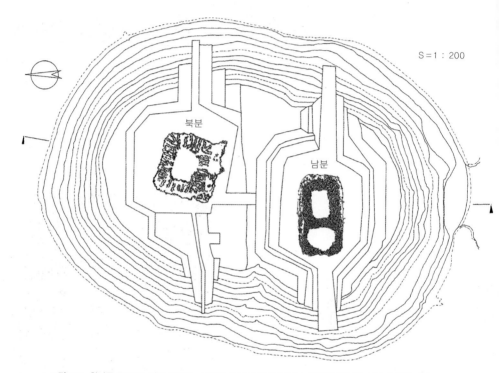

S = 1 : 200

그림 141 황남동 98호분 쌍분 평면도. 남분이 축조된 후에 일부를 삭평해 북분이 붙여져 만들어졌으며, 출토품의 내용에서 남분은 왕릉, 북분은 왕비의 묘로 생각되고 있다.

정상을 차지하고 있었던 상황을 생생하게 보여주고 있다. 그러나 이 주인공에게는 실로 많은 수수께끼가 따르고 있다.

신라가 꽃피운 로마문화

2 남분의 왕릉에서 출토된 은관의 수수께끼

제3장 신라왕관의 수수께끼에서 살펴보았던 것처럼 신라의 도읍 경주에서 왕릉으로 생각되는 대형묘에서는 예외 없이 황금왕관이 출토되었다. 그러나 이 최대급 왕릉에서 금관은 출토되지 않았고, 특이한 은관 1점그림 142 · 23과 금동관 6점그림 24~28이 출토되었을 뿐이다. 금관과 함께 금동관이 출토되는 것은 경주의 대형분에서 일반적인 현상이지만 금관 없이 은관과 금동관만 출토된 예는 없다.

그림 142 새 날개 형 은관. 높이 17,2㎝. 황남동 98호분 남분 출토. 4세기 후반 ~ 5세기 전반. 국립경주박물관 소장. 남분에서는 다른 신라왕릉에서 출토되는 수목형 금관이 아니라 특이한 형식의 새 날개 형 은관 1점이 출토되었다. 이 수수께끼를 추구해 간다면 남분의 피장자인 왕의 실상이 드러나게 될 것이 틀림없다.

반복해 강조하지만, 남분이 신라 최대의 고분임에도 불구하고 출토된 왕관은 형식적으로 유례가 없는 은관 1점과 같은 형식의 금동관 1점 외에 금동제 수목관 5점그림 25~28이 있을 뿐이었다. 이 현상은 과연 무엇을 시사하는 것일까? 이 사실과 반대로 왕비릉으로 생각되던 북분에서는 황금제 수목관그림 17이 출토되었다.

『삼국사기』와 『삼국유사』 등의 사료를 보는 한 삼국시대 신라에서 7세기 제27대 선덕여왕(재위 632~647년) 이전에 여왕이 군림했던 적은 한 번도 없었던 것으로 되어 있다. 그럼에도 불구하고 남분의 왕릉에 인접해 추가 매장된 5세기 북분의 왕비릉에서는 황금제 수목관이 출토되었고, 그에 부속된 금제 드리개와 자작나무껍질 관모, 금제 허리띠와 꾸미개그림 174 등 다른 왕릉에서 출토된 것과 비슷한 부장품이 출토되고 있다그림 139. 지건길씨의 해설과 같이, 북분에서 화려한 장신구가 다량 출토됐고, 남분처럼 다량의 무기는 출토되지 않았으며, 더구나 여성의 소유물임을 보여주는 '부인대'의 명문이 새겨진 은제 띠끝꾸미개까지 출토되었기 때문에 북분을 왕비릉으로 추정하는 것이 이치에 맞는 일이다.

그러나 신라 최대의 권력을 자랑했었을 왕의 왕관은 왜 은관과 금동관이고, 그 왕비의 왕관은 왜 금관인 것일까? 지금까지 발굴되었던 신라왕릉의 금관은 모두 금관으로 황금제 수목관이다. 그리고 그 영향력하에 있는 주변 제국의 왕릉에서 출토되는 왕관은 모두 금동제 수목관이라는 규율을 지키고 있다.

신라 최대 왕릉으로 인정되는 남분에서 특이한 형식의 은관과 금동관 각 1점과 금동관 5점, 그리고 왕비릉으로 인정되는 북분에서 금관이 출토되는 것은 과연 어떤 상황을 말하는 것일까?

이러한 수수께끼를 풀기 위해서는 남북 쌍분의 출토유물을 충분히 검토하고 각 출토품의 내용과 성격을 조사한 뒤에 다시 생각해 보

신라가 꽃피운 로마문화

표 7-1　　주곽 출토 유물

A. 장신구류				
가. 관모류	나. 목걸이·가슴장식류	다. 귀걸이(널·수장부·주변)	라. 반지(수장부)	마. 허리띠
1.금동관(널 내)1점 2.금동관(수장부)5점 3.금제 관드리개(널 내)1쌍 4.은관(수장부)1점 5.은제 관모(수장부)1점 6.금동제 관모(수장부)1점 7.자작나무껍질제 관모(수장부내외)3점 8.금제 투조장식(수장부내외)2점 9.금제 새날개형관식(수장부)1점 10.금동제 새날개모양 관식(수장부외)2점 11.은제 새날개모양 관식(수장부)1점	1.금제 목걸이(널 내)1벌 2.가슴장식(널 내)1벌 ①경옥제 곱은구슬3개 ②금제 연결금구18개 ③유리구슬(작은구슬 포함) 약 3,500개 ④금제 드리개3개 3.각종 구슬류(수장부) 약 14,386개 ①경옥제 곱은구슬17개 ②마노제 다면구슬5개 ③유리제 다면구슬16개 ④유리제 상감구슬1개 ⑤유리제 꽃그릇모양 속빈구슬6개 ⑥청색유리구슬 약 8,400개 ⑦작은구슬 약 5,200개 ⑧은제 꽃그릇모양 속빈구슬9개 ⑨금동제 가슴장식 연결금구15개 ⑩은제 가슴장식 연결금구6개 ⑪기타 유리구슬 약 630개 ⑫금제·은제·금동제 속빈구슬81개	1.금제 굵은고리귀걸이 14개 2.금제 가는고리귀걸이 8개 3.금동제굵은고리귀걸이 3개 4.유리부착금동제 가는고리귀걸이 2개 5.금제 하트모양장식귀걸이 2개	1.금반지 2개 2.누금식상감 금반지 5개 3.은반지 6개 4.은장식반지 6개	1.금제 버클·허리띠꾸미개(널 내) 1벌 ①허리띠꾸미개 ②띠고리 ③띠끝꾸미개 ④금제 대형띠드리개 ⑤금제 소형띠드리개 ⑥금동제 통형드리개 ⑦은제드리개 2.비단벌레장식금동제 버클(수장부)3벌 ①허리띠꾸미개 ②띠고리 ③띠끝꾸미개 3.은제 버클·허리띠꾸미개(수장부) 4벌 ①허리띠꾸미개 ②띠고리 ③띠끝꾸미개 ④은제 대형허리띠드리개 ⑤은제 띠드리개

B. 무구이기류	
가. 갑주류	나. 철도류
1. 은제 정강이가리개(수장부) 1쌍 2. 금동제 정강이가리개(수장부) 2쌍	1. 금동고리자루큰칼(널 내) 1점　　2. 금은고리자루큰칼(수장부) 9점 3. 금은둥근고리자루작은칼(수장부) 14점　4. 큰칼부속구(수장부) 일괄 5. 철제 큰칼 2점　　6. 철촉(석단상면) 16점 7. 덩이쇠 75개　　8. 덧널뚜껑금속구 10개분

C. 마구류		
가. 말띠드리개(덧널 내)	나. 말띠꾸미개(덧널 내)	다. 기타(덧널 내)
1. 금동편원어미형 말띠드리개 12점 2. 철지은판피심엽형 말띠드리개 4점	1. 금동제말띠꾸미개 180점	금동제꾸미개 1점

D. 그릇류			
가. 금속기(수장부)	나. 유리그릇류(수장부)	다. 칠기류(수장부)	라. 토기류 (수장부 · 덧널상부 · 석단상면)
1. 금제 사발 6점 2. 은제사발 6점 3. 은제작은합 10점 4. 은제큰합 1점 5. 금동제큰합 1점 6. 청동제큰합 1점 7. 청동제작은합 10점 8. 은제손잡이그릇 3점 9. 은제국자 3점 10. 청동솥 1점 11. 청동시루 1점 12. 청동뚜껑단지 2점 13. 청동다리미 　(덧널 내) 2점 14. 청동반 1점 15. 철솥 1점	1. 봉수형유리병 1점 2. 유리잔 5점 3. 유리사발 1점	1. 칠기작은합 6점 2. 칠기잔 1점 3. 칠기합 1점 4. 칠기작은합 1점 5. 칠기파편 일괄	1. 굽다리접시 21점 2. 손잡이사발 2점 3. 뚜껑접시 77점 4. 긴목단지 17점 5. 뚜껑달린짧은목단지 1점 6. 뚜껑손잡이달린작은단지 1점 7. 뾰족바닥작은단지 1점 8. 연질합 1점 9. 연질작은합 16점 10. 뚜껑손잡이달린단지 1점

E. 기타					
가. 띠고리 (석단상면 · 덧널 내)	나. 심엽형장식 (석단상면 · 덧널 내)	다. 장식구 (석단상면 · 덧널 내)	라. 돌절구 (석단 상면) 1벌	마. 금동판 파편	바. 칠기 · 덧널 · 널의 판재편 다수
1. 금동제 띠고리 9개 2. 금동제 띠꾸미 개 3개 3. 은제 띠꾸미개 4개	1. 작은 고리가 붙 은 금동제 심엽 형장식 3개 2. 작은 고리가 붙 은 은제 심엽형 장식 5개	1. 금종제장식구 4개 2. 투조장식구 2개 3. 투조장방형은판구 1점 4. 투조장방형금동판구 2점 5. 금방울 7개 6. 금제 투조반구형장식 1점 7. 드리개달린은제삼각형장식 1점 8. 청동거울 9. 달개붙은은제장식 1점 10. 금동나비형장식 1점 11. 금제 · 금동제달개 일괄 12. 기타 금동파편 · 철파편			

표 7-2 **부곽 출토 유물**

A. 무기 · 이기류				
가. 철도류	나. 철창류	다. 쇠도끼	라. 덩이쇠	마. 기타
1. 철제둥근고리자루 큰칼 30점 2. 철제손칼 40점 3. 철촉 약1,000점	1. 대형철창 50점 2. 미늘쇠 6점 3. 삼지창 29점 4. 소형철창 약 400점 5. 철제투석기 31점	1. 대형 34점 2. 중형 16점 3. 소형 약 400점 4. 주조쇠도끼 300점	대형 86점 소형 1,246점	1. 미늘쇠 10점 2. U자형철기 14점 3. 방주형 철봉 50점 4. 철제낫 20점

B. 마구류	
가. 말안장가리개	1. 투조금동판비단벌레장식말안장틀 1쌍 2. 투조은판말안장가리개 1쌍 3. 투조은판 · 금동판말안장가리개 1쌍 4. 목심흑칠말안장가리개 3쌍 5. 철제말안장가리개
나. 말안장가리개 부속구	1. 철심투조금동판비단벌레장식말안장가리개부속구 2. 철심투조금동판말안장가리개부속구 1쌍 3. 철심투조금은판말안장가리개부속구 1쌍 4. 철심은판말안장가리개부속구 1쌍 5. 금동판말안장가리개부속구 1쌍
다. 발걸이	1. 투조금동판비단벌레장식발걸이 1쌍 2. 목심금동판발걸이 1쌍 3. 청동발걸이 4. 목심철판발걸이
라. 재갈	1. 투조금동판비단벌레장식경판재갈 1쌍 2. 투조금동판경판재갈 1쌍 3. 금동판경판재갈 1쌍 4. 철제재갈
마. 말띠드리개	1. 금동제심엽형 말띠드리개 6점 2. 은판주연철제심엽형 말띠드리개 4점 3. 금동판주연철제심엽형 말띠드리개 4점 4. 금동제편원어미형 말띠드리개 2점 5. 철지은판편원어미형 말띠드리개 2점 6. 철지금동판편원어미형 말띠드리개 9점 7. 철지투조은판편원어미형 말띠드리개 1점 8. 철지투조금동판편원어미형 말띠드리개 8점 9. 투조금동판비단벌레장식 10점 10. 행엽형이형장식구 3점
바. 말띠꾸미개	1. 금동제 말띠꾸미개 1점
사. 띠고리	1. 금동제띠고리 26개 2. 철제띠고리 16개
아. 복발형금동구	
자. 기타	1. 금동제둥근머리못 40개 2. 쇠고리鐵鐶 7개 3. 은제선단장식목봉 1개 4. 각종부속구 145개

C. 그릇류	
가. 금속기	1. 철솥鐵鼎 3점
나. 토기류	1. 굽다리접시 1,292점 2. 뚜껑 864점 3. 잔 314점 4. 등잔형토기12점 5. 연질뚜껑 102점 6. 연질작은단지 93점 7. 연질단지 52점 8. 연질손잡이단지 2점 9. 연질큰사발 5점 10. 손잡이작은사발 19점 11. 다리달린작은사발 5점 12. 작은사발 2점 13. 뚜껑작은단지 29점 14. 굽다리작은단지뚜껑 23점 15. 주전자모양작은단지 12점 16. 손잡이사발 88점 17. 긴목단지 19점 18. 짧은목단지 1점 19. 굽다리짧은목단지 2점 20. 시루 3점 21. 기대 11점 22. 큰단지 23. 손잡이사발

D. 기타		
가. 바둑돌모양 돌 243개	나. 보주형목검 2개	다. 원주형목각 2개
라. 흑칠원목 1개	마. 토제곱은옥 2개	바. 곡물 약간

표 7-3 봉토 출토 유물

A. 마구류	1. 금동제편원어미형말띠드리개 23점	2. 금동제말띠꾸미개 13점	3. 은장식 약간
B. 각종그릇류	1. 굽다리접시 12점	2. 뚜껑 3점	3. 손잡이잔 1점
	4. 연질작은단지 10점	5. 잔 1점	6. 큰단지 5점
	7. 발형기대 3점	8. 뚜껑사발 · 병 · 토기 · 자기류 · 청동합 약 150점	
C. 기타	1. 토우 1개	2. 토제향로 2개	
	3. 청동제머리장식 1개	4. 토제그물추 1개	

표 8 황남동 98호 남분 출토유물의 수량

종류별		단 위				계
		별	쌍	점	개	
주곽	장신구류	24	2	2	50(약 14,386)	약 14,464
	무구 · 이기류		3	42	85	130
	마구류			197		197
	그릇류			205	8	213
	기타		1	7	38	46
부곽	무구 · 이기류					
	마구류		23	약 3,392		약 3,392
	용기류			2,999		2,999
	기타				250	
봉토	마구류			36		
	각종용기류			약 185		
	기타				(5)	(5)
계		24	29	약 7,657	약 15,057	약 22,767

아야 한다. 이 쌍분에는 왕릉인 남분 왕관의 수수께끼 외에도, 수많은 수수께끼를 가진 출토유물이 있어 그 배경에 거대한 역사의 소용돌이가 숨겨져 있는 듯하다. 숨겨져 있는 비밀을 하나하나 해명해 가는 작업은 정말 스릴 있는 수수께끼 풀기와 같은 재미가 있다.

남분에서 출토된 유물은 표 7 · 8에 제시한 것처럼 금은제품과 철기, 그리고 무기류가 압도적으로 많다. 이러한 내용은 일본의 고메이황후光明皇后가 남편인 쇼무천황聖武天皇의 49제 때 도다이지의 대불大佛에게 많은 유품을 바치면서 명복을 빌었던 쇼소인의 보물을 방불케하는 것이었다. 비단벌레로 만든 호화로운 말안장가리개와 말발걸이 1벌그림 170 · 171을 비롯해 아름다운 금은 장식의 둥근고리자루큰칼그림 167, 다량의 무기, 화려한 금은제부장품에도 동일한 의미가 깃들어 있었을 것으로 생각한다.

어쨌든 이러한 출토품들의 찬란하고 호화로운 특징은 표 7 · 8에 제시한 유물명과 수량으로는 도저히 짐작할 수 없기 때문에, 각 출토품의 도면과 사진을 제시하면서 각각의 해설을 더해 보고자 한다.

은관과 금동관

황남동 98호분 남분에서는 5개체분의 금동제 수목관이 출토되었으며그림 25~28, 은제의 새날개형 은관 1점이 출토되었다그림 142 · 23. 금동관의 부식이 심하긴 하지만 수목형의 모습이 분명하게 남아 있어 5점 모두가 수목관인 것은 발굴자도 확인하였다. 그밖에 은관과 똑같은 형식의 금동관 1점이 출토되었다.그림 24

통상적으로 금관과 은관이 출토된 경주 신라왕릉(또는 왕족묘)의 경우에는 거의 금동관이 출토되고 있다. 금관만 출토되고 금동관이 출토되지 않은 예는 황남동 98호분 북분과 교동 폐분의 2기가 있을 뿐이다. 지금까지 경주의 고분에서 금동관만 출토된 예는 약간 작은 규모인 호우총 등 12개의 예가 있으나 출토품의 내용에서 볼 때 왕릉은 아니고 왕족묘로 생각되고 있다.

이렇게 보아 분명히 금관, 금관과 금동관, 은관과 금동관, 금동관을 부장하는 네 가지 타입이 피장자의 신분과 경력에 따라 구분되어 사용되었음을 알 수 있다. 신분의 서열에 따른다면 말할 필요도 없이, 금관, 금관과 금동관, 은관과 금동관, 금동관의 순서가 될 것이다. 이런 서열을 전제로 할 때 신라 최대 고분의 피장자는 은관과 금동관이 부장된 제3서열의 왕이 되는데, 어떤 이유에서인지 약간 낮은 신분으로 왕위에 올랐던 인물이었을 것이라는 상황이 그려진다.

왕의 은관과 왕비의 금관이라는 수수께끼

그렇다면 왜 은관과 금동관을 소유했던 제3서열의 왕이 최대 고분을 축조할 수 있었을까 라는 의문이 생긴다. 이 문제를 푸는 열쇠가 왕비릉에서 출토된 금관그림 17과 왕릉에서 출토된 새날개형 은관그림 23 · 142과 금동관그림 24이다. 한국고고학계가 지금까지 추정해 온 것처럼 금관이 출토된 북분의 피장자는 역시 남분 왕의 왕비였음이 틀림없다. 그럼에도 불구하고 왕비가 금관과 같이 왕에게 어울리는 장신구로 몸을 치장하고 있었다는 사실은 도대체 무엇을 의미하는 것일까?

이런 권위를 가진 왕비가 낮은 서열 출신의 왕을 위해 최대 규모의 왕릉을 축조했던 것으로 생각할 수밖에 없다. 유례없이 호화찬란하게 비단벌레로 장식된 말안장가리개를 비롯한 마구 세트그림 170 · 171 · 173, 투조금동판을 붙인 비단벌레 장식의 허리띠 3개그림 172, 금은세고리자루큰칼 9자루그림 167 등 56자루의 도검류, 그리고 합계 3,400여 점의 실전용 무기그림 166 · 168 · 169를 왕의 무덤에 부장시켜 주었고, 그 외에도 금은그릇 29점그림 163 · 164, 후기 로만글라스 7점그림 156~160, 칠기 9점, 토기류 3,134개그림 165 등도 포함시켰다. 반면에 북분의 주인공이었던 왕비 자신은 왕에게 어울리는 금관 등의 장신구를 착용시켜 매장하도록 지시했던 것으로 추정된다.

이 수수께끼 왕의 신분을 밝힐 수 있는 중요한 증거가 있다. 지금까지 발굴조사자를 비롯해 한국과 일본의 고고학계가 그다지 중시하지 않았던 새날개형 은관이 그것이다. 지금까지 같은 모양의 은관이 알려지지는 않았지만, 새날개형 입식과 유사한 디자인의 금동관이 경상북도 의성군 탑리고분 제1곽에서 출토되었다그림 38. 이 금동관은 머리띠 모양의 대륜에 3개의 입식이 세워져 있는데, 그 입식이 수목형이 아니라 새날개이다. 동판의 가장자리를 가늘게 잘라내 꼰 것을 각각의 입식 위에서 아래까지 새날개모양을 양쪽 가장자리에 만들어 붙인 뒤에 도금했으며, 맨 위쪽에는 둥근 구멍 2개를 나란히 뚫어 고리모양의 무늬를 만들었다. 입식에 달개를 매달

그림 143 고구려 세 날개형 은관. 전 집안 출토. 이 고구려 관의 중앙 장식이 남분의 은관과 의성 탑리고분 금동관에 간접적인 영향을 주었을 것으로 지적하고 있다.

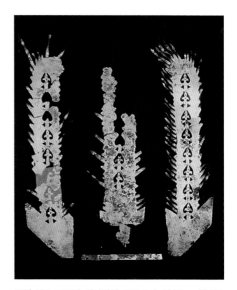

그림 144 고구려 새날개형 금동관. 높이 36cm. 운선군 용호리 1호분 출토. 5세기. 국립중앙박물관 소장. 이 고구려 관의 형식이 신라의 의성 탑리고분의 금동관으로 계승되었다가 다시 남분의 은관으로 전개되었던 것으로 생각한다.

지는 않았지만, 대륜부에는 약간의 달개를 달았던 흔적이 남아 있다.

한편 남분 출토 은관의 좌우 입식으로 탑리고분의 예와 비슷한 기

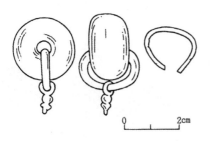

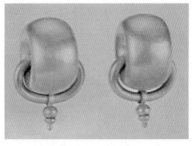

그림 145 고구려 굵은고리귀걸이 1쌍 실측도. 고구려 집안 마선구 1호분 출토

그림 146 금제 굵은고리귀걸이 1쌍. 길이 3.8cm. 황남동 98호분 북분 출토. 4세기 후반~5세기. 국립중앙박물관 소장. 북분에서 출토된 이 굵은고리귀걸이는 고구려 집안 출토품과 같아 고구려에서 신라로 수입된 것으로 생각되고 있다.

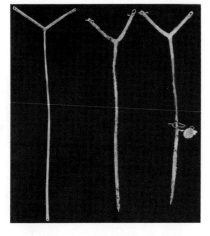

그림 147 Y자형 장식품(뒤꽂이). (좌) 금제 길이 13cm. (우) 2점 은제. 길이 12cm. 3점 모두 황남동 98호분 북분 출토. 4세기 후반~5세기. 국립경주박물관 소장. 북분과 고구려 집안 마선구 1호분의 출토품에는 이 그림의 머리장식과 굵은고리귀걸이 등과 같은 형식이 확인된다고 한다.

법과 형식의 장식이 붙여졌는데, 중앙에 넓은 칼끝 모양의 입식이 세워져 있으며 전면에 금제 달개가 가득히 매달려 있다. 일본에서 출판된 『한국의 고대유적 1 신라편(경주)』에는 고구려 집안 출토로 전해지는 세 날개형 은관그림 143을 인용해 가운데 날개에 남분과 같은 새날개형 장식이 돼 있는 점을 지적하면서 남분 출토의 은관과 탑리 출토의 금동관이 고구려의 간접적인 영향으로 출현했을 것으로 추론하였다.

이 지적은 남분의 주인공인 왕의 신분을 짐작하는 데 극히 중요한 시사점을 포함하고 있다. 아울러 의성 탑리고분 제1곽에서 출토된 금동관과 같이 3개의 새날개형 입식을 꽂은 금동관이 고구려 운선군 용

신라가 꽃피운 로마문화

호리 제1호분(5세기)에서 출토되었던 것은 이러한 추론을 뒷받침할 수 있을 것으로 생각한다. 그림 144

이 책은 다시 고구려 집안 마선구 1호분에서 출토된 굵은고리귀걸이와 Y자형 장식품(비녀, 뒤꽂이)과 같은 것이 북분에서 출토되었음을 소개하였다. 그림 145~147

북분에는 Y자형 장식품이 있는데, 이것도 마선구 1호분(집안)에서 비슷한 예를 찾을 수 있다. 마선구 1호분이 4세기 말이고 황남대총 북분이 5세기 후엽이니 약 100년의 격차가 있다. 그러나 북분에서는 마선구 1호분 굵은고리귀걸이도 출토되고 있다. 5세기 전반 고구려에서 경주로 전해진 뒤 전세의 기간을 거쳐 북분에 부장되었던 것으로 보인다. 뒤꽂이의 일종인 머리장식(Y자형 장식품)은 고구려 안악 3호분(황해남도)의 묘주 부부상에서만 보인다. 이 사실은 북분의 피장자가 '부인대'의 명문으로 확인되는 것과 같이 여성이었음을 시사하고 있다.

이와 같이 북분에서도 고구려와 관련된 장신구가 출토되었음을 지적하였다. 남분에 매장된 왕이 고구려 계통의 은관을 가지고 있었다는 사실은 어떤 형태로든 고구려와 강한 관계를 가지고 있던 인물이었음을 분명히 보여주고 있다. 왕이 묻힌 남분에서 로마문화의 계보를 잇는 수목형 금동관이 5점이나 부장되면서도 신라왕릉에서 거의 사용된 적이 없는 고구려 계통의 새날개형 은관과 금동관이 부장되었다는 사실은 이 왕과 고구려의 관계가 떼려야 뗄 수 없는 것이었음을 구체적으로 보여주는 것이다.

더욱이 6점의 금동관 중에 은관과 같은 형식인 새날개형 금동관이 1점만 포함되어 있다는 점은 신라왕관의 사용법에 대해 중요한 시사점을 제공하고 있다. 금관과 같은 형식의 금동관이나 은관과 같은 형식의 금동관이 동반 출토된다는 것은 분명히 금동관이 약식관으로 사용되고 있었다는 사실을 보여주는 것으로 생각해도 좋다. 이렇게 볼 때 북분의 왕비릉에서 고구려 관련의 굵은고리귀걸이와 Y자형 장식품이 출토되는 것도 충분히 납득이 가는 것이다.

앞에서 인용했던 이종선은 남분의 피장자에 대해 출토 유물과 고분의 규모로 보아 17대 내물왕(356~402년)으로 추정하면서, 고분의 축조연대를 402년경으로 추정했지만, 추정의 근거 제시에서 가장 중요한 새날개형 은관의 문제를 간과하고 있다.

최대 규모의 왕릉에 금관이 아닌 은관이 부장된 점, 신라 역대 왕이 전통적으로 사용해 왔던 수목관을 답습하지 않고 일부러 고구려 계통의 새날개형 은관을 만들게 해 부장시켰던 점이야말로 피장자의 정치적 경력을 드러내 주는 가장 중요한 증거자료이다. 따라서 이 남분의 피장자는 고구려와 밀접한 관계를 가지고 있었던 신라왕이었다.

그렇다면 이 신라 최대 고분의 피장자는 어떤 왕이었을까? 역대 신라왕 중에서 고구려와 밀접한 관계를 가지고 있었던 왕은 제17대 내물왕과 제18대 실성왕(402~417년), 그리고 제19대 눌지왕(417~458년)의 3대가 있다. 이중에서 눌지왕 시대는 후반기에 고구려와 전쟁관계에 돌입하기 때문에 그의 무덤에 고구려 계통의 왕관을 부장한다는 것은 상상하기 어렵다. 따라서 눌지왕은 남분의 피장자가 될 수 없고, 남분의 주인공은 내물왕과 실성왕 중 하나가 될 것이다.

그런데 중국 북송의 사마광司馬光이 편찬한 『자치통감』 104권 진기秦紀와 진서秦書에는 신라에 관한 기사가 각각 1건씩 기재되어 있는데, 모두 내물왕 시대에 속하는 것이다. 그 부분을 아래에 인용해 본다.

태원太元 2년(377) 봄에 고구려와 신라, 그리고 서남의 오랑캐西南夷들이

신라가 꽃피운 로마문화

모두 사신을 파견해 진秦에 조공하였다.(『자치통감』 진기)

　건원建元 18년(382)에 신라왕 누한樓寒이 사신 위두衛頭를 보내 미녀를 바쳤다. 그 나라는 백제의 동쪽에 있는데 사람들의 머리가 아름답고 길이가 1장丈이나 된다.(『자치통감』 진서)

　중국의 전진에 조공했던 신라왕 누한은 신라왕들의 재위연대에 비추어 보면 내물왕에 해당됨을 알 수 있다. 결국 내물왕은 377년과 382년에 고구려왕의 권유로 중국의 전진前秦에 조공했음이 확인된다. 이러한 고구려와의 관계를 바탕으로 처음으로 국제무대에 등장할 정도가 된 시기의 신라왕은 내물왕이었다. 그의 사적을 찾아보면 고구려와 아주 긴밀한 관계에 있었음을 알게 된다.

　일본에도 잘 알려져 있는 고구려 「광개토왕릉비문」에 따르면 내물왕은 재위 44년(399) 만년에 왜군이 신라 왕성을 점령함에 따라 왜군의 포로가 되었다. 이 왜군이 일본日本의 군대였는지, 한남부에 세력을 전개하고 있던 '왜倭'였는지에 대해서는 확실치 않다. 이 내물왕 44년은 인덕천황仁德天皇이 재위하고 있었던 시기였다.

　이때 내물왕은 은밀하게 고구려 광개토대왕에게 사신을 보내 구원을 요청했다. 이듬해 고구려의 광개토대왕은 5만의 대군을 보내 경주의 왜군을 축출하고 신라의 왕성을 탈환하여 내물왕을 구해 주었다. 그리고 고구려군은 그대로 경주에 주둔하였다. 고구려군이 신라에 주둔해 신라를 신하처럼 종속시키고 있을 때 내물왕이 죽었다. 402년이었다. 광개토대왕에게 구출되었던 내물왕이 금동제 수목관 외에 고구려에 공손의 뜻을 표현하기 위해 고구려풍의 새날개형 은관을 부장했던 것은 충분히 납득이 가는 일이다. 따라서 왕묘인 남분의 주인공으로 내물왕을 제1후보로 들 수 있는 것이다.

　그러면 또 한 사람 피장자로서 가능성이 있는 제18대 실성왕(재위

402~417년)을 검토해 보기로 하자. 내물왕 사후에 왕위를 계승했던 실성왕은 『삼국사기』 권3에 따르면 김씨 왕족의 시조인 알지閼智의 후예 대서지大西知 이찬과 석등보昔登保 아간의 딸 이리利里 사이에서 태어난 사람이었다. 이찬이란 신라 관직의 제2위에 해당하는 이른바 차관급의 고급 관인으로 왕족이긴 해도 방계의 인물이었다. 여기에서 주목해야 할 것은 고대 신라왕이 되었던 인물 중에 직계 왕족 이외의 신하가 왕이 된 적은 이 대서지 이찬의 아들 실성왕밖에 없었다는 사실이다.

『삼국사기』 권3이 전하는 바에 따르면, 실성왕은 내물왕 37년(392)에 고구려에 인질로 파견되었다. 그리고 내물이사금이 죽기 1년 전인 46년(401) 7월에 10년간의 고구려 체류를 마치고 귀국해 이듬해 47년 2월에 내물왕을 이어 왕위를 계승했다고 한다. 실성實聖이 인질로 고구려에 체류했던 10년이란 정말로 긴 세월이었다. 고구려의 관습, 생활, 문화, 정치, 경제 등에 대해 충분히 알게 되었을 것이다. 그런 까닭에서인지 실성왕은 마지막까지 고구려와 우호관계를 유지했으며, 신라에 주둔하고 있던 고구려군과도 좋은 관계를 유지하고 있었다.

신분상 실성왕은 신하 출신이었기 때문에 직계 왕족이었던 내물왕의 왕자들 3명이 성장해 왕위 요구에 나설 것을 걱정하고 있었다. 또 그 외에도 내물왕이 자신을 10년 동안이나 고구려에 인질로 보냈던 것에 대해 원한을 품고 있기도 했었을 것이다. 그래서 실성왕은 3명의 왕자 중 한 사람인 미사흔未斯欣을 왜국에 인질로 파견하였고, 또 한 사람의 왕자 복호卜好는 고구려에 인질로 파견하였다. 3인 왕자의 세력을 분산시켜 놓으려는 목적이 있었을 것이다.

그러나 장자인 눌지는 경주에서 성장하면서 고결한 인격과 총명한 지성으로 국민들 사이에 덕망이 높아지고 있었다. 그 때문에 실성왕은 자신의 왕권이 위협받는 것을 두려워 비밀리에 고구려에 체류하던 때의 지인을 시켜 눌지를 암살하도록 하였다. 그러나 고구려의 자

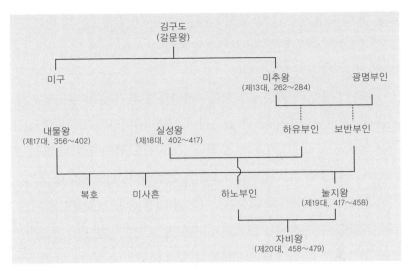

표 9 왕계도

객은 눌지의 뛰어난 인격을 알게 되면서 암살을 포기하고 도리어 눌지에게 실성왕의 암살계획을 털어 놓았다. 그러자 그것을 알게 된 눌지는 실성왕을 죽여 버리고 스스로 왕위에 올랐다. 때는 실성왕 16년(417) 여름 5월이었다. 실성왕은 절대적 권력의 절정기(60세 전후)에 세상을 떠난 비극의 왕이 되었다.

이처럼 실성왕은 강력한 고구려 세력의 영향 아래 신라 국력의 충실화를 도모했던 인물이었기 때문에 실성왕릉에 고구려 계통의 새날개형 은관과 금동관이 부장되었던 것은 당연한 일이었고, 고구려 광개토대왕에 대한 신속의 표시로서도 반드시 필요했던 상황이었을 것이다. 이렇게 볼 때 실성왕도 내물왕과 마찬가지로 남분의 주인공이 될 수 있는 충분한 조건을 갖추고 있다고 해야 할 것이다.

그런데 표 9의 왕실계보에 보이는 것 같이 내물왕은 신라의 국가적 기초를 닦은 제13대 미추왕(재위 262~284년) 동생 말구末仇의 왕자로서 왕비 보반부인保反夫人이 미추왕의 딸이었기 때문에 내물왕 역시 신분상 왕비에 비해 그다지 손색이 없는 입장이었다.(실제로 미추왕의 재위 년에서 판단해 보면, 미추왕의 딸이 내물왕의 왕비가 되는 것은 연령적으로 모순이 있다. 따라서 내물왕의 왕비는 미추왕의 후손 정도를 말하는 것으로 보아야 할 것이다)

따라서 남분의 피장자가 내물왕이었다면 그 왕관이 금관이 아닌 은관과 금동관이었다는 것은 납득하기 어렵다. 마찬가지로 왕비의 금관에 대해서도 설명하기 어렵게 된다. 그 밖에도 출토 유물로 본 남분의 연대는 내물왕 시대까지 올려 보기는 곤란하다. 대량 출토된 토기의 편년에 비추어 보더라도 내물왕보다는 후대에 속할 가능성이 높다.

예를 들어 고분 매납용으로 제작된 토기 형태의 변천을 세밀하게 조사 분류하는 것에 따라 신라토기의 형식적 편년을 제시했던 후지이 카즈오藤井和夫의 「경주 고신라고분 편년 시안-출토 신라토기를 중심으로-」(『神奈川考古』6, 1979)를 보아도, 내물왕의 연대는 후지이가 추정한 남분 출토 토기의 형식적 연대인 450년 전후와 비교해 약 50년의 격차가 있기 때문에 남분의 피장자로 상정하기 어렵다.

한편 실성왕은 제2관등인 대서지 이찬의 아들로서 원래 신하의 자식이었다. 그리고 『삼국사기』권3에 따르면 왕비 보반부인은 미추왕의 딸인 왕녀로 되어 있다. 이미 서술한 내물왕의 경우와 마찬가지로 이 경우에도 미추왕의 후예 정도로 해석해야 할 것이다. 따라서 신분상으로 실성왕보다는 왕비가 더 높은 위치에 있었던 것이다.

만약 이것이 사실이었다면 왕의 새날개형 은관과 금동관, 왕비의 수목형 금관의 문제는 설명이 가능해진다. 실제로 이중 내·외관으로 된 왕비의 수목관은 수목관 하나로만 되어 있는 왕보다 정중하게 모셔져 있을 뿐 아니라, 왕비의 내·외관은 모두 금박을 입힌 당초무늬로 비단벌레의 장엄한 장식이 베풀어진 호화로운 것이었다.그림 202

남분 출토 유물의 연대는 실성왕의 붕년(417년)보다 약간 늦은 것으로 추정되지만, 그렇게 큰 격차가 있는 것은 아니라 모순이 되지는 않는다. 이렇게 남분 출토의 새날개형 은관과 북분 출토의 수목형 금관 등에서 유추된 정보는 남분의 피장자가 실성왕이었음을 확정할 수 있게 한다. 묘지명도 없으면서 출토 유물의 해석에 의해 이렇게 명쾌하게 왕릉의 주인공을 특정할 수 있음은 고대사 연구에서 극히 드문 사례이다.

또한 이종선은 남분 출토의 새날개형 은관에 대해 아무런 언급도 하지 않으면서도 5점의 수목형 금동관 중에 소형 관 2점이 포함되어 있는 것그림 28에서 피장자의 자녀들을 위해 제작되었을 것으로 추정하였다. 남분에서는 왕 이외에도 16세 전후의 여성 인골이 발견되었는데 소형관은 이 여성을 위한 관이었을 것이다.

3 왕릉의 남분에 보이는 로마계 문물

목걸이와 가슴장식

신라 귀족들에게 목걸이와 가슴장식 같은 장신구를 착용하는 것은 지극히 일반적인 관습이었지만, 고구려와 백제에서는 그다지 일반적이지 않았다. 장신구의 착용은 이른바 신라의 독특한 습관이었다고 말해도 좋을 것이다. 왕릉으로 간주되는 남분에서는 천마총에서 출토된 목걸이그림 109·110와 같은 형식의 진남색 유리구슬과 녹색 유리구슬을 사각기둥 모양의 금구(금제 연결금구)에 연결해 구성한 1세트의 대형 목걸이(가슴장식)가 출토되었다그림 148. 중앙과 좌우 끝에 곱은옥을 배치한 것도 천마총 목걸이와 같은 형식이다.

이 밖에 상감구슬 등 유리구슬이 14,000여 개, 경옥제 곱은옥, 마노제 옥, 은제 꽃모양 속빈구슬 등 다수의 장신구용의 구슬들이 출토되었는데, 특히 금제 사슬과 금제 속빈구슬, 금제 곱은옥 등으로 구

그림 148 목걸이(가슴장식). 추정 길이 44cm. 황남동 98호분 남분 출토. 4세기 후반~5세기 전반. 국립 경주박물관 소장. 남분에서는 천마총 출토품과 같은 형식의 대형 가슴장식이 출토되었다.

성된 심플한 목걸이그림 149와 사슬로 된 숫돌연결드리개그림 151를 주목해야 한다. 이런 종류의 금사슬장신구는 그리스시대에서 시작되어 로마시대로 이어지면서 1~5세기까지 크게 유행했다그림 104 · 113 · 227. 로마문화를 수용했던 러시아 남부 지역의 고분에서도 많이 출토된다.그림 114

또한 중국 북위의 유적에도 사슬의 출토 예가 많은데그림 115, 로마문화가 이런 지역까지 전파되었음을 보여주고 있다. 가느다란 금줄을 짜서 옷감처럼 만들어 자유자재로 접을 수 있는 사슬은 로마세계의 장신구에서 빠뜨릴 수 없는 일반적인 소재였다. 1세기 로마의 박

신라가 꽃피운 로마문화

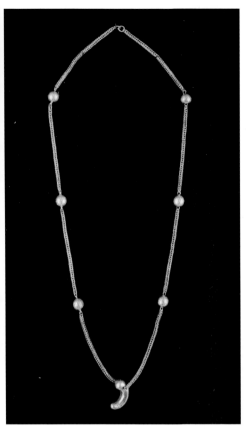

그림 149 금제 사슬과 금제 속빈구슬과 금제 곱은옥의 목걸이. 길이 33.2cm. 황남동 98호분 남분 출토. 4세기 후반 ~5세기 전반. 국립경주박물관 소장. 이 심플한 형태의 목걸이는 신라의 독특한 금제 곱은옥이 매달려 있음으로 보아 로마세계에서 도입된 사슬제작기술을 사용해 신라에서 제작되었음을 알 수 있다.

그림 150 진남색 구슬과 곱은옥을 두 줄로 엮은 목걸이. 길이 73cm. 황남동 98호분 남분 출토. 4세기 후반~5세기 전반. 국립경주박물관 소장. 극히 현대적인 심플한 디자인의 목걸이이다.

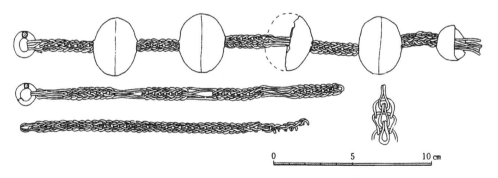

그림 151 금사슬에 의한 숫돌연결드리개 실측도. 황남동 98호분 출토. 4세기 후반~5세기 전반. 국립경주박물관 소장. 로마세계에서 금사슬은 장신구용으로 빠질 수 없는 소재였다.

물학자 플리니우스는 『박물지』에 금제 목걸이 대해 흥미 있는 기술을 남겼다. (제33권 제10절)

금에 대해서는 사소한 것이지만 생략할 수 없는 것이 두세 가지 있기 때문에 첨부해 두고자 한다. 예를 들면 우리 로마제국 당국자는 실제로 외국 병사들에게 금목걸이를 주었지만, 로마시민들에게는 은목걸이밖에 주지 않았다. 반면에 시민들에게는 팔찌를 주었지만 외국인들에게는 주지 않는 것이 관례였다.

외국인 병사가 무공을 세우면 로마의 위정자는 그것을 기려 금목걸이를 수여하는 것이 관례였다는 기록이다. 로마의 식민지에서 출토되는 금사슬목걸이에는 이러한 로마제국의 관습이 반영돼 있는 것이다. 신라왕릉 출토의 금목걸이는 머나먼 로마세계의 관습이 러시아 남부의 로마문화권을 거쳐 전달되었던 것이다.

또한 같은 책 제33권 제12절 「금제품의 보급」에는 흑해 연안의 켈트지역에 출정해 있던 로마군 사령관 마르크스 부르투스가 로마에 보낸 편지를 소개하는 부분이 있는데, 당시의 상황이 생생하게 묘사되어 있어 여기에 소개한다.

우리는 최초로 금반지를 사용해 금에 위신을 부여했던 인물의 죄를 규탄한다. 오늘날에는 남자들까지 금반지를 끼고 있는데(그런 습관은 다르다니족에서 비롯된 것이기 때문에 '다르다니아'로 불리고 있다), 그 켈트명을 '비리오라에'라 하고 켈티베리아명으로는 '비리아에'라 한다. 부인들이 금팔찌를 하고 금으로 손가락을 덮으며 목과 귀, 그리고 머리다발을 금으로 치장하는 것은 좋고 허리에다 금사슬을 주렁주렁 매달아도 좋다. 그리고 눈에 띄지 않게 금사슬로 작은 진주주머니를 목에 걸어도 좋을 것이다.

이처럼 금·은제 사슬은 로마세계에서 상류계층 사람들 사이에 극히 일반적으로 보급돼 있던 전형적인 장신구의 하나였다. 남분에서 출토된 그림 149의 금제 사슬목걸이 끝에는 신라 특유의 금제 곱은옥이 꿰어져 있어 사슬을 만드는 기술과 형식이 로마세계에서 신라로 전파되었음을 알 수 있다. 이 목걸이가 신라에서 제작되었다는 것은 로마문화의 특수한 기술이 도입돼 있었던 것을 명백히 보여주고 있는데, 거기에는 사슬을 비롯한 각종 장신구의 제작을 지도하던 로마계 기술자의 존재가 떠오른다. 물질적인 로마문화의 도입만이 아니라 인적 교류가 행해지고 있었다는 것을 이 사슬은 명백하게 보여주고 있다.

이밖에도 남분에서는 그림 150의 진남색 작은 구슬과 곱은옥을 두 줄로 엮은 목걸이로 현대적이라 해도 좋을 정도로 심플한 디자인의 목걸이가 출토되었다. 그리고 이렇게 참신한 목걸이 디자인 중에는 예를 들어 그림 152의 속빈금구슬, 유리구슬, 곱은옥을 두 줄로 꿴 목걸이 등에서 보이는 바와 같이 비중국문화적 향기가 진하게 느껴지는 것은 해설이나 설명 없이도 알 수 있는 것이다.

19개 반지의 수수께끼

남분에서는 금제 누금세공 반지 5개, 중앙부의 상하를 마름모 모양으로 늘린 심플한 금반지 2개그림 154, 은반지 6개그림 153, 마름모꼴 방패를 붙인 은반지 6개그림 155 등 모두 19개의 반지가 출토되었다. 마찬가지로 북분의 왕비릉에서도 금반지 20개가 출토되었다.그림 181

북분에서는 오른손에 5개, 왼손에 6개가 각 손가락에 끼워진 상태로 출토되었고, 나머지는 부장 상태로 출토되었다. 양손에 많은 반지를 끼는 습관에 대해서는 플리니우스의 『박물지』에 상세하게 소개되어 있다. 제33권 제6절의 「반지에 대해서」라는 항목에 다음과 같은 설명이 붙어 있다.

반지 끼는 법과 이용법

원래 반지는 손가락 하나에만, 그러니까 약지에 끼는 것이 관습이었다. 그것은 우리가 누마, 세르비우스, 토리우스 상을 보면 알 수 있다. 그 다음 시대 사람들은 반지를 검지에 끼웠다. (…) 그리고 그 다음 사람들은 새끼 손가락에 끼는 것을 좋아했다. 갈리아속주와 브리타니아 섬들에서는 가운데 손가락에 낀다고 한다. 오늘날은 유일하게 가운데 손가락에만 반지를 끼지 않고 다른 모든 손가락들에 반지가 끼워진다. 그리고 손가락 마디에는 각 손가락에 어울리는 작은 반지가 끼워져 있다. 가진 반지 모두를 새끼 손가락에 끼는 사람도 있고, 새끼손가락에 도장반지 하나만 끼고 자신의 문서 등을 봉인하는 데 사용하는 사람도 있다.

남분 출토의 반지 19개가 어떻게 끼워져 있었는지에 대한 보고가 없기 때문에 구체적인 착용 상황은 알 수 없다. 그러나 북분의 왕비가 사용했던 것과 크게 다르지 않았을 것이다. 그러나 북분의 경우에도 로마와 같이 가운데 손가락 이외의 손가락에도 반지가 끼워져 있던 상태였는지에 대해 발굴보고서에 기술이 없어 분명하지는 않다.

로마세계의 원로원 의원이나 귀족들 사이에서 유행했던 반지 끼는 방법에도 가운데 손가락에는 끼지 않는 것으로 돼 있었다. 아마도 이렇게 반지를 끼는 방법 역시 로마문화를 수용했던 여러 지역으로 전파 확산되었을 것이 분명하다. 러시아 남부 일대에서 출토되고 있는 많은 반지도 이러한 산물이었을 것이다. 그리고 남분과 북분에서 출토된 반지도 이런 로마문화의 연장선상에 위치하는 것임에 틀림없을 것이다.

남분 출토 반지 중에는 방패 같은 것을 붙인 것이 6개 출토되었는데 그 용도에 대해서는 불명이다. 고대 유럽에서는 활쏘기용 고리를 붙인 반지나 마름모꼴 돌기를 붙인 무기로서의 반지가 있었던 것을 보아 이 반지도 그런 방어용 목적을 가지고 있었던 것으로 생각된다. 물

신라가 꽃피운 로마문화

그림 152 금제 속빈구슬·유리구슬·곱은옥을 엮어 만든 두 다발의 목걸이. 길이 16cm. 황남동 98호분 남분 출토. 4세기 후반~5세기 전반. 국립경주박물관 소장. 신라 특산의 곱은옥이 들어 간 디자인으로 비중국적인 분위기를 진하게 풍기고 있다.

그림 153 은반지. 지름 1~2.3cm. 황남동 98호분 남분 출토. 4세기 후반~5세기 전반. 국립경주박물관 소장. 가운데가 마름모꼴로 넓어진 심플한 형식.

그림 154 금반지. 모두 황남동 98호분 남분 출토. 4세기 후반~5세기 전반. 국립경주박물관 소장. 누금세공으로 보석을 상감한 금반지 5개(지름 2.2cm)와 가운데가 마름모꼴로 넓혀진 심플한 형식의 금반지 2개(지름 1.8cm)가 출토되었다.

그림 155 마름모꼴 방패를 붙인 은반지 5개(*6개 출토). 지름 약 2~2.3cm. 황남동 98호분 남분 출토. 4세기 후반~5세기 전반. 국립경주박물관 소장. 용도 불명이지만 고대 유럽에서 방어용 무기로서 마름모꼴 돌기를 붙인 반지가 발견되는 것으로 보아 같은 목적으로 사용되었을 것으로 생각된다.

론 이런 종류의 반지가 고대 중국문화에는 존재하지 않았다.

로만글라스의 고향

남분에서 7점그림 156~160과 북분에서 5점그림 187 · 191 · 192의 후기 로만글라스가 출토되었다.

기원전 27년에 로마제국이 탄생하였고, 기원후 395년 서로마제국과 동로마제국으로 분열되었으며, 서로마제국이 멸망한 476년까지 생산되었던 유리그릇을 '로만글라스'로 총칭하고 있다. 이중에서 동서분열부터 서로마제국의 멸망에 이르기까지의 제품을 '후기 로만글라스'라 부르고, 이후 동로마제국시대에 들어서 지중해 동안의 동로마제국 영내에서 만들어졌던 유리그릇 중에서 610년 이슬람세계 출현 이전의 유리그릇을 '시리안글라스'로 부르는 학자도 있다.

남분에서 출토된 7점의 유리그릇은 다음과 같다.

	색조	명칭	높이	입지름	제작지	그림
①	담녹색	물결 · 그물무늬잔	12.8cm	9.5cm	고대 시리아	157
②	담녹색	줄무늬 봉수형 병	24.8cm		시리아 지방	156
③	진남색	민무늬사발	6.3cm	12.7cm	시리아 지방	160
④	담녹색	민무늬잔	7.9cm	10.7cm	시리아 지방	159좌
⑤	담녹색	민무늬잔	9.3cm	10.2cm	시리아 지방	159우
⑥	진남색	민무늬잔	(미복원)		?	158상
⑦	?	원형대각병(미복원)	(미복원)		?	158하

이상 7점의 후기 로만글라스는 아주 동일한 기법과 거의 동일한 소재로 동일한 시대에 만들어진 유리그릇이다. 로만글라스 특유의 기법인 둥근 고리모양 마감의 공통성이 확인되었다. 둥근 고리모양 마감이란 입술과 굽다리 부분 위 아래의 단을 말아 고리를 두른 모양으

신라가 꽃피운 로마문화

그림 156 담녹색 손잡이가 달린 줄무늬 봉수형 병. 높이 24.8cm. 몸통 지름 최대 10.2cm. 황남동 98호분 남분 출토. 4세기 후반~5세기 전반. 시리아지방 제작. 국립중앙박물관 소장. 남분에서 출토된 전형적인 후기 로만글라스 중 하나. 그림에서 보는 대로 당시 로만글라스가 대단한 귀중품이었기 때문에 부러진 손잡이를 아주 귀한 금줄로 보수하면서 애용했음을 알 수 있다.

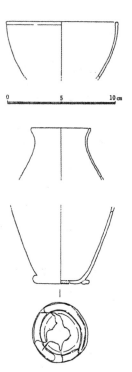

그림 157 담녹색 물결·그물무늬잔. 높이 12.8cm. 황남동 98호분 남분 출토. 4세기 후반~5세기 전반. 시리아지방 제작. 국립중앙박물관 소장. 남분에서 출토된 로만글라스 중에서도 이 그물무늬잔은 입술과 굽다리가 고리모양으로 된 것 물결무늬와 그물무늬 등으로 로만글라스만의 기법을 분명하게 보여주고 있다.

그림 158 (상)진남색 민무늬사발. (하)굽다리병. 모두 미복원 상태인데, 실측도로 추정 복원하였다. 황남동 98호분 남분 출토. 4세기 후반~5세기 전반. 국립경주박물관 소장.

그림 159 담녹색 민무늬잔. (좌)높이 7.9cm. 입지름 10.7cm. (우)높이 9.3cm. 입지름 10.2cm. 황남동 98호분 남분 출토. 4세기 말~5세기 전반. 시리아지방 제작. 국립경주박물관 소장.

그림 160 진남색 민무늬사발. 높이 6.3cm. 입지름 12.7cm. 황남동 98호분 남분 출토. 4세기 말~5세기 전반. 시리아 지방 제작. 국립경주박물관 소장.

로 만드는 기법이다. 위 아래 말단의 강도를 높이고 입에 닿는 감촉을 부드럽게 하기 위한 기법이다. 이러한 특색을 가장 확실하게 보여주는 ① 담녹색 물결 · 그물무늬잔을 예로 들면 다음과 같은 특징이 있다.

첫째, 입술 부분의 둥근 고리모양 마감
둘째, 입술 부분의 둥근 고리 위에 청색 유리를 고리모양으로 돌려 붙이고, 몸통에는 같은 청색 유리로 물결무늬를 만들어붙였다.
셋째, 몸체에는 그릇과 같은 소재의 담녹색 유리로 그물무늬를 만들어 붙였다.
넷째, 담록색 유리에 적지 않은 기포가 들어 있다.

이러한 특색은 ② 담녹색 줄무늬 봉수형 병에서도 확인되며, ⑤ 담녹색 민무늬잔과 ⑥ · ⑦ 미복원 작품에서도 확인된다.
그물무늬와 물결무늬처럼 분명한 특징을 나타내는 장식에 한정해 관련성이 있는 것을 신라와 유라시아 전역에서 대표적으로 추출해 보면 다음과 같다. 물론 이것은 다수의 예 중 극히 일부에 지나지 않는다.

① 금관총 출토 물결무늬 굽다리잔그림 232 우
② 서봉총 출토 담녹색 그물무늬잔그림 234
③ 월성로 가-13호분 출토 물결무늬잔그림 238
④ 중국 하북성 경현 북위 조씨묘 출토 그물무늬사발그림 241
⑤ 카자흐공화국 사리 · 쿨 호반의 카라 · 아가치 유적 출토 물결 · 그물무늬 굽다리잔그림 240
⑥ 키르키즈공화국 잇시크 · 쿨 호수 동쪽 케토메니 · 추페강 유역에 펼쳐진 같은 이름의 분지에 있는 쟈르아리크 묘지 출토 물결무늬잔그림 242 (『1969년도 고고학상의 발견』 1970; 『케트메니 · 추페』 1977; 이인숙 「금과 유리−4~5세기 고대한국의 실크로드의 보물−」, 『중앙아시아연구』 2, 1997)
⑦ 러시아 남부 흑해 연안의 노바야 마야유적 출토 그물무늬 굽다리잔
⑧ 슬로바키아 레드니카 오스트라바 고분 출토 그물무늬잔그림 243
⑨ 독일 쾰른 룩셈부르크 거리 유적 출토 그물무늬잔그림 244

이외에도 발굴조사에 의한 출토품은 아니지만 시리아 지방 출토로 전해지는 예들이 유럽과 미국, 그리고 중근동의 많은 박물관에 소장돼 있다.

이렇게 그물무늬와 물결무늬잔의 계보는 넓게 유라시아 전역에 분포하며, 그들 유적의 대부분이 4~5세기의 연대에 속한다는 점에서 일치한다.

신라와 생산지의 시리아 지방을 연결하는 루트는 흑해연안에서 스텝루트를 통해 동쪽으로 전파되어(카라 · 아가치 유적의 출토 예 등), 중국 북부의 대동大同을 경유해(대동에서 하북성 경현으로 이장된 북위 조씨 묘와 봉

마노 묘의 출토 예 등) 신라의 경주에 이르는 길이었다. 이 담녹색 그물무늬잔과 동일한 기법으로 만들어진 다른 4점(②~⑤)도 같은 시기에 같은 루트를 통해 도래했던 작품임은 재언할 필요가 없으며, 다른 신라 왕릉에서 출토된 여러 개의 후기 로만글라스도 마찬가지 경로를 거쳐 들어왔음이 분명하다. 이에 대해서는 제8장 신라고분에서 출토된 로만글라스의 비밀에서 상세히 서술하고자 한다.

남분 출토 후기 로만글라스를 비롯해 신라왕릉에서 출토되고 있는 후기 로만글라스는 고대 신라가 로마문화권과 밀접한 관계를 가지고 있었음을 보여주는 분명한 자료가 될 것이다. 중국에서는 거의 보이지 않지만 로마세계에서 일반화돼 있던 로만글라스로 대표되는 물질문화는 당연하게도 정신문화를 동반해 신라로 유입되었을 것이다. 금은제품과 철기와 무기 외에도 소프트 분야의 기술과 사상도 물질문화의 유입과 함께 전해졌음은 오늘날 출토되고 있는 다양한 자료를 통해 충분히 확인할 수 있다.

신라가 중국과 국교를 가지지 않고 처음부터 중국문화를 필요로 하지 않았던 까닭은 중국문화를 수용하지 않더라도 로마세계로부터 그 이상의 물질문화와 정신문화를 보유할 수 있었던 상황이었기 때문이다. 이러한 사정을 구체적으로 보여주는 분명한 자료의 하나가 후기 로만글라스들이며, 이러한 것들은 신라가 국가적으로 수용해 왔던 다양한 로마문화의 일단을 짐작하게 하는 아주 작은 증거에 불과하다.

중국계 칠기와 청동거울의 출토

칠기로는 잔 1점과 합 8점이 함께 부식된 다수의 파편으로 출토되었다. 칠기잔 바깥쪽 바닥에는 붉은 주칠로 '마랑馬朗'이란 한자가 쓰여 있었다그림 162. 외부는 입술부분의 흑칠 위에 주칠로 2줄의 물결무늬를 그리고 그 아래에 가로 긋기 선 1줄을 그려 넣었으며, 다시 그 아래에는 3단의 불꽃무늬와 활선 위에 점을 찍은 무늬가 연속으로 교차되게 그려져 있다. 안쪽은 주칠로 마감되었다. 이 잔의 명문은 이 잔이 '마랑'이란 성을 가진 인물의 소유라는 것을 보여주는 것으로 생각된다. 따라서 '마랑'이란 중국풍 이름을 통해 어떤 계기에 중국에서 전래된 것임을 알 수 있다.

실성왕(재위 402~417년)이 10년 동안 고구려에 인질로 체재하고 있었을 때(392~402년) 입수했을 가능성도 있다. 그렇지 않으면 북분의 왕비릉에 '부인대'라 새겨진 은제 띠끝꾸미개그림 203나 남조 동진의 갈색 자기 쌍귀단지(양이호兩耳壺)그림 199와 '동東'자 명문의 칠기 등이 포함되어 있는 것으로 보아 중국 남조 계통의 칠기가 전래되었을 가능성도 있다. 이렇게 한자 명문을 가지는 칠기는 적어도 실성왕과 왕비가 중국계통의 문물을 수용하기 시작했다는 것을 보여주는 중요한 자료다.

그림 161 중국식 방격규구조문경方格規矩鳥文鏡의 방제경. 지름 14.9cm. 황남동 98호분 남분 출토. 4세기 후반~5세기 전반. 국립경주박물관 소장. 방제경이지만 신라왕릉에서 출토된 유일한 중국식 청동거울이란 중요한 의미가 있다. 10자 중 7자가 읽히는 명문이 선명하지는 않지만, 고구려나 백제로부터의 전래품으로 생각된다.

또한 아주 드문 예로 남분에서는 명문이 있는 중국식 방제경의 방격규구조문경方格規矩鳥文鏡 1점이 출토되었다.(중국의 청동거울을 복제한 것으로 고구려 제작일 가능성이 있다)그림 161

분명하진 않지만 10개 중에 7개의 문자가 잔존하고 있다. 지금까지 신라왕릉에서 중국제 거울이 출토된 적이 없었는데, 방제경이라 하더라도 중국식 명문이 있는 청동거울이 출토되었다는 점은 중요한

그림 162 '마랑' 명문의 칠기잔. 높이 4㎝, 입지름 9㎝. 황남동 98호분 남분 출토. 4세기 후반~5세기
전반. 국립경주박물관 소장.

의미가 있다. 남분 출토 '마랑' 명문의 칠기, 그리고 북분 출토의 '동'
자 명문의 칠기와 '부인대' 명문의 띠끝꾸미개 같은 중국적 자료를 보
면, 이 실성왕 부부가 중국과 관계가 깊지는 않았더라도 어떤 형태로
든지 시작되었을 가능성이 있다. 아니면 경주에 주둔하고 있던 고구
려군이 중국과 밀접한 관계를 가지고 있었던 흔적으로 생각될 수도
있다. 내물왕과 실성왕 모두 고구려의 광개토대왕과 분명한 군신관계
에 있었기 때문에 광개토대왕 관련의 행사를 통해 전래되었을 가능
성도 있다.

　'마랑'이나 '동'이 중국 고위의 인물 명에서는 확인되지 않으므로
북위나 동진과의 직접적인 접촉은 생각하기 어렵다. 더구나 방격규구
조문경이 방제경이란 점을 생각하면 고구려 또는 백제로부터의 전래
로 생각해야 할 것이다.

이 정도 단편적인 중국 문물의 유입은 있었지만 신라는 여전히 중
국과의 국교나 문화의 수용에는 거의 관심을 보이지 않았던 것이 분
명하다.

신라만의 독특한 금속기

신라왕릉에는 금은그릇이 출토되는 예가 많다. 남분에서도 금사
발 6점과 은사발 6점을 비롯해 크고 작은 은제·금동제·청동제 뚜껑
이 있는 합 등 54점의 금속기가 출토되었다.

금제 사발 6점, 은제 사발 6점, 은제 작은 합 10점그림 163, 은제 큰 합 1점,
금동제 큰 합 1점, 청동제 큰 합 1점, 청동제 작은 합 10점, 은제 손잡이 달린
그릇 3점, 은제 국자 3개, 청동솥 3점, 청동시루 1점, 청동제 뚜껑 달린 단지
2점, 청동제 다리미 2점, 청동제 쟁반 1점, 쇠솥 1점, 쇠솥(부곽 출토) 1점

그림 163 은제 작은 합 5점. 높이 12㎝, 입지름 11.1~12㎝. 황남동 98호분 남분 출토. 4세기 후반~5세
기 전반. 국립경주박물관 소장. 남분에서 출토된 은제 작은 합 10점 중 5점. 남분에서는 54점의 금
속기가 출토되었는데, 대부분 다른 신라왕릉 출토품과 같은 특징을 나타내는 것으로 신라만의 독
특한 기형과 기능을 가지고 있다.

신라가 꽃피운 로마문화

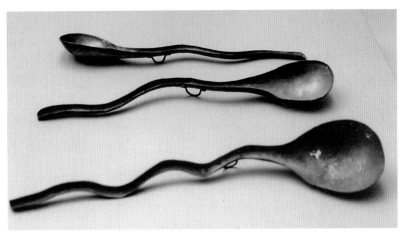

그림 164 은제 국자 3점. (상→하) 길이 31.8cm, 35cm, 38.6cm. 황남동 98호분 남분 출토. 4세기 후반~5세기 전반. 국립경주박물관 소장.

이들 금속기 중에서 솥, 시루, 다리미처럼 중국적 요소를 포함하는 것도 있지만, 금은 그릇을 비롯해 청동기의 대부분이 신라 특유의 기형과 기능을 가지도록 만들어진 것에 특색이 있다. 우선 금·은 그릇을 애용하는 습관은 로마문화와 통하는 요소라는 점으로 지적해 둔다.

토기

토기류는 3,134점이 출토되었는데 이 중에서 주목할 만한 것은 양쪽이나 한쪽에 손잡이가 달린 컵모양 토기가 많다는 점이다.그림 165

식기에 손잡이를 붙이는 습관은 중국에

그림 165 양쪽과 한쪽 손잡이 컵. 높이 11~18cm. 황남동 98호분 남분 출토. 4세기 후반~5세기 전반. 국립경주박물관 소장. 신라 출토 토기에는 손잡이가 달린 컵 종류가 아주 많다.

서 절대 보이지 않는 것으로 그리스 · 로마문화의 특별한 형식이다. 신라가 일상적으로 사용하는 그릇에 이러한 습관이 도입되었다는 사실은 로마문화가 뿌리까지 침투하고 있었던 사실을 보여준다.

방대한 무기와 무구의 출토

지금까지 발굴된 신라왕릉 중에 가장 많은 무기와 무구가 출토되었던 것은 남분으로, 3,549점을 헤아린다. 남분에는 왜 이처럼 대량의 무기와 무구가 부장되었던 것일까? 남분의 피장자로 생각되는 제18대 실성왕은 유일하게 신하의 지위에서 왕이 되었던 인물이었다. 따라서 그가 의지할 수 있었던 것이 무기와 무구뿐이었던 것일까? 나아가 제17대 내물왕의 정통후계자였던 장자 눌지와 함께 그 동생들과의 갈등도 있었을 것이다.

이러한 내부적 갈등은 그렇다 하더라도 이들 무기에서 보이는 특징은 아주 분명한 성격을 보여주고 있다. 우선 기마전용 쇠도끼가 많은 점(380점)그림 169(중 · 우), 기마전용의 철창(철모鐵鉾)이 약 485자루나 매장되었던 점그림 166 · 169(좌), 그리고 말 위에서 쏘는 화살촉이 약 1,016개나 출토되었다. 말 위에서 사용했던 활은 말할 필요도 없이 단궁短弓이었을텐데, 거의 부식돼버렸을 것으로 생각된다.

이러한 무기와 무구류는 모두 실전에서 효력을 발휘하던 철제품이었다. 출토된 무기의 종류에서 신

그림 166 기마전용 창. (좌)길이 68cm. (중)76cm. 황남동 98호분 남분 출토. 4세기 후반~5세기 전반. 국립경주박물관 소장. 남분에서는 기마전용의 쇠창이 485자루나 출토되었다.

신라가 꽃피운 로마문화

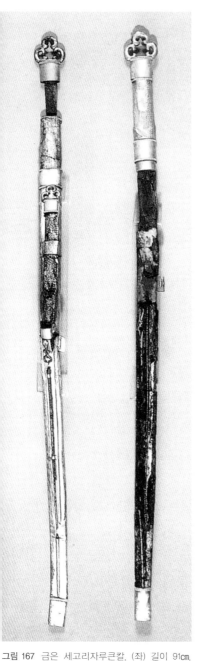

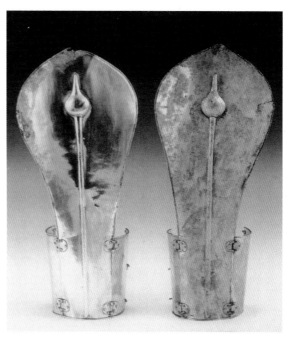

그림 168 은제 정강이가리개 1쌍. (좌) 높이 34.4cm. (우) 높이 34.9cm. 황남동 98호분 남분 출토. 4세기 후반~5세기 전반. 국립경주박물관 소장. 고대 로마병사들이 착장하고 있었던 것과 같은 형식으로 중국 계통과는 전혀 다른 형식이다.

그림 167 금은 세고리자루큰칼. (좌) 길이 91cm. (우) 길이 95cm. 황남동 98호분 남분 출토. 4세기 후반~5세기 전반. 국립경주박물관 소장. 남분에서는 9자루의 금은 세고리자루큰칼이 출토되었다. 남분에서 출토된 대량의 무기와 무구 중에서 이 큰칼들이 가장 화려하다.

그림 169 (좌) 2점. 기마전용 철모. 황남동 98호분 남분에서는 신라왕릉 중에서 가장 많은 3,549점의 무기와 무구가 출토되었는데, 대부분이 기마전에 효력을 발휘했던 철제품으로서 신라의 전법이 로마와 북방 기마민족의 기마전을 중심으로 하고 있던 상황을 보여준다.

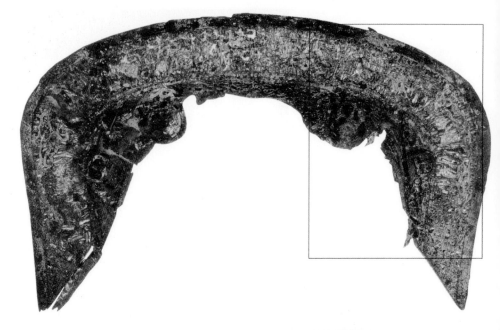

그림 170 금동판 투공 비단벌레 장식 말안장가리개.
(상) 뒷가리개. 너비 55.3cm, 높이 33.9cm. (하) 확
대도. 남분에서 출토된 것 중 가장 화려한 유물
로 동아시아에도 예가 거의 없는 귀중한 말갖
춤새다. 당초무늬를 투공한 금동판 아래 오색찬
란한 비단벌레의 날개가 빛나고 있다. 그림 171
과 그림 172는 이 안장가리개와 세트를 이루는
말발걸이와 허리띠꾸미개다.

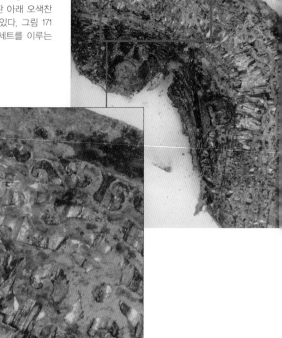

신라가 꽃피운 로마문화

라의 전법이 로마와 로마와 같은 북방 기마민족의 기마전을 중심으로 하고 있었음을 짐작할 수 있다.

먼저 중국에서 전투용 도끼는 그다지 사용되지 않았던 무기로, 신라의 전술이 중국계의 고구려나 백제와 크게 달랐음을 알 수 있다. 또한 갑옷과 투구, 그리고 정강이가리개그림 168도 중국과 전혀 다른 형식이다.

장신구를 비롯한 후기 로만글라스와 자작나무껍질 제품그림 20 · 120 · 121 등 남러시아와 스텝루트지도 4에 강한 연관성을 가지고 있는 제품이 신라왕릉에서 출토된다는 사실은 남러시아와 스텝루트를 근거지로 하던 기마민족의 훈족(흉노족)과 신라의 기마전법 사이에 관계가 없다고는 말할 수 없을 것이다. 기마전용으로 제작된 것이 남분의 무기와 무구의 주요 구성이라는 사실이야말로 이러한 연관성을 명백하게 말해주는 것으로 생각한다.

화려한 비단벌레 장식의 안장가리개 · 발걸이 · 허리띠꾸미개

남분에서 출토된 최고의 유물은 오색으로 찬란하게 빛나는 비단벌레 장식의 말안장가리개그림 170, 말발걸이그림 171, 허리띠꾸미개그림 172다. 1975년 가을 막 발굴된 비단벌레 장식의 마구들을 보았던 감동은 지금도 기억에 선하다. 방금 만들어진 듯한 아름다운 비단벌레의 광채가 투공된 금동판 당초무늬의 청동녹 아래에서 신비한 빛을 뿜어내고 있었다. 이렇게 호화로운 마구는 중국과 일본 등 동아시아에서 출토된 적이 없었다.

투공된 금동판의 비단벌레 장식 말안장가리개는 앞가리개(전륜前輪)가 너비 41㎝, 높이 23㎝, 뒷가리개(후륜後輪)가 너비 55.3㎝에 높이 33.9㎝의 크기에 금동제 띠고리 2점이 부착되어 있다. 안장가리개와 세트로 출토된 한쌍의 발걸이 역시 금동판 투공 비단벌레 장식으로 길

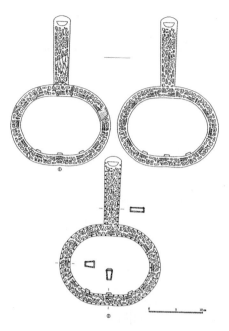

그림 171 금동판투공 비단벌레 장식 발걸이. 길이 27cm. 황남동 98호 남분 출토. 4세기 후반~5세기 전반. 국립경주박물관 소장

이 27cm, 가로지름 18cm이다. 안장가리개와 마찬가지로 당초무늬가 투공된 금동판 아래에 비단벌레의 날개를 깔아 채운 화려한 발걸이그림 171와 같은 디자인의 금동제 허리띠꾸미개 3개도 출토되었는데 길이 93cm이다그림 172. 당초무늬가 투공된 허리띠의 금동판 뒤에는 붉은 실크가 붙여졌고 그 사이를 비단벌레의 날개로 깔아 채웠다.

마찬가지로 북분에서 출토된 이중 널과 장식품 등에도 비단벌레장식이 되어 있음이 『황남대총 경주시 황남동 제98호고분 남분 발굴조사보고서』(문화재관리국 문화재연구소, 1994년, 305~315쪽)에 기록되어 있다. 결국 남분에서는 은판 투공 안장가리개 1점그림 173과 흑칠 안장가리개 3점, 철제 안장가리개 1점 등을 포함해 모두 7점의 말안장가리개가 출토되었다.

아랍의 고기록인 『왕국과 도로총람』에 신라의 중요 산물로 마구와 검이 특별히 기록되었던 것은 틀림없이 이렇게 호화찬란한 마구가 의식되었기 때문일 것이다.

제18대 실성왕은 왕족이 아니면서 왕위에 올랐던 유일한 신라왕으로 필요 이상 자신의 권력을 과시함으로써 왕으로서의 실력을 인정받고자 했을 것이다. 그러나 정통의 왕위 계승자로서 국민에게 인기가 있었던 눌지왕을 암살하려 했던 계획이 탄로나면서, 실성왕은 재위 16년(417)에 암살되기에 이르러, 권력의 절정기(60세 전후)에 살해되

신라가 꽃피운 로마문화

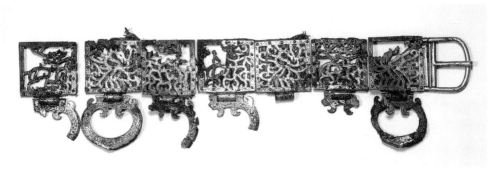

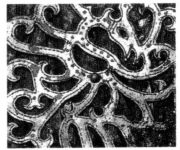 

그림 172 금동판투공 비단벌레 장식 허리띠꾸미개. 잔존길이 32.6cm. 황남동 98호 남분 출토. 4세기 후반~5세기 전반. 국립경주문화재 연구소 소장.

었던 비극의 대왕이 되었다.

반면에 실성왕의 거대 분묘인 남분은 뒤를 이은 제19대 눌지왕 시대에 만들어진 것이다. 자신을 죽이려 했던 전 왕을 위해 거대 고분을 축조하게 했을 것으로 생각할 수는 없다. 실성왕이 고구려에 인질로 보냈던 눌지왕의 동생 복호와 또 하나의 동생 미사흔이 눌지왕 즉위 이듬해에 귀국했다. 그들 역시 실성왕에게 적지 않은 원한을 품고 있었을 것이다. 실성왕에게 원한을 품고 있었던 눌지왕 3형제가 건재하던 시대에 실성왕을 위한 거대 분묘의 축조계획이 추진될 수 없었던 것은 당연한 일이었을 것이다.

그러나 이러한 결론을 내기 전에 우선 당시 왕실의 친족관계를 한 번 정리해 볼 필요가 있다.

실성왕 (대서지大西知 이찬伊湌의 아들) 재위 402~417년
처는 미추왕의 딸인 아류부인阿留夫人

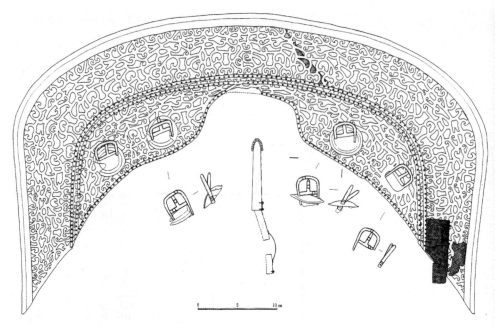

그림 173 은판 투공 안장가리개(후) 실측도 너비 57.5cm 높이 35.9cm 황남동 98호분 남분 출토. 4세기 후반~5세기 전반. 국립경주박물관 소장. 남분에서는 비단벌레장식의 안장가리개 등 모두 7점의 안장가리개가 출토되었다.

눌지왕 (내물왕의 장자) 재위 417~458년

모는 미추왕의 딸인 보반부인保反夫人

처는 실성왕의 딸인 아로부인阿老夫人

자비왕 (눌지왕의 장자) 재위 458~479년

모는 실성왕의 딸인 아로부인阿老夫人

　　실성왕의 부인은 눌지왕의 어머니와 자매관계이며 눌지왕의 부인
은 실성왕의 딸로 눌지왕을 계승하는 자비왕을 낳았다. 따라서 실성
왕이 죽었을 때 눌지왕 주변에는 강력한 부인과 이모의 외척이 형성
되어 있었다. 실성왕의 거대 분묘가 만들어지게 되었던 배경에는 이
러한 외척 세력이 강력하게 기능하고 있었던 것으로 생각된다. 그래
서 실성왕에게 신라왕의 정통성을 상징하는 수목관은 주지 않고 고구
려 계통의 새날개형 은관과 금동관(이것은 아마도 고구려왕이 속국의 신라왕

신라가 꽃피운 로마문화

그림 174 금제 허리띠·드리개장식. 120×77.5cm. 황남동 98호분 북분 출토. 4세기 후반~5세기. 국립
경주박물관 소장. 북분에서 출토된 다수의 장신구 중에서도 금관과 대형 가슴장식 다음 가는 호
화품으로 북분의 주인공인 왕비의 권위를 자랑하는 듯한 느낌이다.

에게 수여했던 왕관이 아니었을까?)을 부장시켰으며, 신라의 독자적인 수목
관은 휘하의 여러 왕(諸王)들에게 수여했던 것으로 눌지왕 형제의 의지
가 들어 있었던 것은 아닐까.

　　어머니와 부인의 강한 주장이 실성왕의 거대 고분을 만들게 했
고, 그것을 만들었던 실성왕의 왕비이며 미추왕의 딸이었던 북분의
주인공인 아류부인阿留夫人이 실성왕을 대신해 금관을 수여받았을 것
으로 생각한다. 이러한 추정은 남분에서 출토된 목탄의 연대 측정이
365~405년으로 보고되는 사실과 모순되지 않는다. 특히 남분의 화려
한 비단벌레장식의 말갖춤새그림 170·171가 북분 왕비의 이중 널에서
확인되는 비단벌레장식그림 202과 상통하는 점, 당시에도 귀중품이었

그림 175 굵은고리금귀걸이 1쌍. 길이 8.6cm. 황남동
98호분 북분 출토. 4세기 후반~5세기. 국립경주
박물관 소장.

그림 176 굵은고리금귀걸이 1쌍. 길이 19.2cm. 황남동
98호분 북분 출토. 4세기 후반~5세기. 국립경주
박물관 소장. 북분의 왕비릉에서는 16쌍의 굵은
고리금귀걸이, 4쌍과 1개의 가는고리금귀걸이 등
모두 20쌍과 1개의 금귀걸이가 출토되었다. 굵은
고리의 볼륨있는 아름다움이 눈을 끈다.

그림 177 금제 굽다리접시 2점. (우)높이 9.3cm, 입지름 11cm. 황남동 98호분 북분 출토. 4세기 후반~5
세기. 국립중앙박물관 소장. 8점 출토 중 2점. 북분에서는 59점 분량의 금속기가 출토되었는데, 그
대부분이 신라왕릉 출토의 금속기와 마찬가지로 신라만 독특한 기형과 기능을 가지고 있다. 남분
의 금속기에 대해서는 그림 163 · 164 참조. 금은그릇을 애용하는 습관은 로마문화와 공통된다.

신라가 꽃피운 로마문화

기 때문에 부서진 손잡이를 금줄로 보수하면서까지 애용했던 봉수형 로만글라스그림 156가 부장되었던 점, 아름다운 금제 방울과 금사슬목걸이그림 149 등이 부장되어 있는 등 여성스럽고 세심한 배려가 베풀어진 것을 보면 이 왕릉에 여성들이 쏟았던 열의가 느껴진다.

4 왕비릉인 북분에 보이는 중국계통과 로마계통 문물의 혼재

여왕도 아니었는데 금관이 출토된 황남동 98호분 북분의 주인공인 실성왕의 왕비 아류부인은 전술한 한 바와 같이, 신라 건국의 기초를 닦았던 미추왕의 딸이었다. 이 왕비의 권세가 보통이 아니었을 것은 수목형 금관의 사용에서도 나타나지만, 금관 외에 호화찬란한 다수의 장신구그림 146·147·174~176·178·180·181·184·203와 함께, 32점이나 되는 금은그릇, 5점의 후기 로만글라스그림 187·191·192, 중국 남조 동진의 흑유자기 두 귀 달린 단지(양이호)그림 199 등이 부장되었다는 것에서도 미루어 짐작할 수 있다. 북분 출토품의 내용을 표 10·11과 같이 소개해 둔다.

또한 35,700점에 달하는 방대한 양의 부장품에서 이 왕비가 중국과 관계를 가지기 시작했다는 것과 중국을 경유해 남방문화와도 접촉하고 있었을 가능성이 아울러 점쳐진다. 로마문화를 보유하고 있던 신라에 중국과 동남아시아 계통의 새로운 문화가 처음 소개되었다는 것은 아주 중요한 의미를 갖는다. 출토유물을 구체적으로 검증해 가면서 각 유물들이 말해 주는 사실을 밝혀 가고자 한다. 바로 이때 일본에서는 닌토쿠(仁德)천황의 왕통이 끝나면서 드디어 케이타이(繼体)천황(재위 507~531)이 새로운 왕통을 열기 시작하던 시대였다.

표 10 황남동 98호 북분 출토품 목록

A. 장신구

가. 관모류(널 내부)
1. 금관 1점
2. 금관드리개 3쌍(6개)
3. 은관(수장부)
   ① 새날개형관 1개
   ② 나비형관 2개
4. 자작나무관모(수장부) 2개분
   ① 금제달개 342개
   ② 은제달개 75개
   ③ 금제나뭇가지모양 금구 2
   ④ 은제나뭇가지모양 금구 3

나. 귀걸이
1. 덧널 상부
   ① 금제굵은고리귀걸이 6쌍(12개)
   ② 금제가는고리귀걸이 4쌍(8개)
2. 널 내부
   ① 금제굵은고리귀걸이 10쌍(20개)
3. 수장부
   ① 금제가는고리귀걸이 1개
   ② 금제귀걸이 10쌍(20개)

다. 팔찌(널 내부)
1. 금제팔찌 11개
2. 구슬팔찌 2개
   ① 금제곱은옥 4개
   ② 은제곱은옥 1개
   ③ 경옥제곱은옥 5개
   ④ 유리제가는옥 120여 개

라. 반지
1. 널 내부 금반지 14개
2. 덧널 상부 금반지 6개

마. 목걸이 · 가슴장식
1. 목걸이 · 가슴장식 · 구슬류 5벌
   ① 청색유리구슬 3000여 개
   ② 작은구슬류 3000여 개
   ③ 금제속빈구슬 118개
   ④ 경옥제곱은옥 23개
   ⑤ 유리제곱은옥 83개
   ⑥ 호박제곱은옥 1개
   ⑦ 모난기둥모양금구 18개

   ⑧ 유리상감구슬 10개
   ⑨ 유리상감곱은옥 1개
   ⑩ 호박제둥근구슬 1개
   ⑪ 호박제큰구슬 1개
   ⑫ 마노제대롱구슬 1개
   ⑬ 호박제대추구슬 20개
2. 구슬류(덧널 상부 · 수장부)
   ① 청색유리구슬 7000여 개
   ② 작은구슬류 2만여 개
   ③ 유리제곱은옥 92개
   ④ 유리제작은곱은옥 92개
   ⑤ 경옥제곱은옥 19개
   ⑥ 호박제곱은옥 3개
   ⑦ 유리제다면옥 4개
   ⑧ 유리제대추구슬 3개
   ⑨ 유리제상감다면옥 1개
   ⑩ 유리재상감대추구슬 2개
   ⑪ 호박제대추구슬 8개
   ⑫ 유리제대롱구슬 5개
   ⑬ 금제활룡형속빈구슬 28개
   ⑭ 금제속빈구슬 18개

바. 허리띠꾸미개 · 띠드리개
1. 금제허리띠꾸미개 · 띠드리개(널 내부)
   ① 허리띠꾸미개 1벌
      · 띠꾸미개 28장
      · 띠고리 1개
      · 띠끝꾸미개 1개
      · 금제달개 175개
   ② 띠드리개
      · 소형 12개
      · 대형 1개
2. 은제허리띠꾸미개 · 띠드리개(수장부)
   ① 허리띠꾸미개 4벌
      · 소형 12개
      · 대형 1개
   ② 띠드리개
      · 타원형연결드리개 4개
      · 숫돌형드리개 1개
3. 금동제허리띠꾸미개 · 띠드리개(수장부)
   ① 띠끝꾸미개 1개
   ② 타원형연결드리개 파편 다수

사. 금동제투조장식신발(수장부)

B. 무기 · 이기류

1. 철도류
   ① 둥근고리자루큰칼 6개
   ② 철제단도 파편 다수
   ③ 금도금도 1개
   ④ 금동단도 1개분
   ⑤ 은도금단도 1개분
2. 철제창 3개
3. 철제삼지창 5개
4. 끌모양철촉 38개
5. 철제도끼 7개
6. 철제낫 4개
7. 철제못 2개
8. 철제집게 1개
9. 살포모양철기 2개
10. 덩이쇠 20개
11. 양날개모양철기 7개
12. 꺽쇠 파편 다수
13. 쇠거울 1개
14. 철제발판 1개
15. 고리모양철기
   ① 방형
   ② 원형
16. 철봉
   ① 원형
   ② 방주형
17. 가락바퀴모양채색석기

C. 마구류

1. 목심금동투조안장가리개 파편 다수
2. 청동말방울
   ① 소형
   ② 대형
3. 재갈
   ① 금동제경판재갈 2개분
   ② 금동도금투조경판재갈 2개분
   ③ 철제재갈 3개분
4. 발걸이
   ① 목심금동도금발걸이 1개분
   ② 목심철제발걸이 1개분
5. 금동제편원어미형말띠드리개 22개분

6. 금동제작은고리말띠드리
   개 2개
7. 금동제말띠꾸미개 583개
8. 띠고리
   ① 금동제띠고리 8개
   ② 철제띠고리 6개
9. 금동제이형투조장식마구 1
   개
10. 금동제투조판구 3개
11. 금동제혁대꾸미개 파편
    다수

D. 용기류

가. 금속기(수장부)
1. 금제굽다리접시 8개
2. 은제굽다리접시 8개
3. 금동제굽다리접시 4개
4. 금동제손잡이3개달린굽다
   리접시 1개
5. 금제주발 4개
6. 은제주발 4개
7. 금동제대합 1개
8. 은제소합 8개
9. 금동제소합 8개
10. 청동솥 3개
11. 청동제초두 1개
12. 청동제 대야 1개
13. 청동제뚜껑단지 1개

14. 청동제다리미 3개
15. 쇠솥 3개
16. 금동장식조개국자 2개분
17. 타출무늬은잔 1개

나. 유리제품(수장부)
1. 유리잔 4개
2. 유리굽다리잔 1개

다. 자기류 · 토기류
1. 덧널 상부
   ① 굽다리접시 1개
   ② 뚜껑접시 2개
   ③ 짧은목단지 1개
   ④ 긴목단지 7개
   ⑤ 쌍귀단지 2개
   ⑥ 굽다리단지 3개
   ⑦ 작은단지 1개
2. 덧널 내부
   ① 작은병자기 1개
   ② 굽다리접시 22개
   ③ 뚜껑접시 22개
   ④ 긴목단지 3개
   ⑤ 작은단지 1개
   ⑥ 기반과 굽다리접시 2세
      트
      · 기반 2개
      · 굽다리접시 14개
   ⑦ 적색연질토기 10개
   ⑧ 쇠솥뚜껑토기 3개

라. 나무칠기(덧널 내부)
1. 칠기잔 등 30여 개분

E. 기타

1. 수정원석 1개
2. 나무빗 4개
3. 운모 다수
4. 금동제속빈구슬 3개
5. 은제속빈구슬 2개
6. 금동파편 다수

F. 봉토출토유물

가. 마구류
1. 금동제편원어미형말띠드
   리개 5개
2. 금동제말띠드리개(대형)
   105개

나. 철기류
1. 쇠도끼 2개
2. 철제단도 2개

다. 토기 · 자기
1. 굽다리접시 2개
2. 뚜껑달린합 · 단지 등 50여
   개
3. 백자단지 등 자기류 9개
4. 기타
   ① 가락바퀴형석기 4개
   ② 금동장식판 파편 다수

표 11 황남동 98호분 출토유물 수량 일람

종류별	단 위						합계
	벌	쌍	개	장	세트	컬레	
장신구	10	33	34,414여	137		1	34,595여
무기이기			131				131
마구류			648				648
용기류			189여		2		191여
기타			10				10
봉토출토유물			179여				179여
합계	10	33	35,571여	137	2	1	35,754여

(주) 1. 위의 벌쌍개 단위의 수량은 복원 가능한 것도 포함하였다.
    2. 칠기류는 출토 당시의 수량으로 실물은 거의 남아 있지 않다.
    3. 봉토출토유물에서는 피장자와 관련되는 것만 산정하고 후대의 것은 제외시켰다.

비잔틴(동로마제국) 양식의 보석상감금팔찌

그리스·로마시대 이래의 보석상감기법인 박스세팅법을 사용한 보석상감금팔찌그림 178가 출토되었다. 지름 7㎝, 너비 2.1㎝이다.

금판 두 장을 겹쳐 양 끝을 금줄로 감고 금판을 접어 금줄을 싸서 둥근 고리모양의 매끄러운 테두리를 만드는 것이 비잔틴주얼리의 상투적 기법이었다.그림 179

보석상감금팔찌는 전체를 열 칸으로 나눈 뒤 각 칸에 누금세공기법으로 누금과 가는 선으로 구획을 만들어 공작석, 마노, 라피즈라즐리 등의 원형, 마름모, 반원형, 아몬드형 보석을 박스세팅법으로 고정시키고 그 주위를 누금으로 땜질했다. 이런 보석의 박스세팅법은 비잔틴 보석기법의 가장 대표적인 것으로 왕과 왕비의 보관을 비롯해 팔찌와 반지 등에도 널리 사용되었다. 이 기법은 흑해 연안에서 도나우 강 유역과 중부 유럽까지 전파되면서 유럽 보석디자인기법의 기본이 되었다. 고대 중국을 비롯한 동양에는 별로 유례가 없는 기법이다. 지름 7㎝ 정도되는 팔찌는 동양 여성에게는 약간 크지만 특별히 크게 만들어진 것이 아니어서 동양 여성도 충분하게 쓸 수 있는 크기이다. 이러한 배려가 충분히 돋보이는 맞춤 제작의 팔찌이다.

이 팔찌처럼 9개와 5개의 보석상감을 기하학적으로 조합한 좌우 대칭의 디자인은 전형적인 비잔틴주얼리 형식으로 현존하는 비잔틴주얼리그림 179와 비잔틴모자이크 벽화 등에서 다수 확인된다. 이 팔찌가 비잔틴 세계에서 전래되었음은 명백하다.

또한 제7장 켈트 황금검의 수수께끼에서 상술하겠지만 경주 미추왕릉지구 계림로 제14호분 출토의 황금보검그림 212·213·218에 사용되고 있는 누금세공과 박스세팅기법은 북분의 보석상감팔찌와 많은 공통점이 인정된다. 두 유물의 원류가 동일문화권에 있음을 보여주고 있다.

그림 178 보석상감금팔찌. 너비 2.1cm, 지름 7cm. 황남동 98호분 북분 출토. 4세기 후반~5세기. 국립경
주박물관 소장. 이 금팔찌에서 확인되는 박스세팅법은 그리스·로마시대 이래의 기법으로 비잔틴
보석장식의 전통적 기법을 나타내고 있다.

그림 179 샤를마뉴대제 펜던트. 중앙의 사파이어 3.2×2.7cm. 814년. 랑스타워궁전교회 소장. 보석을 기
하학적으로 조합한 좌우대칭의 디자인은 비잔틴보석가공의 전형적인 형식이다. 북분 출토 팔찌가
같은 디자인인 점은 비잔틴세계로부터의 전래품임을 명백하게 말해주고 있다.

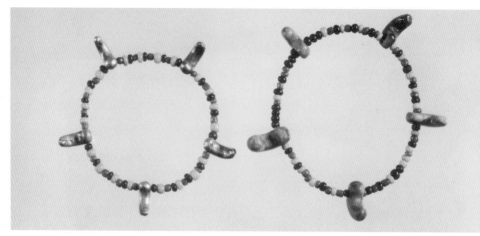

그림 180 다른 색 유리구슬과 곱은옥의 팔찌 1쌍. 길이 16cm. 황남동 98호분 북분 출토. 4세기 후반~5
세기. 국립경주박물관 소장. 주인공 왕비의 양쪽 팔에 1점씩 채워져 있었다.

그림 181 두 종류의 금반지. 지름 1.8cm. 황남동 98호분 북분 출토. 4세기 후반~5세기. 국립경주박물
관 소장. 북분 왕비릉에서는 격자문 금반지 6개, 앞면을 마름모형으로 타출한 심플한 형태의 반지
14개가 출토되었다. 북분 왕비릉에서 보이듯이 양손 손가락에 많은 반지를 끼는 것은 로마세계에
서 유행하던 습속이었다. 오른쪽 형식의 반지는 천마총에서 출토된 금반지와 비슷한 것으로 거의
같은 시대 같은 공방에서 만들어졌던 것으로 생각된다.

그림 182 금반지 10개. 지름 2.2~2.6cm. 천마총 출토. 5~6세기 국립경주박물관 소장. 천마총에서는 정
면 마름모꼴의 심플한 금반지 10개가 출토되었다. 이들에는 그리스·로마의 반지 형식이 그대로
채용되었다.(그림 108)

금팔찌와 금반지

앞에서 말한 보석상감금팔찌 외에 10점의 민무늬팔찌가 출토되었다. 그 밖에도 착용 흔적이 있는 은팔찌도 출토되었으나 모두 풍화되어 주인공의 팔에 몇 개가 채워져 있었는지는 잘 알 수 없다. 그 외에 다른 색의 유리구슬과 곱은옥으로 만들어진 팔찌가 양쪽 팔에 1개씩 채워져 있었다.그림 180

출토된 금반지는 격자무늬를 타출한 평평한 반지가 6개, 앞면이 약간 넓은 마름모형으로 타출된 민무늬반지가 14개로 모두 20개가 출토되었다.그림 181

이들 중에 왕비의 왼손에는 민무늬반지 3개와 격자무늬반지 2개로 모두 5개가 끼워져 있었다. 나머지는 따로 출토되었다.

앞에서 서술했듯이 보통 로마에서는 가운데 손가락에 반지를 끼지 않지만 북분의 경우에 어떻게 끼워져 있었는지 보고서의 기술이 없어 알 수가 없다. 그러나 양손의 손가락에 많은 반지를 끼는 풍습이 로마세계에서 유행하고 있었던 만큼, 이런 반지의 사용법에 로마문화의 영향이 있었던 것이 틀림없다. 팔찌를 많이 착용한 것도 마찬가지였다.

초대형 가슴장식 오른쪽 날개에 배치된 상감구슬의 수수께끼

북분 출토품 중에서 가장 화려하고 장엄한 장신구는 초대형 가슴장식이었다그림 183 · 184. 6천여 개의 유리구슬과 100여 개의 속빈금구슬(이들에는 6개의 금제 달개가 붙어 있다), 곱은옥 100여 개, 상감구슬 13개, 모난 기둥형 금구(금제 연결금구) 18개(여기에도 많은 달개가 달려 있다) 등으로 이루어진 거대한 가슴장식이다. 목걸이라기보다는 가슴장식으로 불러야 할 물건이다.(천마총 목걸이와 비교에 대해서는 그림 109 · 110 참조)

이 가슴장식을 구성하고 있는 여러 종류의 구슬류에는 각각 독자

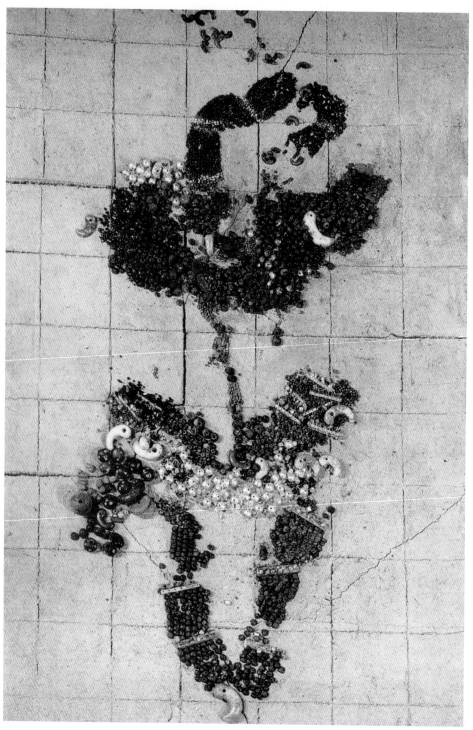

그림 183 대형 가슴장식. 길이 90㎝. 황남동 98호분 북분 출토. 4세기 후반~5세기. 국립경주박물관 소장. 북분 왕비릉의 출토품 중에서 가장 화려하고 장엄한 대형 장신구이다. 천마총과 남분의 목걸이(그림 109 · 110 · 148)보다 엄청나게 큰 가슴장식으로 왼쪽 아래에는 특별하게 다루어졌을 것으로 생각되는 상감구슬이 집중적으로 배치되어 있다.(그림 184 참조)

그림 184 가슴장식의 상감구슬류(그림 183). 그림 183 왼쪽 아래 부분의 확대사진. 10개의 짙은 감색 바탕에 작은 노란 구슬을 박은 듯한 상감구슬은 신라고분과 일본고분의 일부에서 밖에 출토되지 않는다. 드물게도 그 오른쪽에는 노란 반점무늬의 곱은옥이 있고, 그 아래에 수입품으로 생각되는 녹색바탕에 노란의 세로줄 또는 가로줄 무늬가 있는 상감구슬 3개, 호박제 원판구슬과 둥근구슬, 마노제 대롱구슬이 보인다. 3개의 가로줄무늬 상감구슬 중에 가운데 것은 아주 예가 드물다.

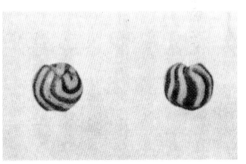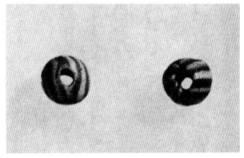

그림 185 녹색바탕에 노란 세로줄무늬가 있는 상감구슬 2점. (좌) 높이 7.5mm. 지름 8.2mm. (우) 높이 7.5 mm. 지름 8mm. 나라현 가시와라시 니이자와센즈카 126호분 출토. 국립도쿄박물관 소장. 북분 출토 품과 같은 종류의 상감구슬로 저 멀리 서방의 로마세계에서 신라로 전래된 뒤에 줄무늬 상감구슬 중 2개는 2점의 로만글라스(그림 193・194)와 함께 니이자와센즈카 126호분의 주인공에게 나누어 주었던 것으로 생각된다.

적인 특색이 있지만 그 중에서도 필자는 가슴장식 오른쪽에만 박혀있는 상감구슬에 눈길이 간다그림 184. 이 상감구슬에는 성격이 다른 두 종류의 구슬이 있다. 짙은 감색 바탕에 작은 노란 구슬을 박은 듯한 상감구슬 10개와 녹색바탕에 노란 세로줄 또는 가로줄의 무늬가 있는 상감구슬 3개이다. 전자는 신라와 일본고분의 일부에서만 출토되는 상감구슬이다. 서아시아와 로마 세계에서는 감색 바탕에 노란 유리의 반점무늬를 녹여 붙여서 장식했기 때문에 노란 상감무늬에 작은 구멍이 뚫려 있지 않지만, 북분의 상감구슬은 작은 구멍을 뚫은 노란색 구슬을 녹여서 박았다. 그렇기 때문에 박힌 구슬의 강도에 따라 박힌 구슬의 노란색이 조금 부풀어 올랐거나 반대로 박힌 구슬 주위의 짙은 감색 바탕 표면에 패인 부분이 생겼다.

이런 제작방법에서 보면 상감구슬 중에는 원래 로마세계에서 들어왔던 감색 바탕의 노란 반점무늬 상감구슬이 있고, 이것을 모델로 해서 가지고 있던 짙은 감색 구슬과 노란 작은 구슬을 불로 부드럽게 하면서 무리하게 녹여 붙였던 상황을 알 수 있다. 이것들은 신라에서 독자적으로 만들어낸 상감구슬이었다.

한편 녹색 바탕에 노란 세로 또는 가로 줄 무늬가 있는 상감구슬은 이집트 알렉산드리아 주변의 유적을 중심으로 지중해 동안에서 흑해 연안에 걸치는 로마유적과 남러시아유적에서 출토되고 있다.그림 186

기술적으로 보면 세로줄무늬 곧 구멍의 입구에 대해 평행으로 줄무늬를 부치는 것은 특별한 기교가 필요하고 다종다양한 무늬가 존재하는 로마시대의 상감구슬 중에서도 극히 적은 수만 존재하는 특수한 상감구슬이다. 북분 출토의 3개의 줄무늬상감구슬 중에 중앙에 있는 1개는 그렇게 소수만 존재하는 상감구슬이다.

또한 녹색바탕에 세로줄무늬 상감구슬은 나라현奈良県 가시와라시橿原市 니이자와센즈카新沢千塚 126호분에서도 2개가 출토되어 이 고

신라가 꽃피운 로마문화

그림 186 줄무늬상감구슬. 전 알렉산드리아 주변 출토. 일본 개인 소장. 녹색 바탕에 노란색 세로줄무
늬 또는 가로줄무늬가 있는 줄무늬상감구슬은 이집트 알렉산드리아 주변을 비롯한 각지의 유적에
서 출토되지만 북분 출토품에 보이는 가로줄무늬 상감구슬(그림 184 3개 중에 중앙에 있는 것)은
그 제작에 특별한 기술이 요구되기 때문에 극히 소수만 남아있는 유물이다.

분과의 강한 연관성을 보여준다그림 185. 마찬가지로 니이자와센즈카
126호분에서는 2점의 로만글라스가 동반 출토되었다그림 193 · 194. 아
마도 북분 출토의 줄무늬상감구슬은 니이자와센즈카 126호분의 줄무
늬상감구슬과 같이 남러시아와 흑해연안 또는 지중해연안에서 스텝
루트를 통해 전래되었던 것으로 생각된다. 신라로 전래된 것 중 2개를
2점의 로만글라스와 함께 니이자와센즈카 126호분의 주인공에게 나
눠 주었던 것으로 생각된다. 북분의 왕비와 니이자와센즈카 126호분
의 주인공은 특별한 관계였을 것으로 추측된다. 또한 북분에서 출토
된 3선의 줄무늬상감구슬 주위에는 수입품으로 생각되는 호박제 원반
구슬과 둥근구슬, 마노제 대롱옥 등에 섞여 매우 드문 노란 반점무늬
곱은옥이 배치되어 있었다.

　　이처럼 가슴장식의 오른쪽 부분은 특별히 소중하게 다루었던 구
슬류가 배치된 것으로 추정된다. 이 부분에 주인공이 특별한 애착을
가지고 있었던 로마세계에서 전래된 구슬과 신라에서 제작된 상감구

슬류가 집중적으로 배치되어 장례과정에서의 특별한 의미를 추정할 수 있을 것으로 생각된다.

로만글라스의 커트글라스바리(커트유리완碗)와 줄무늬잔

북분에서 출토된 5개의 유리그릇은 모두 분명한 특징이 있는 것으로 다양한 변화를 보이고 있다.

① 구슬모양커트와 가로띠모양커트가 조합된 담황록색 투명 커트글라스바리(후기 로만글라스)그림 187. 높이 6.6㎝ 입지름 9.4㎝. 시리아 북부지방(고대시리아)에서 제작

② 담황색 투명 바탕에 차갈색 줄무늬를 전면에 녹여 부쳐 아름다운 줄무늬를 만든 굽다리잔그림 191 높이 7.2㎝ 입지름 10.7㎝ 시리아 북부지방 제작

③ 남색바탕 민무늬 둥근바닥 잔그림 192 높이 7.7㎝ 입지름 9.5㎝ 신라제작?

④ 남색 민무늬 잔(미 복원) 높이 입지름 불명

⑤ 담록색 잔(미 복원) 높이 입지름 불명

① 커트글라스바리는 그릇모양과 크기가 도다이지 쇼소인 소장품, 안한安閑천황릉 출토 백색유리완白琉璃碗(커트글라스바리)과 비슷해 사산조페르시아의 커트글라스바리로 보기 쉽지만, 실은 후기 로만글라스 커트글라스의 한 유형으로서 사산조페르시아의 거북등무늬 커트 디자인과는 전혀 다른 디자인의 작품이다.

오늘날 사산조의 백색유리완은 수백 점이 남아있으나 그릇 전면을 원형의 구슬커트무늬로 뒤덮어 아주 균일한 원무늬 또는 거북등무늬가 기하학적으로 배치되기 때문에 예외적인 디자인이 전혀 없다는 특징을 보인다. 반면에 로만글라스에는 천차만별의 커트 디자인이 있

그림 187 구슬모양커트와 가로띠모양커트가 조합된 담황록색 투명 커트글라스바리(후기 로만글라스).
높이 6.6㎝ 입지름 9.4㎝ 황남동 98호분 북분 출토 4세기 말~5세기 시리아 북부지방 제작. 국립
중앙박물관 소장. 북분에서 출토된 5점의 로만글라스는 신라는 물론 중국과 일본의 출토품과 전
혀 다른 계통의 특별한 것이었다. 이 그림의 커트글라스바리는 두꺼운 그릇과 커트의 패턴 등에
서 로만글라스의 원산지에서 제작된 것으로 생각되는데 입술 부분이 미완성이었던 것은 무슨 까
닭이었을까?

어 소규모의 공방에서 만들어지던 로만글라스의 제작상황을 아주 잘
나타내고 있다그림 188. 모두 4~5세기 지중해 동안의 시리아 지방 북부
(안티오키아, 아렙포 등)에서 만들어진 작품으로 추정되고 있다.

예를 들어 독일 엘빈 오페렌더 고대 글라스 컬렉션에 들어 있는
것(높이 6.8㎝ 입지름 9.8㎝)그림 189, 베를린국립박물관 소장품그림 190과 거
의 동일한 디자인이며 수제품인 점을 고려한다면 양자의 크기도 거의
같았을 것이다. 같은 시대 같은 지역의 유리공인이 만들었던 것으로
생각된다. 양자는 지중해 동안지역 출토품으로 전해지는데 북분 출토
커트글라스바리와 디자인이 거의 비슷하기 때문에 커트글라스바리의
원류를 생각하는 데 중요한 참고자료가 된다. 다만 북분 출토 커트글
라스 바리의 제작지 등에 대해서는 뒤에 다시 논하겠다.

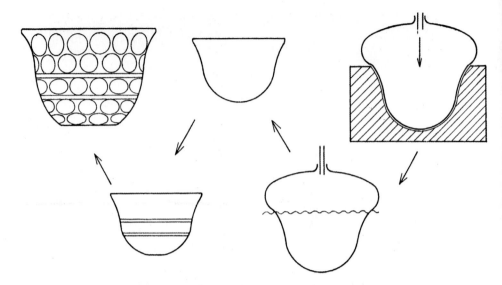

그림 188 후기 로만글라스의 구슬모양커트와 가로띠모양커트가 조합된 담황록색 투명 커트글라스 바리의 제작순서. 황남동 98호분 북분 출토 예 참조(그림 187·188·189). 위의 그림과 같은 순서로 제작되는 커트글라스바리는 후기 로만글라스의 전형이 되었다. 기하학적으로 정연해 예외가 없는 사산조페르시아의 커트무늬와 다르게 소규모의 개인공방에서 제작된 천차만별의 커트디자인이 특징적이다. 북분의 커트글라스바리〈그림 187〉와 같은 유형〈그림 189·190〉에 보이는 것처럼 두꺼운 그릇에 구슬모양커트와 가로띠모양커트를 만드는 특징 있는 디자인은 지중해 동안의 안티오키아, 아렙포 등 시리아(고대시리아)지방 북부의 고유한 제품으로 정의되고 있다.

② 차갈색 줄무늬 굽다리잔에 대해서는 『경주황남동 98호분 발굴약보고』(1975)에는 다음과 같이 보고되었다.

유리제 굽다리잔 1개. S자 모양 곡선을 가진 낮은 잔에 굽다리를 부친 것으로 입술은 수평에 가까울 정도로 바깥으로 접어졌고 잔 하부가 둥글고 크게 부풀었다. 투명한 기벽 내부에 갈색으로 소용돌이무늬를 그린 것으로 고신라고분에서 처음 출토된 유물로 페르시아 또는 서역 계통의 제품으로 생각된다.

그러나 이처럼 투명한 바탕에 다른 색 유리로 줄무늬를 넣는 디자인은 1세기 무렵의 로만글라스에 기원이 있는 것으로 서역이나 페르시아에서 이런 유리가 제작된 적은 없다. 또 유리그릇에 굽의 아랫부분을 안쪽으로 말아 다리 부분을 보강하기 위해 고리모양의 테두리

신라가 꽃피운 로마문화

그림 189 구슬모양커트와 가로띠모양커트가 조합된 커트글라스바리. 높이 6.8cm, 입지름 9.8cm. 전 지중해 동안 출토. 독일의 엘빈 오페렌더 고대 글라스 컬렉션. 컬렉션전람회 카탈로그에는 2세기 무렵으로 되어 있지만, 거의 동일한 베를린국립박물관 소장의 커트글라스바리〈그림 190〉와 함께 4~5세기에 지중해 동안 지방의 유리장인이 만든 것으로 생각된다. 이 두 유물은 북분 커트글라스바리의 원류를 보여주는 예이다.

그림 190 구슬모양커트와 가로띠모양커트가 조합된 커트글라스바리. 4~5세기. 전 지중해 동안 출토. 베를린국립박물관 소장.

를 만드는 것은 전형적인 로만글라스의 기법이다. 페르시안글라스 기법에는 없었다.

　이러한 줄무늬장식기법이 가장 일반적으로 사용되었던 것은 4~7세기 독일 라인강 유역 프랑크글라스의 생산지와 7~9세기 서아시아 이슬람의 산지였다. 또한 라인강 유역만큼 일반적이진 않았지만 프랑크글라스의 원류였던 지중해 동안 시리아 지방의 로만글라스 산지에서도 줄무늬글라스가 만들어지고 있었기 때문에 북분 출토의 잔은 시리아 지방 북부의 유리 산지에서 5세기 무렵에 제작된 작품으로 추정된다.

　한편 북분에서 출토된 ③~⑤의 잔 3점이 어디서 어떻게 만들어졌는지는 전혀 알 길 없는 수수께끼다. ④와 ⑤는 복원되지 않아 구체적으로 소개할 수 없지만 개략적 복원이 제시된 ③은 높이 7.7cm에 입지름 9.5cm로 둥근 바닥의 잔이다그림 192. 이 남색 민무늬 둥근바닥 잔은 기벽의 외면과 내면 모두 불기기법으로 만들 때의 특징인 매끄러운 곡면이 없을 뿐 아니라, 크고 작은 기포가 많이 들어 있는데, 큰 기포는 모두 좌우로 늘어나 있다. 그러나 바닥에는 아가리 부분의 마감처리에 필요한 펀티Punty*의 사용흔적이 있어 후기 로만글라스 기법으로 만들어졌음이 확인된다.

더구나 아가리에는 표면장력을 이용한 열처리과정으로 매끄러운 마감처리가 이루어졌다. 또한 불기기법으로 만들어졌지만 유리소재가 충분히 녹지 않아 말면서 떼냈고 바탕을 균일하게 다듬지 않았기 때문에 그릇 내외에 균등하지 않은 줄기나 요철이 생겼다. 이런 처리기법으로 보아 로만글라스의 원산지에서 제작되지 않았음을 충분히 짐작할 수 있다. 결국 신라에 이주해 온 로만글라스 공인이 경주 근처에 축조된 불완전한 용해로에서 신라에 나지 않는 코발트 원료로 색을 냈던 남색 유리 소재(카레트=단편)를 다시 녹여 불기기법으로 만들었던 유리그릇이었던 것으로 추정한다.

이와 관련된 중요 유물이 일본 나라현 가시하라시 니이자와센즈카 126호분에서 출토된 담황록색의 투명한 커트글라스바리이다그림 194. 이 고분에서는 신라고분 출토품과 같은 계통의 줄무늬상감구슬그림 185과 보석상감금반지그림 229를 비롯한 금제 장신구들이 함께 출토되었다. 또한 덧널직장분(덧널무덤)이란 묘제도 신라고분과 통하는 점이 있으며 니이자와센즈카는 지금까지 발굴된 3백 수십 기 중에 중국식(백제·고구려식 돌방무덤)은 4기밖에 되지 않는 신라계 집단의 묘역이다. 니이자센즈카 126호분도 신라에서 이주했던 이주민의 전형적인 무덤임이 분명하다.

일본의 신라 계통 고분에서 이집트 카이로 남쪽에 있는 화이윰 동

* 용해유리를 다루는 쇠막대

신라가 꽃피운 로마문화

그림 191 차갈색 줄무늬 굽다리잔. 높이 7.2cm, 입지름 10.7cm. 황남동 98호분 북분 출토. 5세기 무렵
시리아(고대시리아)지방 북부 제작. 국립중앙박물관 소장. 아직 유사 출토품이 없는 특이한 로만
글라스다. 그릇모양, 무늬, 제작기법의 특징으로 보아 북분 출토의 커트글라스바리와 같이 지중해
동안 시리아 지방 북부에서 5세기 무렵에 제작되었을 것으로 생각된다.

그림 192 남색 민무늬 둥근바닥 잔. 높이 7.7cm, 입지름 9.5cm. 황남동 98호분 북분 출토. 5세기. 국립
경주박물관 소장. 불가해한 그릇모양과 미완성의 치졸한 기법 등 수수께끼에 가득 찬 유리그릇이
다. 로만글라스의 불기기법으로 만들어진 것은 분명하지만 신라에 이주한 로만글라스 장인이 완
전치 못한 시설에서 시험적으로 제작했던 것이 아닐까 한다.

북쪽 교외의 카라니스에서 제작되었다고 생각되는 2점의 로만글라스가 출토되고 있는데그림 193·194, 담황록색의 투명한 반구형 얇은 기벽의 커트글라스바리는 커트부분과 입술부분의 마감처리는 미완성이다. 북분 출토 담황록색 투명의 커트바리①도 입술 부분이 미완성인 점에서 공통되고 있다. 로마세계에서 만들어져 전래된 것이라면 미완성의 작품이 운반되었을 가능성은 아마 없었을 것이다. 이 2점의 커트글라스바리(북분과 니이자와센즈카 출토품)가 미완성인 점, 유리그릇의 소재가 동아시아의 고대유리에서는 사용되지 않았던 소다석회유리로서 로만글라스에 일반적으로 사용되던 소재이다. 로만글라스 원산지에서 충분한 경험이 있던 유리공인이 신라의 불완전한 시설에서 로만글라스와 같은 멋진 제품을 만들려고 가지고 왔던 견본품이 아니었을까.

결국 니이자와센즈카 출토의 커트글라스바리는 로만글라스 원산지에서 당시 로마세계에서 인기를 넓혀가던 커트글라스바리 형태로 그릇 몸체를 만든 뒤 구슬모양 커트를 돌렸으나, 커트작업과 입술 부분의 마감은 미완성인 채였고, 북분 출토 커트글라스바리는 입술 부분의 마감이 미완성인 상태로 신라에 들어왔을 가능성이 크다. 신라 수입품 중 1점이 나중에 니이자와센즈카의 주인공에게 전달되었을 것이다.

특히 북분 출토의 두꺼운 커트글라스바리는 지중해 동안 출토로 알려진 동일한 형식(커트디자인과 크기가 거의 비슷하다)의 커트글라스바리가 몇 개 실재하기 때문에그림 189·190 지중해 동안의 유리생산지에서 제작되었던 것으로 생각한다. 기벽 외측에 가로로 2줄의 커트로 넣어 상하를 구분하고 3단의 구슬모양 커트를 연결한 특징적인 디자인은 지중해 동안의 안티오키아와 아렙포 등 시리아 지방 북부의 고유한 스타일로 확인되기 때문이다.

신라가 꽃피운 로마문화

그림 193 나무 · 말 · 사람무늬 감색 접시. 높이 3cm, 입지름 14.1~14.5cm. 나라현 가시와라시 니이자와
센즈카 126호분 출토. 5세기. 이집트 카라니스 산(?) 동경국립박물관 소장. 일본 니이자와센즈카
126호분에서는 이 그림과 그림 194의 후기 로만글라스 2점을 비롯해 신라고분 출토품과 흡사한
줄무늬상감구슬(그림 185)과 보석상감금반지(그림 229) 등이 출토되었다.

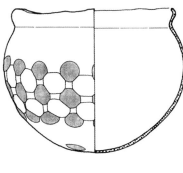

그림 194 담황록색 투명 커트글라스바리. 높이 6.7cm, 입지름 7.8cm. 나라현 가시와라시 니이자와센즈카
126호분 출토. 5세기 이집트 카라니스 산(?) 동경국립박물관 소장. 반구형 얇은 기벽의 커트글라
스바리는 커트와 입술부분의 마감이 미완성인 점에서 마찬가지로 입술 부분 마감이 미완성이었던
북분 출토의 두꺼운 기벽의 커트글라스바리처럼 로만글라스 장인이 신라에서 제작하기 위한 견본
으로 원산지부터 가지고 왔던 것으로 생각된다. 이 커트글라스바리와 장신구(그림 185 · 229) 등을
니이자와센즈카의 주인공에게 나누어 주었던 인물이 정말로 북분의 왕비였을지도 모르겠다.

그러나 입술 부분이 미완성이란 것은 완성품으로서가 아니라 신라에서 로만글라스를 제작하기 위한 견본으로 가져왔을 가능성이 크다. 이런 사실은 앞의 금제 사슬에서 확인한 바와 같이 이들을 제작하던 여러 분야 기술자들의 이주를 추정할 수 있게 한다. 이렇게 신라에서 로마문화의 수용이 단순한 상품의 수입에 국한되는 것이 아니었음을 확인할 수 있다.

북분에서 출토된 5점의 유리그릇은 다른 왕릉에서 출토된 후기 로만글라스와는 다른 계통의 유리로 신라의 로마문화가 한 걸음 더 나갔던 실상을 알 수 있게 한다.

동물무늬 은잔의 수수께끼

북분에서는 비잔틴(동로마제국) 양식의 보석상감금팔찌그림 178, 후기 로만글라스그림 187·191·192, 중국 남조 동진의 갈색 자기 두 귀 달린 단지그림 199 등 신라왕릉 중에서도 극히 이질적인 유물이 출토되었다. 타출기법으로 볼록무늬를 만든 동물무늬 은잔그림 195도 수수께끼로 가득 찬 특별 유물 중 하나로 높이 3.5㎝ 입지름 7.8㎝이다. 이 작품에 대해서는 사산조페르시아산이나 중국산 등 여러 가지 추측이 있어왔다. 아무래도 이 은잔에는 많은 정보가 들어 있는 모양이다. 따라서 그 정보를 정확하게 읽어낸다면 언제 어디서 누가 만들었는지에 대한 추측이 가능할 것이다. 구체적으로 살펴본다.

은잔 상부의 테두리에는 검끝을 세워 연속으로 늘어놓은 듯한 검끝무늬가 있다. 그 아래에는 상하 2단을 6개의 거북등무늬로 구획한 후 그 안에 타출기법으로 여러 종류의 새와 동물을 1마리씩 조각하고 각 구획의 공백 부분에는 1~2개의 초승달을 새겼다. 아래쪽에는 가로띠 무늬 아래 로제트무늬라 불리는 꽃잎 모양의 테두리가 있으며 바닥에는 6장의 꽃잎으로 둘러싸인 둥근 무늬 안에 3잎 달린 작은 가지

신라가 꽃피운 로마문화

그림 195 은제 타출기법의 거북등무늬 잔. 높이 3.5cm, 입지름 7.8cm. 황남동 98호분 북분 출토. 5세기 중반~후반. 국립중앙박물관 소장. 북분 왕비릉에서 출토된 특이한 유물 중 하나. 상반신 나체의 인물상을 비롯해 많은 정보로 가득 차 있어 하나씩 해독해 나간다면 수수께끼에 가득 찬 은잔이 남러시아의 흉노인이 제작했던 것임이 밝혀질 것이다.(그림 196~198)

를 꽃다발 모양으로 만든 뒤 그 안에 목이 긴 새 머리로 생각되는 것이 타출되어 있다.

　이러한 무늬들은 미리 밑그림을 그리거나 무늬 새길 부분을 바탕에 구분해 두거나 분할 점을 찍는 것 같은 전문 금공예사의 기법이 사용되지 않고 바탕을 직접 두드려 조각해 가는 방법으로 조단금세공이 진행되었다. 그래서 각각의 무늬가 자로 재서 만든 것 같은 정연한 통일성이 없으며, 테두리무늬 · 거북등무늬 · 동물무늬가 거침없이 자유롭게 제작되었다. 이른바 프리핸드조형으로 그다지 세련된 디자인은 아니지만 제작자의 자유로운 감성이 나타나는 따뜻한 느낌의 작품이다. 그렇기 때문에 오히려 제작자의 사회적 배경이 그대로 반영되어 있다. 일상적으로 친숙한 새와 동물들, 그리고 언제나 마음속에 있는 하늘의 초승달에 대한 마음이 은잔의 무늬로 자연스럽게 표현되어 있는 것이다. 이러한 제작법으로 만들어진 은잔이 사산조의 은그릇과 고도로 전문화된 로마세계의 금은그릇, 중국의 뛰어난 장인기술로 만들어진 은그릇 등과는 전혀 다른 상황에서 만들어졌음을 알 수 있다.

그렇다면 이 동물무늬 잔은 어디서 만들어졌던 것일까? 그 단서를 다음과 같이 들어 보기로 한다.

① 테두리에 사용된 검끝무늬와 로제트꽃잎무늬, 바닥에 새겨진 6장의 이중테두리 꽃잎무늬
② 거북등무늬
③ 동물무늬
④ 인물상
⑤ 초승달

우선 테두리무늬의 검끝무늬와 로제트꽃잎무늬(①)는 그리스·로마의 전통적인 모티브인데 유라시아대륙에 넓게 전파되어 북쪽으로는 흑해 주변에서 중앙아시아까지 퍼졌다그림 196. 또한 바닥에 새겨진 6장의 이중테두리 꽃잎무늬는 로마세계에서 중앙아시아에 걸쳐 널리 사용되던 디자인이었다.

거북등무늬(②)는 무늬의 교차점에 작은 원 무늬로 육각의 거북등무늬를 연결한 아주 특수한 디자인이다. 이렇게 원무늬가 돌려진 거북등무늬(귀갑문龜甲文)는 신라고분에서 출토되는 금은장식의 큰 칼자루와 칼자루고리장식에 많이 나타나고, 경주 식리총飾履塚 출토 투각 금동거북등동물무늬 신발장식(식리飾履)그림 197과 일본 나라현 이코마군 이카루가 후지노키고분의 투각 금동거북등동물무늬 말안장가리개 그림 198 등이 비슷하다. 특히 이런 신발장식과 말안장가리개는 연대적으로 약간의 차이는 있지만 거북등무늬 안에 동물무늬를 배치한 것은

그림 196 (상좌·상우) 타출성형 로제트꽃잎무늬 은잔. (상좌) 지름 19.5cm. B.C 5~4세기. (상우) 지름 13.5cm. B.C 4세기 초. (하) 타출성형 겹꽃무늬 은잔. 높이 5.5cm, 지름 13cm. 이상 B.C 4세기 전후 남불가리아 트라키아유적 출토. 소피아고고학박물관 소장. 북분의 은잔에 보이는 칼끝무늬와 로제트꽃잎무늬는 그리스·로마의 전통적 모티브로 그리스문화를 수용했던 트라키아를 비롯해 유라시아대륙에 넓게 전파되었다.

동일하다. 그러나 북분의 은잔에는 바지를 입고 상반신을 벗은 인물이 새겨져 있다는 것에 큰 차이가 있다.

동물무늬(③)는 신발장식에 사용된 새무늬와 유사하지만 신발장식과 말안장가리개에 보이는 상상 속의 동물무늬로서 새 몸에 귀신이나 사람 얼굴이 새겨진 가릉빈가迦陵頻伽는 북분의 은잔에서는 보이지 않는다. 또한 말안장가리개의 동물무늬는 봉황·코끼리·사자, 토끼 등으로 북분 은잔의 동물무늬와는 전혀 다른 내용을 보이고 있다. 북분 은잔의 동물무늬는 개·여우·사슴·산양·말·새·뱀 등 애착을 가지고 아주 친근한 동물들을 새겼다는 것이 특징적이다. 이 은잔을 만들었던 사람은 당연히 이런 동물들이 가까이 있는 곳에 살던 사람이었을 것이다. 이 3점의 유물 가운데 북분 은잔의 시기가 가장 이른 5세기 중~후반으로 편년되고 있어 신라 거북등동물무늬 디자인의 시작

그림 197 금동거북등동물무늬투각식리 1켤레. 길이 32cm. 경주 식리총 출토. 5세기 후반~6세기 초. 국립중앙박물관 소장. 북분의 은잔과 같이 원무늬로 연결된 거북등무늬(귀갑문)가 보이는데 이 신발 장식(식리)의 거북등무늬에는 북분의 은잔에 보이지 않는 상상 속의 동물이 섞여 있다.

신라가 꽃피운 로마문화

은 이 북분에서 비롯되었을 것으로 생각된다.

④ 은잔의 유일한 인물상으로 바지만 입고 윗도리를 벗은 인물이야말로 이 은잔의 제작지를 풀 수 있는 열쇠를 쥐고 있다. 더구나 이 인물은 동물보다 좁은 공간에 박혀 있다는 점에서 동물과 같은 노예를 표현한 것으로 생각된다. 5세기 단계에 바지를 입는 습관을 가지고 있었던 것은 기마민족이었다. 박음질 된 윗도리와 바지를 입고 있었던 흉노(훈족) 신라인, 또는 중앙아시아에서 서아시아에 걸치는 민족, 중부 유럽에서 흑해 서안지대에 분포하고 있던 켈트족 정도이다.

이들 중에서 서아시아 일원은 아나톨리아의 터키를 제외하면 사산조페르시아의 영토에 속하는 곳으로 페르시아에서는 이 은잔과는 전혀 다른 디자인과 기법으로 고도로 세련된 은그릇을 제작하고 있었기 때문에 이 은잔의 생산지로 생각하기 어렵다. 또 앞에서 서술한 바와 같이 로마인들의 제작기술과 디자인도 전혀 달랐기 때문에 로마인을 생각하기도 어렵다. 따라서 최종적 후보는 흉노인 · 신라인 · 켈트인 · 중앙아시아인 · 터키인으로 압축될 수 있다. 다만 신라에서 칼자루와 칼자루고리장식에 같은 모양의 거북등무늬가 많이 보이기는 하지만, 이런 타출기술을 사용해 만들어진 예는 보이지 않기 때문에 신라제로 보기는 어려울 것이다.

결국 제작자는 로마문화를 수용하면서 흑해 주변 지역에 토착화했던 흉노인 아니면 켈트인, 또는 중앙아시아인 아니면 아나톨리아의 터키인이 될 것이다. 다만 상반신을 드러내고 바지를 입은 인물이 노예로 그려진 것이니까 바지 입는 민족을 노예로 삼을 수 있었던 민족이 이 은잔의 제작자 또는 주문자였을 것이다.

초승달⑤에 대해서는 북분 은잔의 제작자 또는 주문자가 초승달 숭배사상을 가진 민족이었기에 거북등무늬 안에 초승달이 당연히 새겨졌을 것이다. 초승달 숭배는 중앙아시아~서아시아 민족의 고유신

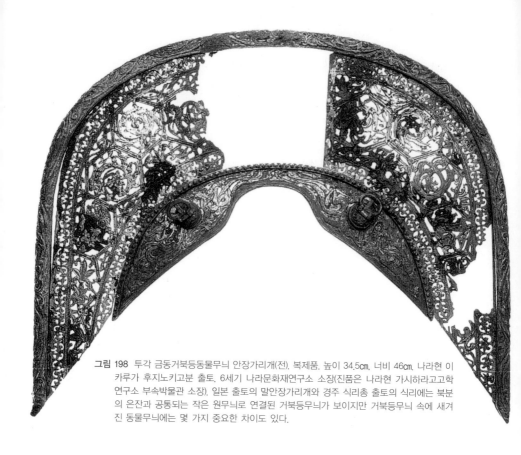

그림 198 투각 금동거북등동물무늬 안장가리개(전). 복제품. 높이 34.5cm, 너비 46cm. 나라현 이카루가 후지노키고분 출토. 6세기 나라문화재연구소 소장(진품은 나라현 가시하라고고학연구소 부속박물관 소장). 일본 출토의 말안장가리개와 경주 식리총 출토의 식리에는 북분의 은잔과 공통되는 작은 원무늬로 연결된 거북등무늬가 보이지만 거북등무늬 속에 새겨진 동물무늬에는 몇 가지 중요한 차이도 있다.

앙이었다. 결국 이 은잔 제작자의 후보로서 끝까지 남을 수 있는 민족은 흉노인, 중앙아시아인, 터키인이 될 것이다. 초승달 신앙의 전승이 확인되지 않는 켈트인은 제외시켜야 할 것이다.

여기에 이 은잔에 남아 있는 상하 테두리의 칼끝무늬와 로제트무늬가 그리스·로마적 은그릇의 전통인 점을 고려하면 로마문화를 수용한 남러시아의 흉노인이나 중앙아시아 박트리아의 후예가 아니면, 그리스·로마문화를 답습한 터키인이 이 은잔의 제작자일 가능성이 크다. 이들 중에 신라에 유입된 문물의 흐름에서 본다면 이 은잔은 남러시아 흉노인의 제작으로 추정한다. 조금彫金과 타출의 기법에서도 남러시아 출토의 금은그릇과 비슷한 제작경향이 확인되기 때문이다.

북분의 은잔보다 약간 새로운 시대인 식리총 출토의 신발장식(식

신라가 꽃피운 로마문화

리)과 후지노키고분 출토의 안장가리개에는 초승달이 없고, 중국적 디자인의 귀신(치우蚩尤)과 새 몸에 사람 얼굴을 한 가릉빈가가 등장해 분명히 중국화 된 무늬가 더해졌다. 이런 사실에서도 북분의 거북등동물무늬 잔이 비중국적 산물이었음이 다시 한 번 확인된다.

중국 남조의 자기와 칠기

중국 남조 동진(317~420년)의 양자강 하구 남쪽 항주에 가까운 덕청요德清窯에서 만들어진 갈색자기로 추정되는 두 귀 달린 단지(양이호兩耳壺) 그림 199는 높이 9㎝, 몸통지름 9.3㎝이다. 손 안에 들어 올 정도의 작은 단지로 몸 전체에 철 성분의 갈색유약을 발랐다. 어깨 부분이 둥글게 부풀어 올랐고, 소반 모양의 입이 만들어졌으며, 어깨에 귀엽고 동그란 고리의 귀를 붙였다. 덕청요 제작 단지의 전형적인 모습이다.

이런 갈색자기가 남조에서 처음 등장하는 것은 항주에서 흥녕興寧 2년(364) 명문이 새겨진 분묘로부터 반구호盤口壺 등 몇 점이 출토되면

그림 199 중국 남조 동진 갈색자기 양이호. 높이 9㎝. 입지름 5.2㎝. 몸통지름 9.3㎝. 황남동 98호분 북분 출토. 4~5세기. 국립경주박물관 소장. 북분 왕비릉 출토품 중에는 자기와 칠기(그림 200·201) 등 당시 국교를 가지고 있지 않았던 중국 남조계의 문물이 보인다. 왕 사후에 왕비가 중국의 문물에 관심을 가지기 시작했던 것이 아닐까 한다.

서부터였다. 이후 덕청요에서는 청자와 함께 갈색자기가 함께 만들어지게 된다. 이 갈색자기의 두 귀 달린 단지가 만들어졌던 동진시대에는 신라와 중국의 국교가 없었기 때문에 공식적 외교루트를 통해 전래된 것이 아님은 분명하다. 그러나 소와 말이 그려진 남조계통의 칠기 등도 출토되고 있어그림 200 · 201, 신라가 다른 방법으로 남조의 문물을 수용하고 있었음을 알 수 있다. 남분의 왕이 고구려 계통의 새날개모양 은관그림 142 · 23을 부장하고 있었던데 반해, 북분의 왕비가 고구려 계통의 문물그림 146 · 147과 함께 중국 남조 동진의 문물을 수용하고 있던 사실은 신라의 새로운 움직임이 왕비 시대에 시작되었음을 보여주는 것으로 생각할 수 있다.

완제품으로 남아 있는 칠기는 한 점도 없지만 아름다운 동물이 그려진 파편들에서 상당히 독특한 칠기였음을 짐작할 수 있다.『경주황남동 98호분 발굴약보고』에는 다음과 같이 보고되었다.

칠기류

출토된 칠기류는 모두 부식이 심해 그릇모양을 판단하기 어려우나 귀모양잔耳杯으로 생각되는 것이 4~5개 분량, 내부를 네 구간으로 나눈 찬합饌盒 2~3개 분량, 4~5개의 잔이 확인되는 정도이다. 아마도 부장되었던 칠기는 모두 30여 점 정도가 되었을 것으로 생각한다. 모든 칠기가 내면을 주칠로 하고 외면은 흑칠로 한 것으로 흑칠한 외면에 주칠로 각종의 무늬를 그렸다. 또한 동북쪽에서 출토된 귀모양잔 같은 그릇의 외면에는 초서로 동東이란 쓴 글자(명문銘文)가 발견되었다. 주목되는 무늬는 대개 다음과 같다.

① 상부에 소와 말이 앞뒤로 배치되어 있고 그 아래에 소 한 마리가 걸어가고 있는 그림그림 200

② 사슴으로 생각되는 동물이 서로 마주 보고 달리는 그림

③ 상부에는 2종류의 새와 짐승이 달리고 하부에는 나는 새 아래 짐승이 걸

신라가 꽃피운 로마문화

그림 200 소·말무늬칠기 파편. 황남동 98호분 북분 출토. 4세기 후반~5세기. 국립경주박물관 소장. 북분 출토의 칠기 중에 완제품으로 남은 것은 한 점도 없지만 아름다운 동물들이 그려진 파편이 있다. 생생하고 자연스런 묘사로 보아 남조 계통의 중국 칠기가 아닐까 한다.

그림 201 새무늬칠기 파편. 황남동 98호분 북분 출토. 4세기 후반~5세기. 국립경주박물관 소장. 그림 200과 같이 생생한 새와 동물 모습이 그려져 있다.

제5장 황남동 제98호분 쌍분의 충격적인 발굴

고 있는 그림그림 201

④ 날개를 펼치고 있는 봉황

⑤ 물에서 뛰어 오르는 물고기

⑥ 불꽃모양으로 표현된 산 모양을 연속적으로 배치하고 산 사이에 8개씩 방점을 넣은 구슬무늬를 그릇 바깥 면에 상중하의 3열로 배치한 것

⑦ 흑색 바탕에 주칠을 하고 검은 선으로 사선의 격자무늬에 작은 원을 그린 것

⑧ 그 밖에 꽃무늬, 풀꽃무늬(초화문草花文), 넝쿨무늬(당초문唐草文), 톱니무늬(거치문鋸齒文) 등의 무늬가 확인되었다.

①은 경쾌한 붓 터치로 선으로 소와 말의 특징이 훌륭하게 묘사되어 있다.

④는 남분 출토 칠기찬합(뚜껑이 있는 높이 약 12㎝)에 날기 위해 날개를 펼친 봉황 같은 무늬로 원래 세트로 구성된 칠기였을 것이다.

⑥은 남분 출토의 '마랑馬朗'이라 쓰인 칠기 잔그림 162의 변형일 것이다.

이처럼 왕과 왕비는 칠기에 관해서는 내면이 주칠이고 외면은 흑칠인 것, 외면 흑칠에 주칠로 무늬를 그려 넣은 같은 종류의 그릇을 공유하고 있어 왕의 매장에 그 일부를 나누어 부장했던 상황을 엿볼 수 있다. 왕의 죽음을 깊이 애석하게 여겼던 왕비의 정이 넘치는 것처럼 보인다. 60세 전후 권력의 절정기에 살해된 왕을 위해 최대급의 분묘를 조성하고자 했던 왕비의 깊은 속내가 절로 읽혀지는 듯하다.

이런 칠기에는 소와 말을 부리던 중국 남부의 정경이 그려진 것으로 생각되기 때문에 남조 계통의 칠기가 아닐까 한다. 아마도 갈색자기 두 귀 달린 단지와 함께 어떤 의도에 따라 남조에서 신라로 전래되었던 것으로 생각된다.

신라가 꽃피운 로마문화

이외에도 북분의 칠기에서는 '동東' 자가 쓰인 칠기의 출토도 주목되는데, 아울러 왕비의 널에 대해서도 살펴보고자 한다. 북분의 덧널 안에는 바깥 널과 안 널로 구성된 이중 널에 왕비가 매장되어 있었는데그림 139, 바깥 널과 안 널 모두 다른 왕릉에서는 흔히 보이지 않는 호화로운 금박의 당초무늬가 비단벌레장식으로 장엄하게 만들어졌다그림 202. 정말로 금관에 어울리는 왕비를 위한 장엄하고 화려한 매장의 준비였다. 이 화려한 금박의 이중 널만 보아도 이 왕비가 절대적 권력을 가지고 있던 인물이었음을 충분히 추측할 수 있다.

그림 202 왕비의 이중 널 중 바깥널 뚜껑에 그려진 금박넝쿨무늬의 칠. 황남동 98호분 북분 출토. 4세기 후반~5세기. 국립경주박물관 소장. 왕비의 이중 널에는 안·밖 널 모두 왕비의 권세를 과시하기라도 하듯 호화로운 금박넝쿨무늬에 비단벌레장식이 돼있다. 이 장엄하고 화려한 비단벌레장식은 남분 왕릉의 말갖춤새(그림 170·171)·허리띠장식과 서로 통하는 것이다.

5 남분과 북분 출토 유물의 차이가 의미하는 것

황남동 98호쌍분에 매장되었던 왕과 왕비의 부장품을 비교해 보면 기본적으로 남분의 왕릉에는 왕에 어울리는 권력과 무력을 상징하는 유물이 매납된 데 반해, 북분의 왕비릉에는 왕비에 어울리는 호화롭고 이국적인 장신구와 집기가 매납돼 있었다. 이러한 부장품들 중에 왕릉에서는 새날개모양 은관그림 142 · 23과 명문이 있는 방격규구조문경方格規矩鳥文鏡의 방제경倣製鏡(중국경을 본떠 만든 것으로 아마도 고구려제로 생각된다)그림 161 등 고구려 계통의 문물이 출토되는 것에 비해, 왕비릉에서는 약간의 장신구에서 고구려 출토품과 통하는 것들이 있으면서도 칠기와 자기처럼 중국 남조 계통의 집기가 출토되는 큰 차이를 보이고 있다. 무엇보다 칠기에 대해서는 양쪽 모두 공유하고 있는 것이 보이기 때문에 왕도 남조 문화의 향기를 약간이나마 음미하고 있었던 것이 분명하다.

아마도 왕 사망 후에 왕비는 중국 문물에 관심을 가지게 되었고, 비공식적이지만 중국과의 관계를 가지기 시작했던 것이 아닐까 한다. 그러한 것을 보여주는 중요 자료가 '부인대夫人帶'가 새겨진 은제 허리띠끝꾸미개(과대단금구銙帶端金具)그림 203다. 중국에서 왕비

그림 203 '부인대'가 새겨진 은제 허리띠끝꾸미개 부분. 황남동 98호분 북분 출토. 4세기 후반~5세기. 국립경주박물관 소장. 중국에서 왕비 같은 고위의 여성에게 수여되는 '부인夫人'의 칭호가 새겨져 선물했던 것으로 보여 북분의 왕비가 비공식적으로 중국과 관계를 가지기 시작했던 것을 보여주는 자료라 할 수 있다.

신라가 꽃피운 로마문화

와 같은 고위의 여성에게 수여되는 칭호인 '부인夫人'을 새겨 바쳤다는 사실이 그것을 분명히 보여준다. 왜냐하면 당시 신라인에게 한자의 지식이 전혀 없었던 것이 중국『양서梁書』권5 동이東夷 신라전新羅傳에 "문자가 없어 나무에 새겨 약속을 했다"라고 분명히 기록되었기 때문이다. 실제로 신라에서 만들어진 문물에 한자가 기입된 것이 전혀 없는 것도『양서』의 기록을 증명하고 있다. 따라서 '부인대'가 새겨진 허리띠끝꾸미개는 중국이 선물했던 것으로 추정하는 것이 마땅할 것이다.

그밖에 로마계통 문물의 금제 장신구를 비롯한 수목관樹木冠(왕은 금동관, 그림 25~28)과 왕비의 금관과 로만글라스 등은 왕과 왕비가 소유하고 있었던 부장품이었다. 다만 왕비릉의 출토품 중에 후기 로만글라스의 커트글라스바리그림 187와 줄무늬 잔그림 191의 2점은 왕릉에서 출토된 7점의 유리그릇그림 156~160과 계보를 달리하기에 다른 생산지에서 제작되었음을 알게 된다. 왕비릉에서 출토된 미완성의 커트글라스바리는 지중해 동안 시리아 지방 남부의 시든이나 테르스 등, 혹은 이집트 파이윰 동북부의 카라니스 또는 이탈리아 본토 각지의 유리생산지에서 만들어졌던 얇은 기벽의 반구형 커트글라스바리와 비교할 때, 전혀 다른 디자인 감각으로 만들어진 두꺼운 기벽의 커트글라스바리다. 카라니스에서 만들어진 것으로 생각되는 니이자와센즈카 126호분 출토품 같은 얇은 커트글라스바리그림 194의 생산지와 다른 시리아 지방 북부의 안티오키아와 아렙포 등에서 만들어진 것으로 생각된다. 줄무늬의 굽다리잔도 미완성의 두꺼운 커트글라스바리와 같은 지역에서 만들어진 것으로 추정된다. 따라서 왕비릉에서 출토된 이 2점의 유리그릇은 왕릉에서 출토된 7점의 유리그릇과 전래 경위가 달랐음을 보여주고 있다.

또한 왕비릉 출토의 남색 민무늬 둥근바닥 잔그림 192은 제작기법으로 보아 불기기법을 가진 로만글라스 장인이 신라로 이주해 신라에서 제작했던 것이 거의 확실하다(복원되지 않은 2점의 남색 민무늬 잔과 담록색 잔에 대해 자세히 알 수 없어 충분히 확인할 수는 없으나 신라제작일 가능성이 높다). 이런 사실은 신라의 로마문화수용이 물질문화뿐 아니라 인적 교류가 수반되었다는 사실을 명백하게 보여주고 있다.

그런데 남분의 주인공으로 생각되는 제18대 실성왕(재위 402~417년)의 생몰연대가 확실하지는 않지만 고구려에 인질로 갔던 기간이 10년 동안(392~401)이고, 왕의 재위연대가 15년이었으니까 35세에 인질로 갔다고 가정하면 그는 60세에 사망한 것이 된다. 장신요와 김규택의 잔존인골에 대한 조사연구를 보면 60세 전후의 남성과 16세 전후의 여성 2개체의 분량이 보고되었다.

한편 왕비는 보통 왕보다 몇 년쯤 젊었을 것으로 왕 사후에 살았던 기간이 꽤 길었을지도 모르겠다. 왕비가 남조와 비공식적인 교류를 시작했던 것은 왕이 사망한 후의 일이 아니었을까 한다. 그러나 신라와 중국의 본격적인 교류는 약 100년 후가 되는 법흥왕(재위 514~540년) 시대까지 기다리지 않으면 안 되었다. 실성왕과 왕비의 시대에 중국문화의 편린을 수용하긴 했지만 아직까지 중국과는 인연이 없던 상태였다.

제 6 장

미소 짓는 상감구슬

    4~6세기 전반 삼국시대(356~676년)의 신라고분에서는 다양한 유리구슬이 출토되는데, 많게는 한 고분에서 수천 개가 출토되기도 한다. 신라인에게 구슬은 없어서는 안 될 장식품이었던 모양이다. 이런 유리구슬 중에 색깔무늬가 있고 구멍이 뚫린 유리구슬을 상감구슬이라 부른다. 반점이 있는 구슬, 줄무늬가 있는 구슬, 돌기장식과 동심원무늬 또는 기하학무늬와 모자이크무늬 등 다종다양해 이루 헤아릴 수 없을 정도로 풍부한 변화를 보이고 있다.

    상감구슬의 역사는 오래되었다. 현존 출토품으로만 봐도 3,500년 전부터 만들어졌던 것으로 알려져 있다. 만들어진 시대와 장소는 물론 제작자에 따라 그 모양과 무늬가 자유자재로 변하면서 세상에 나타났다. 작은 유리구슬에는 제작자와 주문자의 기호가 반영돼 놀라울 정도로 정교하게 만들어진 구슬이 있는가 하면 누구나 가지고 싶어하는 최고 디자인의 상감구슬도 있었다.

    이처럼 상감구슬의 디자인에는 사람마다의 기호가 반영되기 때문에 특색이 나타나기 쉬운 특징이 있다. 따라서 그 특색을 역사 연구

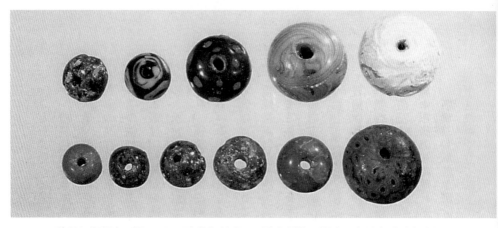

그림 204 상감구슬. 지름 1.2~2cm. 전 신라고분 출토. 이화여자대학교박물관 소장. 상감구슬이란 다양
한 색깔무늬에 구멍을 뚫은 유리구슬을 말하는데 3,500년 전부터 지중해 연안 지역을 중심으로 제
작되어 왔다(그림 186·209). 한반도에서는 신라고분에서 다수 출토되지만(그림 2·183·184·207
등) 고구려와 백제에서는 거의 출토되지 않는다.(그림 205의 2점이 유일한 예외이다) 일본에는 신
라의 상감구슬에 대한 고대의 기록이 남아 있으며 실제 출토된 예도 많다.(그림185·206)

자료로 사용할 수 있다면 그로부터 여러 가지 역사적 상황을 읽어낼
수 있을 것이다. 옛날부터 상감구슬은 가장 많은 이익을 창출할 수 있
던 무역상품으로 미개지역까지 보내졌던 상품이었기 때문에 그 행방
을 쫓아가면 지금까지 보이지 않았던 숨겨진 교역과 교류의 길이 분
명하게 보이게 된다.

　신라고분에서 출토되는 상감구슬 중에는 노란색과 황녹색 반점
이 찍힌 것, 노란 비즈 같은 구슬을 짙은 감색이나 엷은 녹색 바탕에
녹여 붙인 것, 아름다운 세로줄 무늬와 가로줄 무늬를 붙인 구슬 등이
있고그림 183·184, 이외에도 다양한 크기와 종류의 상감구슬이 출토되
고 있다.그림 204

　신라고분에서 출토되는 상감구슬은 고구려나 백제고분에서 거의
출토되지 않는다. 예외적으로 백제 무령왕릉에서 아름다운 여러 색의
나선무늬가 있는 대롱옥 모양의 상감구슬 2점이 유일하게 출토됐을
뿐이다그림 205. 무령왕(재위 501~523년)은 고구려와 격렬한 전쟁을 치르
면서도 신라와 전쟁과 화해 또는 협력관계를 되풀이했다. 그 중에서

　　　　　　　　　　　　　　　신라가 꽃피운 로마문화

그림 206 꽈배기무늬 상감구슬. (좌) 높이 0.7cm, 지름 1.1cm. (우) 높이 0.7cm, 지름 1cm. 기후현 이토누키정 후나키야마 고분 출토. 5∼6세기 무렵 이토누키초 교육위원회 소장. 신라제 상감구슬이 일본에서 출토된 예의 하나. 기후현과 시가현을 비롯한 서일본 각지의 고분에서는 신라제 상감구슬이 다수 출토되고 있다.

그림 205 다색나선줄무늬 대롱모양 상감구슬. 길이 2.4cm. 충남 공주 송산리 백제 무령왕릉 출토. 국립부여박물관 소장. 백제고분에서 출토된 유일한 상감구슬이다. 그러나 역사적 상황을 고려하면 신라의 선물이었을 가능성이 높을 것으로 생각된다.

도 무녕왕의 왕자 명농明禯은 무녕왕 사후 성왕으로 즉위했는데, 즉위 2년(524)에 신라와 국교를 맺어 우호관계를 확립했다. 이러한 상황에서 볼 때 무녕왕릉에서 출토된 상감구슬은 신라의 선물이었을 가능성이 클 것으로 생각된다.

이처럼 삼국시대 한반도의 상감구슬은 신라만 특별하게 보유했던 물건이었다. 이웃나라들이 신라의 상감구슬을 얼마나 탐냈던 가에 대해서는 일본의 『일본서기』・『고사기』・『풍토기』 등의 기록에 잘 묘사되어 있다. 물론 이 기록들이 보여주는 연대와 신화적 내용 그대로를 신용할 수는 없겠지만 전승 내용이 고대 신라와 일본의 상황을 어느 정도 반영하고 있는 것으로 보아도 문제는 없을 것이다.

수인垂仁 3년 봄 3월에 신라왕자 천일창이 귀화해 왔다. 가지고 온 물건에는 하후토羽太 구슬 1개, 아시타카足高 구슬 1개, 우카카鵜鹿鹿의 아카시赤石 구슬 1개・이즈시出石 단도 1자루・이즈시出石의 창 1자루・히노카가미日鏡 1장・쿠마熊의 히모로키神籬 1개 등 합해서 일곱 가지였다. 타지

마국但馬國에 갈무리해두었다가 언제나 신물神物로 사용했다.(『일본서기』
권6 수인 3년 3월)

이 중에 하후토구슬羽太玉, 아시타카구슬足高玉, 아카이시구슬赤石
玉의 세 종류는 신성한 보물, 곧 신보神寶가 될 정도로 귀한 구슬이었
다. 당시 일본에 없었던 진기한 구슬을 신라왕자라서 가질 수 있었음
이 암묵적으로 인정되었음을 시사하고 있다. 그런데 이런 구슬들에 부
쳐진 이름이 무엇을 의미하는지는 알 수 없지만 각각 서로 다른 구슬
의 특성을 가지고 있었음은 추측할 수 있다. 결국 각각 색깔이나 무늬
나 모양에서 독자적 특색을 가진 구슬들이었던 것으로 생각된다. 쉽
게 말해 자유자재로 만들어진 색깔무늬와 다양한 모양의 상감구슬에
부쳐졌던 이름들이었을 것으로 생각된다. 더구나 가지고 왔던 구슬들
이 각각 1개씩이었던 점에서 이러한 구슬들이 몇 개씩이나 만들어졌
던 신라제 상감구슬들이 아니라 신라왕자에게도 드물고 귀중했던 수
입 구슬들이었던 것으로 생각해야 할 것이다.

신라고분에서는 황남동98호분 북분의 설명에서 상세하게 소개한
것 같이 분명하게 신라에서 만들어 졌다고 생각되는 짙은 남색 바탕에
노란 비즈를 녹여 붙인 노란색 반점무늬가 있는 곱은옥그림 183·184 외
에도 외국에서 수입된 상감구슬들이 출토되고 있다. 로마세계에서 전
래된 상감구슬들을 북분 왕비의 대형 가슴장식 오른쪽에 모아 소중하
게 장식했던 사실에 비추어 보면 이러한 3종의 구슬이 각각 1개씩 밖
에 전래되지 못했던 이유를 충분히 이해할 수 있을 듯하다.

물론 신라에서 제작되어 일본에 많이 전래되었던 상감구슬도 있
다. 시가현滋賀県과 기후현岐阜県을 비롯해 서쪽 규슈九州까지 분포하는
고분에서도 이러한 신라제 상감구슬이 다수 보고되고 있다그림 206. 그
러나 『일본서기』수인기에 기술된 구슬들은 신라에서 제작된 구슬들

신라가 꽃피운 로마문화

이 아니었다.

또한 『히젠국풍토기肥前国風土記』에도 3종의 보물 구슬에 필적할 만한 신라왕자 천일창天日槍의 아름다운 구슬이야기가 기록되어 있다. 경행景行천황이 규슈의 구마소熊襲를 정벌하고 돌아오는 길에 히젠肥前 소노기군彼杵郡 하야키촌速来村에서 땅거미土蜘蛛를 퇴치했을 때 거기 있었던 하야키츠히메速來津姫라는 부인을 만나 아름다운 구슬이야기를 들었다 한다.

> 내 동생의 이름은 다케츠미마健津三間라 하는데 다케촌健村 마을에 삽니다. 아름다운 구슬美玉을 가지고 있는데 이름을 이소노카미石上의 신神인 이타비다마木蓮子玉라 합니다. 아껴서 보고 단단히 갈무리해서 다른 사람이 보는 것을 허락하지 않는다고 합니다. 천황이 가미시로노아타히神代値를 보내 찾게 하였더니 산을 넘어 달아나다 낙석봉우리에 떨어졌다. 드디어 쫓아가 잡아 사실여부를 추궁하니 다케츠미마는 "정말로 두 가지 색깔의 구슬이 있다. 하나는 이소노카미의 신인 이타비다마라 하고 또 하나는 시라타마白珠라 한다. 숙부驌硃(고대 중국에서 진귀한 유리상감구슬을 가리키는 말)에 비하지는 못하겠지만 바치도록 하겠다"고 하였다. 다시 말하기를 "노야나甕築라는 사람이 있는데 강변 마을에 산다. 아름다운 구슬을 가지고 있는데 아껴 보고 단단히 감추어 두어 명령에 따를 것 같지 않다"고 하였다. 가미시로노아타히를 쫓아가 잡아 물으니 노야나가 말하기를 "정말로 가지고 있다. 임금에게 바치는데 감히 애석하게 여기지는 않겠습니다"라고 하였다. 가미시로노아타히는 이 3색의 구슬을 가지고 와 임금에게 바쳤다. 이때 천황이 말하기를 "이 나라는 소나이다마具足玉의 나라라 하라"고 했다.

이 중에 이타비다마木蓮子玉라는 특별한 명칭으로 불리는 구슬은 어느 색이든지 줄무늬가 칠해져 중국어로 목련리문양木蓮理文樣(뒤틀린

무늬)이라는 상감구슬을 가리키는 것으로 오늘날 후쿠오카현福岡県, 오카야마현岡山県, 가가와현香川県, 기후현岐阜県 등에서 발굴되고 있는 그림 205 같은 구슬이었을 것으로 추측된다. 앞에서 서술한 백제 무령왕 출토의 여러 색 나선무늬가 있는 대롱옥 모양의 상감구슬그림 205과 비슷한 것일 수도 있다.

신라왕자 천일창이 가지고 온 하후토구슬羽太玉, 아시타카구슬足高玉, 아카이시구슬赤石玉도 이렇게 특별한 색깔무늬로 장식되어 유례가 별로 없는 진귀한 구슬들이었을 것이다. 경행천황이 규슈의 소노기군에서 얻었던 이타비다마 같은 3개의 아름다운 구슬도 천일창의 전래품과 같이 신라에서 전래된 구슬들이었음에 틀림없다.

서장에서도 언급했지만 이런 몇 개의 상감구슬 중에서도 세계에서 누구나 가장 아름다운 구슬로 인정하는 상감구슬이 5세기의 신라왕릉에서 1974년에 발굴되었다. 이 뉴스는 전 세계에 수백만 인은 될 것으로 생각되는 상감구슬의 팬들을 놀라고 기쁘게 했다. 여기에서 세계에서 단 하나만 존재하는 절세의 상감구슬에 초점을 맞추어 그 내용을 철저하게 조사해 거기에서 가능한 한 많은 정보를 캐내어 고대 신라에 전래되었던 상감구슬의 배경에 감춰진 수수께끼의 해명을 통해 신라문화의 계보를 밝혀가고자 한다.

1 미추왕릉지구 출토 미소 짓는 상감구슬

1973년 11월부터 이듬해 1월 말까지 영남대학교 고고학조사단은 경주 황남동에 있는 미추왕릉지구를 발굴 조사했다. 미추왕릉지구 남부를 제4지구의 A·B구역과 제6지구의 C·D구역으로 나눠 발굴했는데, 문제의 상감구슬은 제6지구 C구역(왕릉경내)의 제4호 돌무지덧널무

그림 207 '미소 짓는 상감구슬'의 왕비 초상(확대그림). 세계에서 유일하고 아름다운 상감무늬상감구슬에는 왕과 왕비의 초상, 그리고 백조 등이 세밀하게 표현되어 있다.〈그림 2〉참조. 이런 도안과 고도로 세련된 상감기술 등을 단서로 제작지를 생각해 보면 흑해 서안의 로마제국 식민도시였던 다키아 · 모에시아 · 트라키아 지방이 떠오른다.

덤에서 금제 드리개(금제 수식金製垂飾) · 굵은고리귀걸이(태환이식太環耳飾)와 함께 출토되었다. 이미 첫 장에서 소개했지만 코발트블루의 작은 유리구슬, 마노구슬, 푸른 옥(청옥)의 수정구슬, 마노제 곱은옥 등으로 구성된 목걸이 중앙에 이 상감구슬이 꿰어져 있었다. 필자가 '미소 짓는 상감구슬'로 명명한 이 상감구슬그림 3~5 · 207 · 208 · 210 · 211은 지름 1.8cm, 높이 1.6cm, 구멍크기는 상부가 0.5cm 하부가 0.4cm이다.

짙은 코발트색 바탕에 2명(4명)의 인물과 6마리의 백조, 두 송이 꽃과 가는 가지 무늬가 상감돼 있고 그 외에 백색 · 적색 · 황색 · 녹색 · 청색의 반점이 군데군데 녹아들어 있다.

인물 중 한 사람은 약간 가는 얼굴로 소박한 보관 같은 것을 쓴 푸른 눈의 흰 피부로 반짝 뜬 커다란 눈, 좌우가 연결된 눈썹, 높은 코에 약간 미소 짓는 붉은 입술, 커다란 귀를 붙인 머리에 목과 어깨를 부쳤으며 목에는 한 줄의 목걸이를 걸고 있다그림 3 · 207. 또 한 사람은 약간

그림 208 '미소 짓는 상감구슬'의 왕 초상(확대도). 왕비보다 씩씩한 얼굴로 한층 호화롭게 머리 가득히 적색과 황색의 삼면보관을 쓰고 있다. 자신과 왕비의 초상을 세계에서 유일한 상감구슬로 만들게 해 신라왕에게 선물했던 흰 피부에 푸른 눈의 왕은 도대체 어디, 어느 민족의 왕이었을까(그림 4·5)도 참조.

큰 얼굴에 약간 작은 눈과 뾰족한 코, 이어진 눈썹에 앞 사람보다 호화로운 보관寶冠을 쓰고 목걸이를 걸고 있다그림 4·5·208. 이 두 사람은 분명하게 다른 특징을 가지고 있다. 작은 장식의 보관과 머리 가득히 호화로운 보관이라는 차이가 있다. 분명히 각각 왕과 왕비의 상을 표현했던 것으로 생각된다.

이 두 사람을 왕과 왕비로 본다면 보관은 왕관이라 불러야 할 것이다. 이러한 왕관의 형식은 삼면보관으로서 전면과 좌우에 입식을 꽂은 모양이다. 머리띠 모양의 대륜 3면에 수목형을 꽂은 신라의 수목관과 공통된 형식이다.

또한 주의를 기울여 보면 이 두 사람 외에도 왕을 바라보고 오른

242

쪽에 약간 무너진 형태로 2명의 왕자 또는 종자와 같은 인물의 얼굴이 표현돼 있음을 알 수 있다그림 201·211. 따라서 이 작은 구슬 속에는 4명의 인물과 6마리의 백조, 그리고 꽃 2송이가 달린 가는 가지가 상감 장식되어 있는 것이다.

왕과 왕비의 주변을 날고 있는 새는 오렌지 색 부리와 발을 가지고 있는데 발 부분은 노랗게 착색되었다. 물갈퀴를 가진 물새임을 분명히 보여주고 있다. 이 백조에 대해「특별보고 황남동고분발굴조사개보」(『신라가야문화』6·7·8, 영남대학교신라가야문화연구소, 1975)에는 '오리鴨라고 했으나 모든 새를 백색으로 표현하였고 사람 주위를 친근하게 나는 표현을 볼 때 '백조'가 아닐까 한다. 백조라기에는 목의 길이가 조금 짧아서 언 듯 보면 흰기러기白雁처럼 보이기도 하나 상감의 색 무늬 부분을 머리·몸·날개·부리·발 등을 따로 만들어 합체하는 특수기법으로 만들어졌기 때문에 백조의 목 부분만을 길게 만들어 부치기 어려워 조금 짧은 목이 되지 않았을까 한다. 그리고 그림들 사이에는 군데군데 풀꽃무늬를 배치하여 밝고 즐거운 분위기를 연출하고 있다.

지름 1.8㎝의 작은 유리구슬 속에 이렇게 많은 그림과 무늬를 상감 장식한다는 것은 보통기술이 아니다. 상감구슬을 만드는 오랜 경험을 가지고 모든 색의 유리를 만들어 내는 비법을 가지고 있던 장소에서 특별한 목적의 주문으로 만들어졌음이 명료하게 읽혀진다.

로마세계에서는 기원 전후의 시기부터 이집트의 알렉산드리아를 중심으로 정교한 모자이크 무늬의 장식판과 상감구슬이 만들어지고 있었으며 많은 인면상감구슬도 만들어지고 있었다. 천일창이 가지고 왔다는 3종의 구슬이나 경행천황이 얻었다는 3개의 아름다운 구슬도 아마도 이런 로마세계에서 만들어지던 상감구슬은 아니었을까? 그 가운데에서도 인면상감구슬은 최고의 인기를 누리며 로마세계에서 크게 유행하고 있었다.그림 209

그러나 그러한 인면상감구슬과 '미소 짓는 상감구슬'의 얼굴 표정은 전혀 다르다. 특히 이어진 눈썹과 코, 목 부분의 표현에 기본적인 차이가 있어 알렉산드리아 계통과 차이가 있는 구슬제작자에 의해 만들어 졌음을 알 수 있다. 예를 들어 알렉산드리아의 인면상감구슬의 얼굴은 코를 사각지게 표현했고 눈은 아몬드 모양으로 통일돼 있어 신라왕릉 출토의 '미소 짓는 상감구슬'에 보이는 이어진 눈썹, 갈고리 모양의 코와 동그란 눈의 표현은 전혀 찾아볼 수 없다. 우선 갈고리 모양 코의 표현에는 회화적 표현에 뛰어난 장인의 재능이 발휘되고 있다는 점이 이 '미소 짓는 상감구슬'에서 가장 주목할 만한 부분이 될 것이다. 단순히 사람의 얼굴을 표현할 수 있는 평범한 상감구슬 공인이 보통 주문에 응해 제작했던 것이 아니었음을 이 갈고리 모

그림 209 인면상감구슬. 높이 1.1~1.5cm. 이집트 알렉산드리아 부근 출토. 1~2세기. 개인소장. 정교한 모자이크무늬를 복잡하게 조합한 인면상감구슬은 로마세계에서 기원 전후부터 이집트 알렉산드리아를 중심으로 만들어져 인기 있는 구슬로 유행했었다. 그러나 신라 출토의 '미소 짓는 상감구슬'은 분명히 얼굴표현과 상감기술 등이 이질적이어서 전혀 다른 계통에서 고도로 숙련된 특별한 기술로 만들어졌음을 알 수 있다.

신라가 꽃피운 로마문화

양의 코가 웅변하고 있다. 특별한 기술을 가진 구슬만들기의 명인에게 특별히 주문해서 정성을 들여 만들게 했기 때문에 왕과 왕비의 초상이 이렇게까지 훌륭하게 표현된 구슬이 되었던 것이다. 이 상감구슬 속에 주문자였던 왕의 특별한 의도가 명확하게 표출되었던 것으로 읽어도 좋을 것이다.

2 상감구슬에 그려진 왕과 왕비는 누구였을까?

로마시대의 유리공예는 로마제국이 광대한 영역으로 확대되어 감에 따라 유럽 각지에 전파되어 갔다. 각지에서는 지중해지역의 유리기술과 디자인을 바탕으로 토착적 요소가 가미된 유리제품을 생산하고 있었다. 이베리아반도, 영국, 프랑스, 독일에서도 각각 유리공방(가마)이 열려 토착적인 유리제품이 생산되었다. 영국에서 만들어진 유리는 앵글로색슨 유리로 불렸고, 프랑스에서 생산된 유리는 골 유리, 독일의 유리는 프랑크 유리 등으로 불려 각 지역의 특색을 나타내는 유리공예가 전개되었다. 이런 생산지들에서도 다양한 상감구슬이 만들어졌으나 지금까지 알려진 출토품을 보는 한 그다지 복잡한 기법을 사용한 것은 없으며 디자인도 극히 초보적인 것 밖에 없다. 이런 지방에서 '미소 짓는 상감구슬'을 만들었다 것은 도저히 생각할 수 없다.

역시 이 초상무늬 상감구슬은 유리공예의 오랜 전통을 배경으로 한 고도로 숙련된 기술과 창작 능력이 있는 인물이 살고 있던 곳이 아니면 이루어질 수 없는 것이었다. 이런 의미에서 이집트의 알렉산드리아, 지중해 동안의 시리아 지방(북부의 안티오키아Antiochia와 아렙포Aleppo 등, 남부의 시돈Sidon과 티루스Tyrus와 아크르Acre 등)의 유리생산지에서는 오랜 전통과 최고 기술의 축적이 있었기 때문에 이렇게 복잡하고 구체적인 무늬의 상감구슬을 만들 수 있었을 것이다. 그러나 이 지방들에서 만들어진 인면상감구슬은 그림 209와 같은 것으로 '미소 짓는 상감구슬'과는 차원이 다른 것이다.

그렇다면 이 왕과 왕비를 표현했던 상감구슬은 도대체 어디서 어떤 장인이 만들었던 것일까? 구체적으로 어디에서 누가 만들었을까의 문제를 생각하기 전에 우선 사람 얼굴의 표현에 대해 생각해 보고자 한다. 일반적으로 사람의 얼굴을 표현할 때는 오랫동안 익숙해 있던 얼굴모양이 표현하기 쉬운 법이며 그다지 익숙하지 않은 외국인의 얼굴을 그리는 것은 매우 어려운 일로 그 특색을 표현하기가 어렵다. 아무래도 얼굴 표현은 보통 익숙한 얼굴과 비슷하게 되는 경향이 있다. 결국 무의식중에 자신이 속해 있는 민족의 얼굴이 되고 마는 것이다. 이런 경향을 고려하면서 이 인물의 얼굴을 세밀하게 관찰해 보면 몇 가지 눈에 띄는 특징이 있다.

- 흰 피부의 인물(민족)이다.
- 눈이 크고 양쪽 눈썹이 맞닿아 있다(일자눈썹).
- 콧날이 높고 길며 얼굴이 길다.
- 목걸이 등의 장신구를 착용하는 습관이 있다.
- 백조白鳥가 사는 북방권의 인물이다.

이러한 특색을 종합하면 백조가 사는 약간 북방의 아리안 계통 민족으로 맞닿은 눈썹, 곧 일자눈썹의 특징을 가지고 있는 민족으로 좁힐 수 있다. 여기에 다음의 조건까지 만족시켜야 한다.

- 유리제작의 전통이 있다.
- 상감구슬에 복잡한 상감무늬를 넣을 수 있는 기술자가 활동하던 기반이

그림 210 '미소 짓는 상감구슬'(확대그림). 그림 중앙에 꽃가지와 오른쪽 아래 백조가 보인다. 또한 그림의 상단을 잘 살펴보면 형태는 약간 찌그러져 있으나 왕과 왕비 외 다른 인물 2인의 얼굴이 표현돼 있음을 알 수 있다.(그림 211 참조)

그림 211 '미소 짓는 상감구슬'의 변형된 2인의 인물도(확대도) 왕의 모습을 바라보고 오른쪽을 잘 보면 모양은 약간 찌그러졌으나 왕과 왕비와는 다른 2인의 얼굴이 표현되어 있음을 알 수 있다.(왕의 얼굴과 상하가 거의 반대방향이다.(그림 210 참조)

있는 곳이다.

- 모든 색의 유리를 만들고 있었거나 그것을 입수할 수 있는 장소이다.
- 왕 또는 그에 상응하는 통치자가 있던 지역이나 나라가 있다.

단색 유리라면 기본 기술을 마스터하면 비교적 빨리 만들 수 있다. 그러나 색과 팽창률이 어울리는 색유리를 맘먹은 대로 만드는 것은 쉽지 않다. 따라서 다른 곳에서 색유리의 소재를 입수해 그것을 자신의 공방에서 녹인 무색유리에 섞어 색유리로 다시 만들 수 있다면 기본적으로 단색유리에 색무늬를 부칠 수는 있다. 오늘날에도 상감구슬을 만드는 공인이나 작가는 다른 곳에서 색유리를 입수할 수 있는 정보를 가지고 있기만 하면 스스로 만들지 않더라도 다채로운 상감구슬을 만들 수 있다.

그렇기 때문에 알렉산드리아 등에서 색유리 소재를 입수해 상감구슬을 만들고 있던 일자눈썹의 아리안 계통 유리공인이 살던 곳이 이 상감구슬이 만들어졌던 장소가 될 것이다. 거기에 이 지역을 통치하는 흰 피부에 푸른 눈과 일자눈썹의 왕이 있었다면 그 왕이야말로 자신의 초상과 왕비 얼굴의 상감을 주문했던 사람으로 그것을 신라왕에게 선물했던 인물이 될 것이다. 로마세계 중에서 신라가 교류를 가지고 있었던 상대국이 밝혀질 것이다.

3 상감구슬의 고향

백조가 사는 지방에서 유리구슬을 만들고 있던 곳이라면 필연적으로 로마제국의 영토 또는 식민지로 지중해 북방에서 백조가 사는 지역이 상정된다. 결국 흑해 서안의 로마제국 식민지였던 불가리아의 모에시아Moesia 지방과 트라키아Thracia 지방 또는 1세기 전후 경부터 이탈리아에서 로마인이 집단적으로 이주하기 시작했던 루마니아의 다키아Dacia 지방, 그리고 로마제국의 식민도시였던 크림반도의 헤라클레아Heraclea와 돈강 하구의 타나이스Tanais 등이 후보로 떠오른다.

이 지방들 중에서 불가리아 남부의 트라키아 지방은 그리스의 식민지로 번영했던 곳이다. 후에 로마제국의 속주가 되었던 곳으로 로마문화 자체를 수용하고 있었던 사회였다. 또한 트라야누스황제(재위 98~117년)가 106년에 다키아지방을 정복한 뒤에 로마인들을 이주시켰던 루마니아의 다키아지방은 그들 스스로 자칭했던 로마냐(로마니아, 오늘날 루마니아)라는 이름이 보여주듯이 인종은 물론 언어와 문화도 로마제국 자체로 로마의 직접 통치가 행해졌던 곳이었다.

한편 크림반도의 헤라클레아와 돈강 하구의 식민도시 타나이스는 북방무역의 창구가 되었던 교역중심으로 로마세계의 문물이 모이고

지도 5　흑해 주변 로마제국의 영토(기원전 2세기 무렵). 신라 출토 '미소 짓는 상감구슬'의 제작지를 찾아가면 흑해 서안의 다키아, 모에시아, 트라키아 지방으로 좁혀진다. 같은 신라 출토 '황금보검'(그림 212 등)의 가드에 새겨진 '켈트바람개비'를 단서로 더 좁혀 가면 트라키아 지방에 정착해서 로마화 된 켈트족 왕의 모습이 떠오른다.

북방권의 모피와 호박, 가네트(석류석) 등이 집산되는 지역이었다. 신라와 중국 북부에 도읍을 정했던 북위의 유적에서 출토되는 로마 계통의 문물그림 115·241은 이러한 러시아 남쪽의 식민도시를 거쳐 동쪽으로 전해졌던 것이다. 그러나 헤라클레아와 타나이스는 무역상품의 중계지이긴 했지만 금은제품이나 유리제품을 생산하던 시설이 없었다.

　이에 비해 흑해 연안의 다키아지방은 로마인이 이주했던 곳이며 모에시아와 트라키아지방도 로마가 직접 통치했던 지역이었다. 모두 지방색이 가미된 로마문화를 가지고 있었던 것으로 보아도 좋다.

　지금 발굴되고 있는 루마니아의 콘스탄치아Constantia를 비롯해 도나우강 유역의 유적과 불가리아 흑해 연안의 바루나Varna와 브루가스 Burgas를 비롯한 다뉴브강과 마리차강 유역의 그리스·로마유적에서 출토되는 수많은 그리스 · 로마시대의 금은제품과 로만글라스는 각각 현지에서 만들어졌기 때문에 토착적 특징을 많이 가진 유물이 되었다. '미소 짓는 상감구슬'에는 보통 기술로는 만들 수 없는 복합적 기술이 사용되었고, 왕과 왕비라는 특정 인물에서 백조, 풀꽃과 동식물에 이르기까지 뛰어난 조형력으로 표현되어 특별히 고도의 기술을 가지고 있던 로마 전문장인의 제작을 짐작하게 한다.

또한 왕과 왕비의 얼굴과 모습에 일자눈썹과 삼면보관에서 나타나는 지역적 특징에서 생각해 보면, 로마인이 이주했던 흑해 서안의 다키아, 모에시아, 트라키아 지방일 가능성이 높다. 로마제국의 속주가 되었던 이 지방들에서는 지금도 다수의 로마시대 유적을 볼 수가 있다. 이 도시에는 주민들의 생활을 위해 모든 분야의 공예장인들이 로마에서 이주해 활동하고 있었다. 이중에는 유리장인과 도예공 들도 포함돼 있었는데 그들이 사용했던 가마가 속속 발굴되고 있다.

그러나 3세기 말경부터 6세기 무렵에 걸쳐 이 지방들에는 이민족인 고트족과 아발족, 랑고바르드족, 슬라브족, 켈트족, 훈족(흉노족) 등의 침입이 계속되면서 로마제국의 속주통치가 끝나고 토착화한 여러 민족이 각각 독립적인 왕을 추대해 분립된 왕국을 이루었다. 이 중에는 일자눈썹의 백인도 다수 포함되어 있었을 것이다. 현재 루마니아와 불가리아에는 일자눈썹 사람들이 많으며, 터키인, 마자르인, 로마인의 후예가 루마니아인, 불가리아인과 함께 각자의 언어를 자유롭게 사용하며 거주하고 있다. 이 왕과 왕비의 초상을 상감했던 상감구슬이 만들어진 5세기 전후 경에도 큰 차이는 없었을 것이다.

다키아, 모에시아, 트라키아 중에서 다키아지방은 풍부한 금광을 보유한 나라로서 마지막까지 로마의 통치에 속하지 않았던 다키아왕국이 번영했던 곳이었다. 로마의 속주가 된 기원후 106년 이후에는 많은 로마인의 이주가 이루어져 풍부한 금 생산으로 번영해 '다키아 휘

250

릭스(행복한 훼릭스)'로 불리던 지역이었다.

또한 트라키아지방은 수많은 그리스 식민도시의 건설에 따라 그리스문화가 수용되면서 그리스문명화 했던 곳이다. 이후 로마시대에 트라키아는 속주로서 도나우강 가까운 북부의 모에시아와 남부의 트라키아로 분리 통치되면서 전면적으로 로마문화가 침투되었다. 그러나 트라키아와 모에시아 지방에는 여러 민족이 섞여 있었다. 본래 트라키아인이 어떤 민족인가에 대해서는 아직 분명히 밝혀진 것이 없다. 더구나 4~6세기에는 다키아지방과 같이 많은 이민족이 침입하고 정착하였으며 동화되던 지역으로 여러 민족의 많은 소국들이 혼재해 있었다.

상감구슬을 만들게 했던 왕이 이렇게 로마문화를 수용했던 민족들 중에서 일자눈썹과 푸른 눈에 흰 피부를 가진 민족임은 분명하지만 어느 곳 어떤 민족의 왕이었던가를 결정하기는 쉽지 않다. 그러나 그것을 제작했던 지방이 흑해 서안에서 로마문화를 수용하고 있었던 지방이었다는 것까지 좁힐 수는 있었다. 어떻게 보더라도 흑해 서안에 있는 이 지방들 중 어느 곳에 있었던 왕국의 왕과 왕비의 초상을 상감했던 상감구슬인 것은 충분히 추측할 수 있다. 나아가 이 왕국이 신라와 밀접한 관계를 가지고 있었던 나라였던 것도 틀림 없다.

마침 같은 미추왕릉지구에서 상감구슬을 만들었던 왕국이 이 세 지역 중에 어느 지방 어느 민족의 왕국이었던 가를 특정할 수 있는 중요 유물이 발견되었다.

제 **7** 장

켈트 황금보검의 수수께끼

❘ 계림로 14호분 출토의 황금보검

수수께끼의 왕과 왕비의 초상을 상감한 '미소 짓는 상감구슬' 외에 4~6세기 전반의 신라고분에서 출토된 유물 중에 가장 중요하고 가장 놀랄만한 보물이 1973년 6월에 발견되었다. 찬란하게 빛나는 호화찬란한 보석상감의 황금보검이었다. 그림 212 · 213 · 218(우)

투공금제 장식에 빨간 가네트(석류석)를 전면에 상감하고 곳곳에 코발트블루의 유리판과 가네트를 메달로 상감한 황금보검이다. 이렇게 화려하고 아름다운 보검이 또 있을까? 이렇게 호화롭기 그지없는 보검이 어떻게 신라고분에서 출토된 것일까?

이 고분은 경주 미추왕릉지구 계림로 14호분으로 '미소 짓는 상감구슬'이 출토된 미추왕릉지구 6-C지구와 가깝다(단 발굴보고서가 간행되지 않아 정확한 출토지는 알 수 없다). 실은 계림로 14호분은 마을의 민가 아래에 묻혀 있었기 때문에 잘 알려지지 않았다. 원래 존재했었을 분구는 이미 흔적도 없이 깎여 나갔고 그 위에 민가가 세워져 있었다. 도로

그림 212 황금보검. 길이 36cm. 경주 미추왕릉지구 계림로 14호분 출토. 5~6세기. 국립경주박물관 소장. 신라고분 출토품 중 가장 호화찬란한 작품. 이 황금보검은 언제 어디에서 어떤 민족이 만들었을까? 그 무늬와 세선누금세공기법으로 보아 로마세계의 어디에선가 만들어진 것은 분명하다. 그러나 광대한 로마제국의 영토 중에서 그 지역을 좁히는 것이 가능할까? 그리고 그 제작지를 확정할 수 있다면 신라고분 출토품 모두의 원류 찾기에 도달할수 있을지도 모르겠다.

공사로 배수구를 파냈을 때 우연히 돌무지(적석積石)가 발견되어 본격적인 조사가 진행되었다. 만약에 공사가 없었더라면 이렇게 훌륭한 보검은 세상에 나오지 못했을 것이다.

계림로 14호분에서는 이외에도 두 쌍의 금귀걸이와 비취제 곱은옥 2개, 눈에 녹색유리구슬을 상감한 금제 사자얼굴의 버클=띠고리(대금구帶金具) 2벌그림 221, 그리고 말갖춤새와 철제큰칼이 출토되었다. 황금보검은 주인공 가슴 위에 놓여 있었던 것이 오른쪽 겨드랑이쪽으로 미끌어져 내린 모습으로 발견되었다. 이런 황금보검을 가지고 있었던 인물인 만큼 수많은 부장품이 매납되었을 것이다. 예를 들어 금관이 있었어도 이상하지 않았을 것이다. 그러나 발굴조사에서 그 출토를 확인하지는 못했다.

한편 이 황금보검의 디자인은 아무리 보아도 동양에서 만들어졌다고 생각하기 어렵다. 그렇다면 도대체 어디서 누가 만들었으며

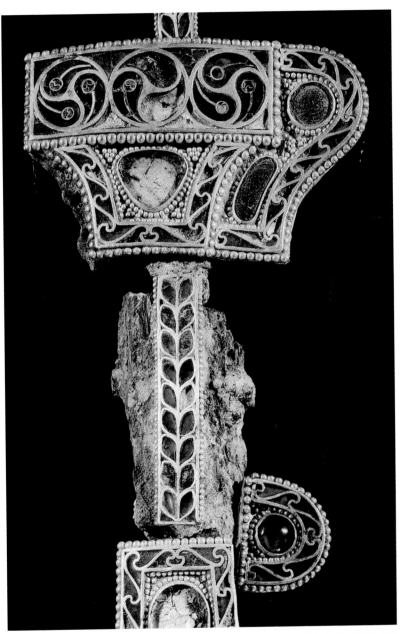

그림 213 황금보검(그림 212 부분 그림) 상부 왼쪽이 바람개비무늬(켈트바람개비)가 있는 장방형 가드로 그 아래가 역 사다리꼴의 칼집아가리이고 그 오른쪽 옆에 산 모양이며 그림의 중앙부는 목질부가 결실된 손잡이의 일부다. 오른쪽 아래에 허리에 차기 위한 반원형의 고리장식이 보인다. 단 그 위치는 발굴 당시의 복원 모습으로 후에 그림 212와 같이 조금 내린 자리로 수정되었다. 황금보검의 수수께끼를 푸는 열쇠가 가드에 새겨진 '켈트바람개비무늬'에 숨겨져 있었다. 이것을 중요 단서로 원류를 찾아 가면 흑해 서안의 로마제국 식민도시였던 트라키아 지방이 된다. 로마화한 켈트족 왕의 모습이 떠오르는 것이다.(지도 5 참조)

무엇 때문에 신라에 보내졌던 것일까? 그 수수께끼를 풀기 전에 우선 황금보검의 내용에 대해 충분히 검토해 보아야 한다.

황금보검은 전체길이 36㎝, 최대 너비 9.3㎝이다. 전체적인 형태는 그림 212를 위에서부터 보면, 반타원형의 칼자루, 목질부분은 부식되어 떨어져 나갔지만 칼자루보다 너비가 약간 좁은 손잡이, 장방형의 칼자루날밑(가드), 역 사다리꼴의 칼집아가리(초구鞘口), 산모양으로 옆에 붙어 칼을 허리에 차기 위한 고리 부분, 내려갈수록 넓어져 가는 칼집, 칼집마감의 반구형 패용장식으로 구성된 단검이다. 투공무늬로 전체를 장식하면서 표면에 가네트 등의 보석을 박아 넣고 가느다란 세선細線과 누금세공鏤金細工으로 경계선을 장식했다. 뒤쪽에는 장식이 없다. 철제의 칼몸은 의례용으로 차는 칼, 곧 패도佩刀임에 틀림없다.

이 황금보검의 커다란 특징 중 하나는 전체 모양이 보통 검과 달라 세계에서도 극히 드문 특별한 형태를 하고 있다는 점이다. 또한 표면 전체를 뒤덮고 있는 세선누금세공과 보석상감기법이 또 하나의 큰 특징이다. 각 부분의 테두리무늬로 장식된 물결모양무늬(파형문波形文) 또는 로렐laurel(월계수) 무늬는 가는 금선으로 만들어졌으며 이 무늬들을 둘러싸는 틀과 메달을 두르는 틀도 가는 금선으로 만들어졌다. 다시 가는 금선 안팎은 누금으로 장식되었고 메달 둘레의 여백도 누금으로 채워졌다. 모두 그리스·로마의 기법이다.

세선細線과 누금鏤金으로 만들어진 투공무늬 중에 진홍빛 가네트를 상감하고 메달을 두르는 틀 안에는 가네트와 코발트블루의 유리판을 상감했다. 러시아 남쪽의 훈족(흉노족), 도나우강 유역의 아바르족, 켈트족, 비잔틴의 기법이다. 신라고분을 발굴하면 거의 예외 없이 금제 세선누금세공의 장신구와 드리개가 출토되는데 모두 이 황금보검에 사용된 세선누금세공과 같은 기법으로 제작되었다.

이렇게 기법상의 특징을 확인한 뒤에 장식무늬의 디테일한 부분

신라가 꽃피운 로마문화

그림 214 은제 조개모양 작은 상자의 장식원판. 작은 상자 최대 길이 16cm. 이탈리아 남부 타란토 출토. B.C 3세기. 타란토국립고고학박물관 소장. 여신을 태운 괴수가 3줄의 물결무늬로 표현된 바다 위를 헤엄치고 있다. 이 물결무늬는 '그리스소용돌이무늬'로 불리는데 그리스 · 로마의 세선누금세공 등 테두리장식의 무늬로 자주 사용되었다. 신라의 황금보검에도 비슷한 무늬가 사용되었다.

그림 215 금귀걸이. 길이 6cm. 이탈리아 남부 타란토 출토. B.C 4세기. 타란토국립고고학박물관 소장. 이 호화로운 귀걸이의 원판 부분에도 그리스소용돌이무늬가 테두리 장식으로 사용되었다.

에 대해 각각 검토해 보기로 한다.

- 물결모양무늬(파형문波形文; 그리스 소용돌이무늬)
- 로렐무늬[로만 로렐(월계수잎무늬)]
- 바람개비무늬(파문巴文; 켈트바람개비무늬)
- 가네트(석류석, 유럽 중부와 북부)

우선 물결모양무늬에 대해서는 보통 '그리스소용돌이무늬'로 불리는 그리스 · 로마시대의 전형적인 테두리장식 무늬로 그리스에서 단

지그림 등에 사용되었던 연속번개무늬에서 비롯된 무늬이다. 이 번개
무늬가 점차 간략해져 물결모양무늬로 변화되었고 세선누금세공 등의
일반적인 테두리장식무늬로 사용돼 갔다. 그림 214 · 215

　다음으로 로렐무늬는 로마시대에 유행했던 무늬로 그리스소용돌
이무늬와 함께 테두리무늬의 기본적이고 상용적인 모티브로 금은그
릇의 테두리와 보석장식의 디자인 등에 사용되었기 때문에 '로만로렐'
이란 이름으로 친숙하게 된 무늬이다. 금은그릇, 청동기와 도자기, 가
구 외에도 다양한 공예작품에 사용되었다.

　황금보검의 중심부를 차지하는 무늬가 칼자루날밑(가드)에 사용
된 3개의 바람개비모양무늬이다. 다른 부분 모두 세선누금세공에 의
한 그리스소용돌이무늬와 로렐무늬로 통일된 것에 비해 이 부분만은
세선세공과 누금기법이 사용되지 않았을 뿐 아니라 바람개비무늬 디
자인의 윤곽선도 금판에서 잘라낸 투공세공기법이 사용된 점이 특별
히 이질적 요소로 눈에 띤다. 이 칼자루날밑 부분에 3개의 바람개비무
늬를 연결한 디자인은 특별한 제작의도가 담겨진 것으로 보인다. 보
통 바람개비무늬 안에는 다른 무늬를 넣지 않는 것이 일반적이지만 이
황금보검에는 3개의 바람개비무늬 모두에 꽃봉오리(뇌蕾) 모양의 장식
이 아주 균형감 있게 숙련된 방법으로 정리된 것을 보면 제작에 관여
했던 인물은 이 바람개비무늬 속의 꽃봉오리 모양 장식을 아주 익숙
하게 상용하고 있었던 사람이었음을 알 수 있다. 바람개비무늬 속에
꽃봉오리와 세 잎 모양, 때로는 사람이나 동물의 머리 모양을 박아 넣
는 디자인은 켈트인들이 즐겨 사용했던 무늬로 일반적으로 '켈트바람
개비'로 불리고 있다.

　켈트인은 도나우강 중류의 본거지에서부터 사방으로 확산돼 나가
그 일부는 바다를 건너 아일랜드에 정착했다. 그 켈트의 후예가 저술
한 아일랜드의 『켈즈Kells의 서書』(기원전 800년경에 만들어진 화려한 장식 사본

　　　　　　　　　　　　　신라가 꽃피운 로마문화

그림 216 아일랜드의 『켈즈(Kells)의 서書』의 부분장식대문자. 33×25cm정도. 800년 경. 더블린 트리니티컬리지도서관 소장 (구 켈즈수도원 소장). 켈트 계통의 섬세하고 호화로운 사본으로 크고 작은 각종의 바람개비무늬 안에 꽃봉오리나 세잎(삼엽) 등의 무늬가 박혀 있다. '켈트 바람개비'로 불리는 이 무늬가 신라 황금보검의 가드 부분에도 새겨져 있는 것이다.

으로 나선무늬, 동물조합무늬, 새동물무늬, 인물무늬 등과 함께 각종의 바람개비무늬가 그려져 있다)그림 216를 한 번만 본다면 켈트인의 디자인 감각을 쉽게 이해할 수 있을 것이다.

그런데 이 황금보검에 상감돼 있는 진홍빛 가네트의 생산지는 지금의 체코·폴란드·러시아 지방이었다. 한편 시대에 따라 이동했지만 켈트인이 거주했던 지역은 도나우강 유역에서 체코슬로바키아를 중심으로 중부 유럽에 분포했는데 그들 유적에서는 가네트를 상감한 버클과 보석장식이 세선누금세공의 장식품과 함께 출토되는 경우가 많다. 가네트 역시 켈트인에게 아주 친숙한 보석이었다.

이 황금보검의 장식디자인은 기본적으로 그리스·로마의 전통무늬와 세선누금세공기법으로 만들어졌지만, 검의 중요 부분을 구성하는 칼자루 가드만을 특별하게 켈트바람개비무늬로 만들고 있음을 보면 켈트인의 강한 희망이 거기에 들어 있음을 확실히 읽을 수 있다.

2 계림로 14호분 출토 황금보검과 유사한 예

계림로 14호분 출토 황금보검과 유사한 예를 살펴보면 다음과 같
다. 이에 대해서는 아나자와 와코우穴沢和光 · 우마메 준이치馬目順一「경
주계림로 14호분출토 보석상감단도를 둘러싼 제 문제」(『古文化談叢』7, 별
책, 1980)의 상세한 소개를 인용해 보기로 한다. 아나자와 · 우마메 두
사람은 러시아를 비롯한 독일 등의 고고학자들에게 이 계림로 황금보
검의 사진을 보내 의견을 물었고, 논문 말미에 많은 연구자들이 보낸
편지를 번역해 싣고 있다. 다만 편지의 내용이 서로 다른 의견으로 분
산되어 있는 만큼 여기에서는 두 사람의 조사와 연구 성과만을 인용
해 보기로 한다.

현재 계림로 황금보검과 가장 닮은 보검은 옛 소련 카자흐공화국
의 보로워에서 출토된 보석상감단검(상트페테르부르크 에르미타주미술관
소장)이다. 그림 217 · 218중앙

1928년 카자흐공화국 페트로파블로프스크 관구(현 시츄친스코프주)의 보
로워에 임업학교에서 2.1㎞, 시츄체보역에서 6.4㎞ 떨어져 있는 소나무 숲
에서 돌 깨기 작업 중에 우연히 고분이 발견되었다. 이 고분은 길이 4.5m,
너비 1.5m, 무게 4톤이나 되는 거대한 화강암에 덮여 있었는데, 거대한 바
위 아래에는 2장의 판석이 있었고, 그 아래에 이른바 스키타이 스타일의 청
동솥이 돌무더기와 함께 놓여 있었으며, 다시 그 아래에 묘광이 있어 인골
과 함께 산산조각이 된 금은의 부장품이 출토되었다. 출토품은 에르미타주
미술관 중앙아시아 고고학의 대가인 A. N. 베른시탐과 부에르나 박사, 자
셋카야 여사에 의해 연구 보고되었다.

부장품으로 단검, 화살족, 창날, 재갈, 청동띠고리, 금귀걸이, 구슬류,
청동솥, 비늘무늬를 타출한 금박편, 홍옥수(紅玉髓, carneol, carnelian)와 석
류석을 박은 금은동제의 다양하고 다채로운 장식의 금속파편들이 다수 포

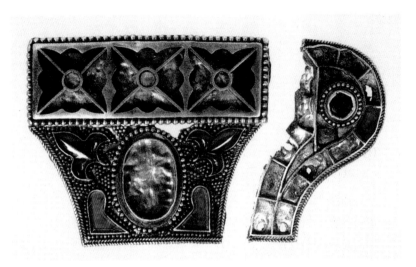

그림 217 보로워에의 보석상감단검(일부). (좌) 장방형 가드와 역 사다리꼴 칼집아가리. 길이 7.5cm, 너비 6.7cm. (우) 모서리장식. 카자흐공화국 옛 페트로파블로프스크 보로워에 출토. 5～7세기. 상트페테르부르크 에르미타주미술관 소장. 각 부분의 형태는 신라 황금보검과 비슷하지만 세부무늬가 전혀 다름을 알 수 있다.

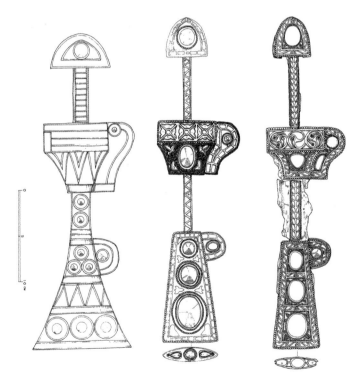

그림 218 밑으로 넓어지는 보검칼집의 유사 예. (좌) 이탈리아 카스텔로 토로지노 랑고바르트족 묘지 F묘 출토 금장식단검. 6세기 후반～7세기. (중) 카자흐공화국 보로워에 출토 보석상감단검. 5～7세기. (우) 신라 황금보검. 5～6세기. 로마세계에서 복수의 제작자가 만들어 유라시아 동서에서 유행했던 의례용 보검이었던 것으로 생각된다. 더구나 검에서 중요한 가드 부분의 디자인에는 주문자의 희망이 강하게 반영되었던 것으로 보인다.

함되어 있다. 문제의 단검은 출토 당시부터 해체되어 있었기 때문에 베른시탐은 동반 출토된 창날 장식으로 잘못 생각했으나 부에르나박사와 암브로즈는 보로워에 출토품 중에 계림로 검과 같은 P자 모양과 사다리꼴의 금속구가 있는 것을 보아 계림로 검과 같은 단검의 파편으로 단정하였다. … (중략) … 이 보로워에 검의 연대는 … (중략) … 5세기설(부에르나, 자세카야), 6세기설(마르샤크), 7세기설(암브로즈) 등 여러 설이 분분하다.

일반적으로는 5세기설이 유력하다고 한다. … (중략) … 보로워에 검과 같이 크로와조네 장식은 없지만 계림로 보검과 외형적으로 유사한 단검은 여러 자루가 알려져 있다. 그중에서도 주목할 만한 것은 스즈키 오사무鈴木治가 일찌감치 유사한 사례로 지적했던 덴리참고관天理參考館 소장의 이란 출토로 전해지는 은장단검 2자루일 것이다. 이 단검은 반원형 칼자루, 좁고 긴 칼자루, 끝이 부채꼴로 펴져 나간 칼집 등 외형적 윤곽이 닮아 있다. 그러나 덴리참고관의 단검은 계림로 검과 보로워에 검에 있는 P자 또는 D자 모양의 걸개가 없고 그 대신에 걸개 뒤쪽에 고리가 2개씩 있다. 암브로즈는 덴리참고관 검은 허리띠부터 가로로 내려뜨리는 것이 아니라 허벅지 바깥에 세로로 묶는 것처럼 차는 것이며 가로로 차는 도검보다 오래된 것으로 추정하고 있다. 이 검의 정확한 연대는 명확하지 않지만 일본 덴리참고관에서 실사했던 부에르나박사는 못 박은 형태가 사산조 풍임을 지적했다고 한다.

다음에 들어야 할 것이 이탈리아 카스텔로 토로지노에 있는 랑고바르트족 묘지 F묘에서 출토된 금장식단검이 있는데, 6세기 후반~7세기로 편년되고 있다. 이 단검의 칼자루는 둥근 맛의 U자형으로 차는 금속구는 P자형의 산 모양금속구와 D자형 금속의 조합으로 되어 있어 계림로 검과 가장 닮아 있다. 다만 이 단검의 칼집 모양은 계림로 검과 전혀 다르고 크로와조네 장식도 없다. 이 단검의 계통에 대해서는 오리엔트의 영향을 받은 비잔틴식 단검이라는 설(아베르그)과 랑고바르트족이 이탈리아에 이주하기 전에 아시아 계통의 아발르족에서 전래된 것으로 보는 견해가 있다.

그림 219 신라의 황금보검과 같은 계보에 속하는 것으로 보이는 단검. 아나자와·우마메는 신라 황금보검과 유사한 예를 제시하면서 이 그림과 같은 중앙아시아 동서투르크스탄 등의 벽화자료 등을 들었다. (12예 중에서 칼집이 아래로 넓어진 것만 발췌하였다) 이들 유사한 예와 메달상감법의 유행 등을 함께 고려해 신라의 황금보검이 6세기 후반에 이란 또는 중앙아시아에서 제작되었을 것으로 추정하고 있지만…

　　아나자와·우마메의 논문은 계림로의 황금보검과 닮은 것으로 카자흐공화국 보로워에 출토 단검, 덴리참고관 소장 전 이란 출토 은장단검, 이탈리아 카스텔로 트로지노 랑고바르트족 묘지 F호 출토 금장단검그림 218(좌)의 세 가지를 들었다. 나아가 두 사람은 몇 가지 회화자료 등에서 계림로 황금보검의 계보에 속하는 단검을 추출하였다그림 219. 거기에는 중국 신장위구르자치구 배성현 키질천불동 제69동굴벽화에서 공양인이 찬 패도(6세기 후반)와 신장위구르자치구 고차현 쿰트라석굴사원 제19동굴벽화 무인상의 패도(7세기, 루꼬끄 설) 등의 예가 소개되었다. 이러한 출토자료와 회화자료 등을 참고로 황금보검의 제작연대를 가네트상감과 메달상감법의 유행을 고려해 6세기 후반으로 하고 그 제작지를 이란 또는 중앙아시아로 추정하였다.

그러나 그렇다면 이 계림로 황금보검에 사용된 그리스소용돌이무늬와 로만로렐무늬, 게다가 중앙아시아와 이란에서는 사용된 적이 없었던 켈트식의 바람개비무늬에 대해서는 어떻게 해석되어야 하는 것일까? 하물며 가네트는 중부 유럽에서 북부 유럽의 산물로서 산지에서 가네트를 상감한 보석장식이 전통기법에 의해 제작되었던 것에 비해 이란이나 중앙아시아에서는 가네트 상감이 일반화되어 있지 않았다.

더구나 지도 4에 보이는 것과 같이 계림로 황금보검의 유사품 중 하나인 카자흐공화국의 옛 페트로파블로프스크 관구 보로워에의 보석상감단검은 아랄 해보다 훨씬 북쪽으로 스텝루트에 가까운 지역에서 출토되었다. 마침 그곳은 시베리아철도가 바이칼호에서 모스크바에 이르는 중간점에 해당한다.

신라왕릉 금관총에서 출토된 로만글라스의 물결무늬 굽다리잔그림 232(우)과 비슷한 유형의 물결그물무늬 굽다리잔그림 240이 출토된 카자흐공화국의 사리쿠르 호반의 카라·아가치유적은 보로워에 남서쪽 아랄해 북방에 위치하고 있다. 카라·아가치에서 모스크바를 향해 서쪽으로 가면 도중에 '러시아의 어머니 또는 젖줄'로 불리는 볼가강에 도달한다. 볼가강을 따라 내려가면 운하를 이용해 흑해로 들어가는 돈강에 연결된다. 이것이 북방루트이다.

오늘날에는 지도 4에 보이는 것 같이 볼가강은 운하로 침랸스크호에 연결되는데 침랸스크호에서 흘러내린 돈강은 흑해로 흘러들어 간다. 로마시대에는 침랸스크호에서 볼가강 연안의 볼고그라드시 사이는 육로로 연결돼 있었다. 돈강을 내려가 흑해 북안에 도착하면 거기는 로마의 문물이 모여드는 항구도시 타나이스였다. 타나이스는 로마

신라가 꽃피운 로마문화

제국의 식민도시로 번영했던 무역도시였다. 말할 필요도 없으나 타나이스를 중심으로 주변지역의 유적에서는 많은 로마시대의 금은제품과 장신구, 토기와 로만글라스가 출토되고 있다. 예를 들면 V. V. 크로포토킨, 「동유럽의 로마로부터의 수입품-기원전 2세기~기원후 5세기-」(『소비에트연방고고학』 D1-27, 모스크바, 1970)에도 상세한 보고가 정리되어 있다.

이상과 같은 여정을 통해 타나이스에서 돈=볼가를 거쳐 신라왕릉에서 출토된 로만글라스와 황금보검, 비잔틴(동로마제국)양식 보석상감금팔찌그림 178 등이 동쪽으로 전해지던 루트가 확실하게 보이게 된 것은 아닐까 한다.

한편 신라의 황금보검이 로마의 디자인을 따르면서도 중요한 부분에는 켈트식 바람개비무늬를 아무렇지도 않게 숨겨놓고 있는 것에 이 보검의 원류를 밝혀 낼 열쇠가 있을 것이다. 세밀한 조사와 신중한 추론으로 정평이 있는 아나자와 · 우마메가 이 황금보검의 원산지를 중앙아시아나 이란으로 추정하고 있는 것은 나름대로 근거가 있다. 거기에는 동 투르크스탄(중국 신장위구르자치구)의 키질천불동과 쿰트라석굴사원 벽화에 그려진 인물이 이 황금보검의 최대 특색의 하나인 아래로 넓어지는 칼집의 칼을 차고 있다는 사실을 중요한 근거로 삼고 있다. 또한 약간 형식은 다르지만 역시 아래로 넓어지는 칼집의 단검을 서 투르크스탄 아프라시압(현 사마르칸트 북부의 옛 사마르칸트) 궁전의 벽화(7세기)에 그려진 인물이 차고 있는 점에 주목했기 때문이다.그림 219

그러나 이러한 석굴사원과 궁전의 벽화는 모두 6세기 후반에서 7세기의 작품으로 신라의 황금보검과는 연대적 격차가 있다. 또한 두 사람의 추론에는 생산지를 특정하기에 약간 어려운 점이 있는 것으로 생각한다. 보로워에의 보석상감단검은 언뜻 보아도 신라의 황금보검과 전혀 관련성이 없을 정도로 디자인에 차이가 있다. 보로워에 단검의 세부 디자인을 보아도 삼엽형(백합무늬)과 찌그러진 하트무늬의 칼집아가리, 장방형의 가네트를 연결해 상감한 산모양 부분, 그리고 칼자루 가드 부분에 가로 일렬로 늘어 선 3개의 방형 십자꽃무늬 등은 신라의 황금보검과 차이가 있다.그림 213·217·218(우·중앙)

그러나 양자의 제작기법은 모두 공통적인 박스세팅법에 따른 보석상감법이며 상감보석 주위를 누금으로 장식한 세선누금세공기법도 동일하다. 비잔틴의 보석상감기법이나 전면에 누금을 녹여 부치는 켈트 누금세공의 디자인과 기법이 바탕에 깔려 있다.

이런 제작기법과 제5장에서 설명한 황남동 98호분 북분 출토 보석상감의 금제 팔찌의 기법 사이에는 많은 공통점이 있어 모두 동일한 문화권에 원류가 있었음을 보여주고 있다그림 178·179. 보로워에 단검의 경우에도 칼자루 가드 부분의 방형 십자 꽃무늬는 신라의 황금보검과 같이 금판을 잘라 프레임 틀을 만들었다. 신라의 황금보검과 동일한 수법이 사용되었던 것을 우연의 일치라고 말할 수는 없을 것이다. 이 부분의 디자인이 다른 부분의 디자인과 관계없이 독자적인 디자인으로 제작되었다는 점도 신라의 황금보검과 일치하고 있다. 그러나 신라의 황금보검과 비교해 보면 보로워에 단검의 디자인과 제작기술이 훨씬 떨어지는 것임은 부정할 수 없다.

이상과 같은 점에서 아무래도 이런 종류의 단검은 제작기술과 디자인에 우열의 차이는 있지만 전체적 디자인의 발상은 동일한 시각에 서 있으며, 동일한 기법을 사용해 제작되었던 점은 이들을 연결하는 결정적인 공통점이 된다. 이러한 기법상 우열과 디자인의 특징에서 생각할 수 있는 하나의 결론은 이런 종류의 아래로 퍼지는 칼집의 의례용 단검 제작에서는 주문자의 요망이 특별히 칼자루 가드의 디자인에 강하게 반영되어 있는 것과 복수의 제작자가 동일한 생산지에 존재하고 있었던 것을 시사하고 있다. 바꿔 말해 이런 종류 의례용 단검의 생

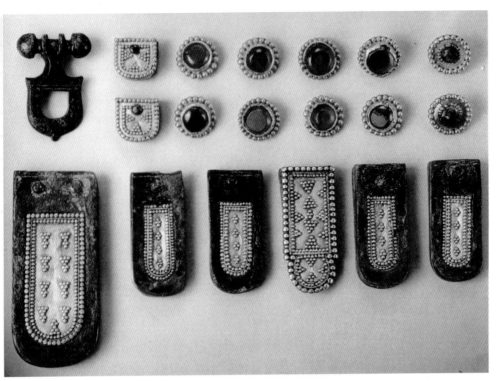

그림 220 보석상감허리띠장식(1세트 19점) (좌하)4.9×2.2cm 크림반도 헬손 주 바실리에프스카 마을 고분 출토. 7세기. 키에프 우크라이나 역사보물박물관. 이 스키타이유물에 보이는 보석상감과 세선누금세공 기법은 신라의 황금보검과 공통되는 것으로 비잔틴과 켈트의 디자인과 기법이 바탕을 이루고 있는 것으로 생각된다.

산지가 따로 존재했다는 것이 분명하다.

　　동 투르키스탄의 키질천불동과 쿰트라석굴사원벽화의 단검, 서투르키스탄의 아프라시압 궁전 벽화의 단검과 같은 변용이 나타나는 이유도 동일한 생산지에 복수의 제작자가 만들었던 단검에서 유래되었던 것으로 생각할 수 있을 것이다.

　　이러한 단검과 동일한 기법으로 제작된 보석상감의 띠꾸미개 등이 크림반도의 헬손 주 바실리에프카 마을 고분 등에서 출토되고 있다그림 220. 이 고분의 발굴자는 7세기로 추정하고 있다.

　　신라의 황금보검과 보로워에의 단검은 5세기에서 6세기에 걸쳐 유라시아의 동서에서 유행했던 일종의 의례용 검이었을 가능성이 있을 것이다. 그렇다면 그 생산지는 어디였을까? 그리고 신라의 황금보 검을 주문해서 만들게 했던 왕은 어떤 인물이었을까?

3 황금보검을 선물했던 것은 켈트의 왕이었을까?

신라의 황금보검과 보로워에의 보석상감 단검에는 칼집 가드 부 분의 디자인이 특별한 의도에서 만들어졌다는 것이 확인되었다. 그리 고 신라 황금보검의 가드에 사용된 디자인이 켈트의 바람개비라는 극 히 확실한 성격의 디자인으로 구성되어 있다는 점에서 이 황금보검 이 어떤 형태로든 켈트족 왕과 관련된 것임을 시사하고 있다. 신라 황 금보검의 가드 이외의 부분에는 그리스소용돌이무늬와 로만로렐(월계 수 잎 무늬)이 사용되어 그리스소용돌이무늬로 두른 틀 속에는 비잔틴 (동로마)식 메달상감이 박스세팅법으로 부쳐져 있다. 이로부터 이 황금 보검을 제작한 금세공사가 로마문화적 전통에 익숙한 인물이었을 것 으로 추정된다. 이 로마계통의 금세공사에게 켈트바람개비무늬를 사 용하도록 지시했던 것은 주문자였던 켈트족의 왕이었을 것으로 생각 된다.

그러나 어째서 켈트족의 왕이 최고의 의례적 영예로 생각되는 황 금보검을 경주 미추왕릉지구 계림로 14호분의 주인공, 아마도 신라 최 고의 인물이었던 것으로 생각되는 귀족에게 선사했던 것일까? 켈트 왕과 신라귀족 사이에 맺어졌던 강한 유대는 어떻게 만들어졌던 것일 까? 이 황금보검 수수의 수수께끼를 푸는 열쇠는 저 '미소 짓는 상감 구슬'그림 2 · 207과 비잔틴 양식의 보석상감금팔찌그림 178, 그리고 황금 보검과 동반 출토되었던 금사자얼굴의 허리띠 버클그림 221에 있을 것 으로 생각한다.

특히 금사자얼굴의 버클은 계림로 14호분 출토 유물 중에서 황금보검을 제외하면 유일하게 로마의 단금 · 조금기법으로 만들어진 것이기 때문에 황금보검과 함께 신라에 전해졌던 것이 거의 틀림없다. 발굴에서 2개의 버클 부분만 출토되었기 때문에 전체적 모습은 알 수가 없다. 아마도 이 버클은 황금보검을 차기 위한 벨트용으로 그 벨트에 붙어 있던 버클이었을 것으로 생각된다.

그런데 금사자얼굴의 버클 주위에 보이는 돌기장식은 그리스 · 로마의 사자얼굴장식에 보이는 특징적인 것이었다그림 222 · 223. 기원전 4세기 무렵부터 기원후 5세기에 걸쳐 그리스 · 로마세계에서는 금제 장신구와 고리모양 멈추개의 금장식으로 고리를 물고 있는 듯한 사자 이빨고리와 같은 형태로 여러 부분에 사자얼굴을 사용하는 것이 유행했는데, 가장 일반적으로 사용되었던 것이 우선 장신구 분야였다. 금사자얼굴의 버클도 로마에서 유행했던 디자인이 반영되었던 장식품의 하나였다.

신라 황금보검의 경우 가드의 켈트무늬를 제외하면 거의 모든 장식이 그리스 · 로마무늬로 통일돼 있는 점과 황금보검과 세트를 이루고 있었을 것으로 생각되는 사자얼굴버클이 로마세계에서 유행했던 디자인이란 점을 아울러 생각하면 그것을 선물한 사람은 로마문화를 전폭적으로 수용해 로마문화화 돼 있던 켈트족 왕이었을 것으로 추정된다.

종래에는 '미소 짓는 상감구슬'과 보석상감금팔찌가 별도의 고분에서 출토되었기 때문에 서로 관련이 없을 것으로 생각돼 왔다. 그러나 이 황금보검의 발견으로 인해 비로소 구체적인 연결성을 가지고 같은 지역에서 제작되어 같은 목적지의 신라에 전래되었을 가능성이 높은 것으로 생각되기 시작했다. '미소 짓는 상감구슬'은 흑해 서안 불가리아의 모에시아와 트라키아 지방, 또는 루마니아의 다키아 지방에

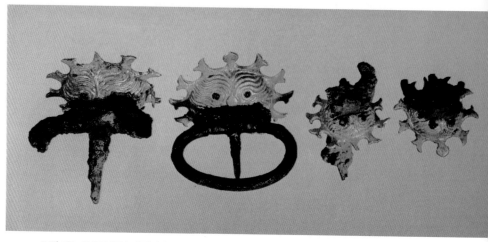

그림 221 금사자 얼굴 버클(허리띠 장식 2쌍) (좌에서 2번째)너비 4.3cm 경주 미추왕릉지구 계림로 14
호분 출토 5~6세기 국립경주박물관 소장 경주 계림로 14호분 출토품 중에서 황금보검 외에 유일
하게 로마의 단금과 조금 기법을 보여주는 것으로 본래는 황금보검과 세트를 이루고 있었을 것으
로 생각된다. 사자 얼굴 주위 돌기모양장식은 그리스 · 로마의 특징이었다.

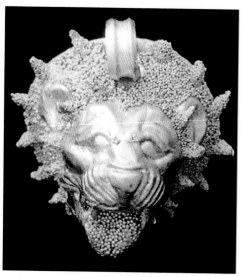

그림 222 금사자 얼굴 펜던트 이탈리아 남부 타란토 출토
B.C 3세기 타란토국립고고학박물관 소장 그림 223과 같
이 사자 얼굴 주위 돌기모양장식은 그리스 · 로마의 특징
이었다.

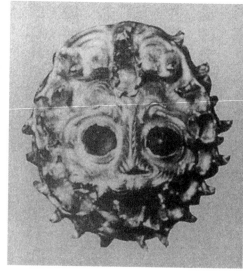

그림 223 금사자 얼굴 귀걸이 일부 지름 2.2cm 이탈리아 남부
타란토 출토 B.C 3세기 타란토국립고고학박물관 소장

신라가 꽃피운 로마문화

이주했던 로마 유리장인의 손으로 만들어졌을 가능성에 대해서는 이미 제6장에서 서술하였다.

그리고 보석상감금팔찌는 비잔틴의 전통기법과 디자인을 답습해서 만들어진 것이기 때문에 비잔틴문화권의 어디에선가 제작되었을 것이 분명하다. 그것이 제작되었을 것으로 생각되는 5세기 전후의 비잔틴세력권은 도나우강 남쪽을 경계로 하고 있었기 때문에 그 북쪽에 위치하는 다키아 지방은 포함되지 않았다. 따라서 이 팔찌가 만들어졌던 곳은 도나우강 남부지역으로 한정된다.

한편 '미소 짓는 상감구슬'의 산지는 그 기술이 전해져 있었던 도나우강 북방의 다키아지방도 포함되며 백조가 서식하고 일자눈썹의 민족이 있었던 지방이었다. 그리고 황금보검을 만들게 했던 로마화 된 켈트족의 왕이 정착하고 있던 토지는 도나우강 남부의 트라키아 지방이 가장 유력한 후보지였다. 켈트인의 본거지는 현재의 오스트리아, 체코, 슬로바키아, 헝가리 지방인 중부 유럽이었는데, 라 · 텐문화*시대의 대규모 민족이동을 통해 사방으로 퍼져 나가 일부는 이베리아반도와 이탈리아북부, 그리고 트라키아지방과 소아시아(터키)로 이주해 각각 정착하였다. 소수지만 다키아와 그 북방의 러시아 남부로 이주한 집단도 있었다고 전해진다.

이중에 그리스시대부터 로마시대에 걸쳐 트라키아에 정착해 있던 켈트인은 일찍부터 그리스 · 로마문화를 수용해 그 지역에 동화되어 있었다. 이른바 켈트정신을 가지고 있으면서 완전하게 로마화 된 켈트인이었다. 황금보검을 만들어 내는 데 가장 어울리는 인물이 바로 이 트라키아에 정착해 있었던 켈트족의 왕이었을 것으로 생각한다. 그리

---

* 라 · 텐문화(La Tène culture) 기원전 5세기~기원 1세기 무렵 유럽선사문화의 하나로 스위스 누샤텔(Neuchâtel)유적의 라텐고고유적명에서 비롯되었다. 이 문화의 담당자가 켈트인이었다.

스시대 이래 트라키아에서는 금은세공이 발달해 세선누금세공의 장신구가 고도로 발달해 있었다. 이 황금보검이 만들어지기에 어울리는 토지였음은 다시 말할 필요가 없다. 1979년 3~5월 동안 도쿄 이케부쿠로池袋의 오리엔트박물관에서 열렸던 「고대 트라키아황금전」에 출품되었던 눈부신 황금제품을 잠깐이라도 본다면 고대 트라키아의 금은세공이 얼마나 높은 수준과 전통을 가지고 있었던 가를 알 수 있다.

신라 계림로 14호분에서 출토되었던 황금보검이 순수하게 그리스·로마의 디자인으로만 제작되었다면 광대했던 로마제국의 영역에서 제작지를 특정하기는 어려웠을 것이다. 다행이도 이 보검에는 켈트바람개비무늬라는 중요한 단서가 포함돼 있었기 때문에 로마문화권 중에서 어느 정도 범위를 좁힐 수 있었다.

그런데 로마인은 켈트인을 '켈타에' 또는 '갈리아인'이라 부르면서 장신에 금발이면서 흰 피부에 푸른 눈으로 전하고 있다. 이러한 표현은 '미소 짓는 상감구슬'에 그려진 왕과 왕비에 꼭 들어맞는 기술이다. 카이사르가 남겼던 「갈리아전기」는 다름 아닌 켈트인(갈리아인)과 싸웠던 기록으로 켈트인에 대한 상세한 정보를 전하고 있다. 이에 따르면 켈트인은 지배층과 일반인이 분명하게 구분돼 있어 귀족은 노예를 가지고 있었으며 부인의 지위가 높아서 때로는 전투에 참가할 정도였던 것으로 기록하고 있다. 이런 기록은 이 상감구슬에 그려져 있는 아름다운 왕비의 표현에 잘 들어맞는 내용이다. 혹시 '미소 짓는 상감구슬'에 그려진 왕과 왕비가 트라키아에 정착해 있던 켈트족의 왕과 왕비는 아니었을까?

이런 추측이 타당하다면 '미소 짓는 상감구슬'이나 황금보검, 그리고 보석상감의 금팔찌도 모두 로마화 돼 있던 트라키아 켈트족 왕의 것으로 귀결되게 된다. 켈트인의 의상은 이얀 필립의 『켈트문명과 그 유산』(프라하, 뉴호라이즌, 1960)에 따르면 셔츠에 튜닉(상의)과 바지를 항상 입고 겨울에는 울(양모) 외투, 여름에는 얇은 망토를 입었다고 한다. 그리고 동료와 싸울 때는 벗은 상반신으로 바지만 입고 싸웠으며, 여름에 노예는 바지만 입고 일을 했다고 한다.

이런 기술은 경주 황남동 98호분 북분 출토 은제타출거북등동물무늬 잔그림 195 속에 상반신을 벗고 바지를 입은 노예 같이 새겨진 인물의 표현에 부합되고 있다. 바지는 로마인의 의복이 아니라 기마민족 특유의 것이었기 때문에 이것이 켈트족 노예의 표현이었을 가능성이 충분하다. 또한 이 은잔의 테두리무늬로 사용된 칼끝무늬와 로제트무늬는 그리스 · 로마의 전통무늬그림 196였기 때문에 로마문화가 수용되었던 곳에서 만들어진 것은 당연한 일이었다.

그러나 이 은잔의 조형표현과 조각기술이 치졸하다는 것은 로마의 숙련된 장인이 아니라 토착 원주민이 만들었다는 것을 보여준다. 이런 사실에서 이 은잔도 트라키아 지방에서 켈트족의 금공예사가 만들었을 가능성을 충분히 보여주고 있다. 그러나 일상적인 동물을 모티브로 한 표현내용과 조형의 치졸함, 그리고 켈트인 노예를 표현하고 있는 점을 보건데, 과연 뛰어난 조형능력을 가지고 있던 켈트인 금공예사가 켈트인 스스로를 노예로 표현했었을까 하는 의문점이 있다. 그래서 생각되는 것이 이들 켈트인과 동시대에 러시아 남쪽에 정착해 켈트인과 교섭을 가졌던 훈족(흉노족)도 로마문화를 수용하고 있었기 때문에 훈족 금공예사의 제작으로 추정할 수도 있다. 그 원산지를 분명하게 특정하기는 어렵지만 켈트족과 훈족 중 그 어느 쪽에서 만들어진 것은 분명하다.

그런데 이러한 유물들 모두가 신라에서 출토되고 있는 것이다. 고구려와 백제, 그리고 중국에서 이와 비슷한 유물이 출토된 적은 없다. 이런 물건들이 보내졌던 목적지는 신라뿐이었다. 그렇다하더라도 이렇게 특별한 목적에서 제작된 호화로운 금은제품이 어떻게 신라까지 운반돼 왔던 것일까? 이것을 만들게 했던 왕이 동서로 왕래하는 무역상에게 부탁했다고 하더라도 무사하게 목적지까지 도착한다는 것은 좀처럼 기대하기 어려웠을 것이다. 하물며 흑해연안의 로마문물을 동방으로 운반하는 역할을 담당하던 훈족은 러시아 남쪽에 정착해 스텝루트를 무역로로 삼아 활동하고 있었지만 자주 약탈자로 변신했었다. 귀중한 문물을 서방에서 동방으로 운반하는 임무를 지워 온전한 수행의 기대는 불가능에 가까웠을 것이다.

특별한 메시지를 담아 만들게 했던 의례용의 황금보검과 '미소 짓는 상감구슬'은 목적지 나라의 왕에게 어떻게든 전달되지 않으면 안 되었는데, 이것을 가능하게 했던 방법은 두 가지밖에 없다. 하나는 켈트왕의 사절이 이것들을 가지고 신라에 오는 것이고, 또 하나는 신라 사절이 켈트왕국에 가서 왕을 알현하고 선물로 받아 가지고 돌아오는 것이다.

한편 신라에서 출토되는 금은제품을 비롯한 여러 가지 기물 중에는 로마적 디자인과 닮으면서도 로마적인 것과 약간 차이가 있는 것이 있다. 신라에서 독자적으로 만들어진 특산물이었음을 보여준다. 이 사실은 어떤 루트를 통해 로마세계에서 디자인과 기술이 도입되었고, 그것을 바탕으로 로마양식의 기물이 비로소 신라에서 제작되었던 현상을 반영하고 있다. 바꿔 말하자면 디자인과 제작기법이라는 소프트웨어의 도입은 인적교류를 통해 비로소 가능하게 되는 것이다. 이러한 소프트웨어를 가지고 있던 로마세계의 기술자들이 이주해 왔다는 것이 분명하다. 로마세계의 기술자뿐 아니라 이른바 트라키아 지방의 켈트왕 사절이 황금보검과 함께 기술자들을 동반해 왔을 것도 생각해 볼 수 있다.

이러한 상황의 실재를 시사하는 것이 앞에 서술했던 아랍의 옛 기록 『왕국과 도로총람』에 보이는 신라에 관한 기록일 것이다.

신라가 꽃피운 로마문화

나아가 이 교류의 길잡이가 되었던 것이 흉노(훈)족은 아니었을까? 신라고분의 축조법인 돌무지덧널무덤의 원류가 흉노에 있으며 자작나무껍질 제품의 고향이 스텝루트에 있었던 것도 흉노와의 관계를 분명하게 보여주고 있다.

정작 이런 노력을 통해 켈트 왕이 신라와 접촉하고자 했던 목적은 무엇이었을까 또는 왜 신라는 로마문화를 수용하게 되었던가가 궁금해진다.

4 신라고분에서 출토된 수많은 황금제품

신라고분을 발굴하면 반드시 금귀걸이와 목걸이, 팔찌와 반지, 또는 금관과 금제 허리띠장식과 허리띠드리개 등의 금은제품이 출토된다. 이렇게 풍부한 신라의 금은제품은 일찍부터 일본에도 전해져 있던 모양으로 『일본서기』 중애천황 8년 9월조에 다음과 같이 기술되어 있다.

> 저 나라는 정말로 보물의 나라다. 비유하자면 미녀의 눈썹과 같고 나루를 마주하고 있는 나라이다. 그 나라에는 눈부신 금 · 은 · 채색이 많이 있는데, 타쿠부스마(고금栲衾=시라ㅂ=신라) 곧 신라국이라 한다.

이 구절은 실로 중요한 사실을 기록하고 있다. 왕과 왕비의 초상을 상감했던 '미소 짓는 상감구슬'그림 2 · 207이 오고, 보석상감금팔찌그림 178와 황금보검그림 212을 보내 온 배경에는 신라가 '보물의 나라'이며 금과 은이 풍부하게 산출되는 나라라는 조건이 있었기 때문이었을 것이다. 바로 이런 상황을 기록했던 것으로 생각된다.

그림 224 가는고리금귀걸이. 길이 8.2cm.
안동 명륜동 출토. 5세기. 국립중앙박
물관 소장. 가는 고리에 긴 역 삼각형
드리개가 달린 심플한 귀걸이. 그림
225의 로마 귀걸이와 비교하면 외형적
으로 닮아 있으나 극단적으로 간략화
된 것을 알 수 있다.

그림 225 금귀걸이. 길이 6.7cm. 이탈리아
남부 타란토 출토. B.C 4세기 말~3세
기초. 타란토국립고고학박물관 소장.
가는 금선으로 호화롭게 장식된 원판
과 역 원추형 드리개.

신라고분에서 출토되는 장신구 등의
디자인과 기법은 로마세계에 원류를 가지
는 세선누금세공으로 만들어졌지만 로마
세계에서 출토되는 장신구와 비교하면 세
부적인 디자인에서 약간의 변형이 발견되
며 기술적으로 그리스·로마에 비해 약간
거칠게 마감되어 있다.

예를 들어 귀걸이를 보면 그림 224
·226이 신라고분 출토품이고, 그림 225
·227은 이탈리아 남부 타란토에서 출토
된 헬레니즘시대(기원전 4세기 말~기원전 2세
기)의 유물이다. 신라와 타란토 출토품을
비교해 보면 신라가 보다 생략된 모양으
로 만들었음을 알 수 있다. 그리스·로마
식의 귀걸이는 로제트무늬를 나타내거나
세선누금세공으로 보석을 상감해 사치스
럽게 장식한 원반 모양의 얇은 판에서 드
리개를 내려뜨린 것에 비해 신라 출토품은
심플하게 굵거나 가는 고리에서 드리개를
내려뜨리고 있어 보다 단순화된 특징을 보
이고 있다. 그러나 디자인의 기본이 되는
드리개에서 강한 유사성을 보이는 것은 부
정할 수 없다. 이런 양자의 차이는 시간적
경과에 따른 변화도 있겠지만 그것을 만들
기 위해 도입된 디자인과 기술이 토착화하
는 과정에서 생겨났던 당연한 변화였다.

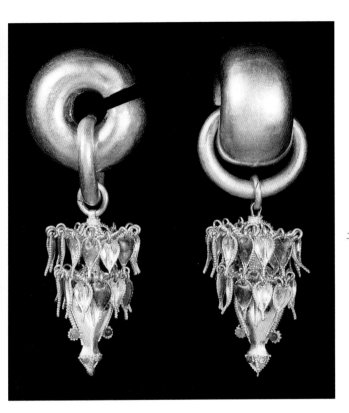

그림 226 굵은고리금귀걸이. 길이 8.3
cm. 창녕 계성Ⅱ지구 1호분 출토.
6세기 국립김해박물관 소장. 크고
작은 물방울 모양을 조립한 화려
한 드리개를 붙인 것. 이런 드리
개를 부치는 형식은 로마와 신라
가 공통적이지만 로마에서는 원판
드리개를 부치는 것에 대해 신라
에서는 원판 대신에 굵거나 가는
고리로 간략화 되었다. 또한 로마
의 드리개 장식이 보다 복잡하고
다양한 고도의 장식기법이 구사되
었음을 알 수 있다.

그림 227 석류석상감금귀걸이. 길이
4.7cm. 이탈리아 남부 타란토 출
토. B.C 2세기. 바리고고학박물관
소장. 중앙에 석류석을 상감하고
그 주위를 세선누금세공으로 둘러
싼 원판에 가락바퀴와 체인 등 3
종류 5줄의 드리개를 매단 것. 각
각 세부에 모든 금공기술이 구사
된 중후하고 화려한 귀걸이다.

그림 228 (상 2개) 보석상감금반지. 지름 2.1cm. 경주 노서리 138호분 출토. 6세기. (좌 7개) 금반지. 지름 2cm. 경주 서봉총 출토. 5세기 중 무렵. (우 5개) 보석상감금반지. 지름 1.5~1.7cm. 경주 금령총 출토. 5~6세기. 이상 국립중앙박물관 소장. 가운데가 마름모꼴로 넓어진 심플한 디자인의 반지에는 로마 형식 그대로가 채용되었다. 또한 신라의 보석상감반지에는 로마의 심플한 기법과 다르게 세선누금세공기법이 사용되었다.

이러한 변화와 차이야말로 신라에서 디자인과 기술의 수용과 변화를 보여주는 사실이 틀림없다.

반지에 대해서는 이미 제4장과 제5장에서 지적한 것과 같다. 심플한 디자인에 중앙이 마름모꼴로 넓혀진 반지는 황남동 98호분 남분그림 153 · 154(좌상) 2개과 서봉총그림 228(좌) 7개 등에서 보이고, 마찬가지로 심플한 디자인에 정면을 마름모꼴로 타출(도드라지게 두드린)한 반지도 천마총그림 107 · 182과 황남동 98호분 북분그림 181(우) 5개 등에 보인다. 로마의 반지 형식그림 108이 그대로 채용돼 그다지 큰 변형은 없었다.

그러나 보석을 누금세공으로 상감장식하는 방법은 황남동 98호분 남분그림 154 5개과 금령총그림 228(우) 5개, 노서리 제138호분그림 228(상) 2개 등에 보이는 것과 같이 그리스 · 로마의 금반지의 보석상감법그림 231과는 다른 기법이 창안되었다. 이러한 신라의 보석상감반지는 후쿠오카현 오키노시마沖の島제사유적 출토의 금반지그림 230와 유사한 관계를 보여주고 있다. 또한 나라현 가시하라시橿原市 니이자와센즈카新沢千塚 126호분 출토의 보석상감금반지그림 229에는 보다 호화로운 장식이 베풀어지면서도 신라와 강한 관계를 보여주고 있다.

신라가 꽃피운 로마문화

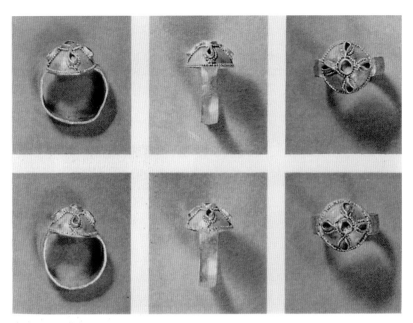

그림 229 보석상감금반지. (상)고리부분. 지름 1.95cm. (하)지름 2cm. 나라 가시하라시 니이자와센즈카 126호분 출토. 5세기. 동경국립박물관 소장. 세선누금세공의 보석상감기법은 신라의 보석상감반지 와 깊은 관계를 보여주고 있지만 훨씬 호화로운 장식이 되었다.

 귀걸이와 반지 외에도 극히 특징적인 것으로 체인(사슬)의 예를 들 수 있다. 체인은 원래 그리스시대부터 발달해 로마시대에 장신구용으로 크게 유행했다. 유연성이 있는 아름다운 금은 사슬로 가는 선을 꼬는 방법에 따라 두 줄 꼬기, 네 줄 꼬기, 여섯 줄 꼬기, 여덟 줄 꼬기, 납작하게 꼰 체인 등이 있었다그림 104 · 113~115 · 227. 이 체인을 만드는 데는 가늘게 늘인 가는 금은의 실을 짜는 요령이 필요하다. 신라에는 두 줄 꼬기에서 여섯 줄 꼬기의 체인을 사용했던 장신구가 다수 출토되고 있어 제작기술이 전해져 있었음을 알 수 있다그림 111 · 112 · 149 · 151. 결국 금은장신구를 만드는 기술자의 이주를 추정할 수밖에 없다. 우선 세선과 누금을 만드는 기술은 아주 특수한 기술로서 반짝하는 생각으로 만들거나 보지도 않고 흉내 내는 정도로 만들어질 수 있는 것이 아니기 때문이다.

 여기에서 세선누금세공의 제작기법을 개략적으로 해설해 두고

그림 230 금반지. 안지름 1.86~1.88cm. 후쿠오카현 오키노시마沖の島 제사유적 출토. 4~5세기 무나가타대사宗像大社보물관 소장. 본래는 보석이 상감되었던 것으로 보여 신라의 보석상감반지와 공통성이 인정되고 있다.

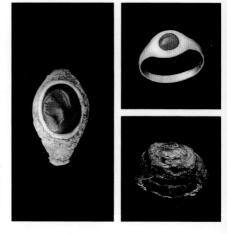

그림 231 보석상감반지. 이탈리아 남부 타란토 출토. B.C 3세기. 타란토국립고고학박물관 소장. 보석상감반지에 대해서는 그리스·로마에서는 이 그림에서 보이는 것처럼 심플한 상감기법이 사용되었지만 신라에서는 화려한 세선누금세공기법이 사용되었다.

자 한다.

　가는 줄, 곧 세선細線의 제작방법은 우선 주조한 금은 막대를 2장의 석판과 청동판 사이에 끼어 굴리면서 압력을 가해 조금씩 늘려 간다. 일정한 두께가 되면 선단부분을 가늘게 만들어 마노와 청동덩어리의 구멍에 끼워 천천히 뽑아낸다. 이러한 조작을 몇 번 반복하면 가느다란 금선과 은선이 만들어진다.

　다음은 누금의 제작방법이다. 가는 금선을 지름과 비슷한 길이로 잘라 단단한 숯 분말 속에 늘어놓고 다시 숯 분말을 뿌린다. 그런 뒤에 다시 금선 조각을 늘어놓고 다시 숯 분말을 뿌린다. 이런 공정으로 몇 층을 만든 뒤 열을 가해 금선 조각이 녹을 때까지 가열한다. 녹은 금선 조각은 표면장력으로 작은 금 알갱이가 된다. 이것을 세척해서 다시 석판 사이에 끼워 굴리면서 연마처리를 하면 금 알갱이로 만들어진다.

신라가 꽃피운 로마문화

다음으로 용접하는 방법인데 청동 녹(녹청綠靑)을 문질러 가루로 만들어 풀과 물에 섞어 반죽상태로 만든 다음 금 알갱이와 가는 금선에 묻혀 금판 위에 붙인다. 섭씨 100도의 온도에서 녹청은 산화동으로 변하고, 섭씨 600도가 되면 풀은 숯이 된다. 다시 섭씨 850도까지 올리면 숯은 산화동에서 산소를 빼앗아 순동의 피막을 금판 위에 남기고 탄산가스가 되어 날아 간다. 더욱 가열해 890도가 되면 피막이 되었던 동은 금판의 금과 금 알갱이와 가는 선의 금 등과 반응하여 합금이 된다. 이렇게 용접이 완성되는 되는 것이다. 이렇게 그리스·로마의 세선누금세공기법이나 신라의 기법이 기본적으로는 동일한 기법이 사용되고 있음을 통해 로마세계의 기술이 도입되었던 사실이 증명된다.

그런데 앞에 제시한 『일본서기』에서 중애천황이 "그 나라에 눈부신 금·은·채색이 많다"고 했던 채색에 대해 살펴 볼 필요가 있다. 『경주황남동 제98호분(남분)발굴약보고서』(경주, 1976)에 따르면 투공 금동판 비단벌레 허리띠장식그림 172에 붉은 비단이 붙어 있었던 것이 보고돼 있다. 당연히 허리띠장식과 세트를 이루는 수목형 금동관그림 25~28에도 붉은 비단의 관모가 딸려 있었을 것이다. 서봉총의 수목형 금관그림 13·14에서 보이는 바와 같이 머리띠모양의 대륜(Diadem) 좌우에 2줄의 금판(잎이 교차로 달린 작은 나뭇가지모양의 세우는 장식, 곧 입식立飾)이 교차하면서 산모양을 이루는 것처럼 부쳐져 있기 때문에 그 안쪽에는 비단으로 만들어진 관모가 붙어 있었음에 틀림없다. 붉은색 바탕의 황금색은 눈에 확 띄었을 것이다.

선명한 색채라면 중앙아시아 서 투르크스탄 아프라시압(현 사마르칸트 북부의 옛 사마르칸트)의 궁전에서 1963부터 시작된 러시아 고고학조사단의 발굴로 건물 벽면에 그려진 각국 사절들 중에 신라 사신의 발견이 떠오른다그림 9. 이 여성 사절은 신라금과 오현금을 가진 시종들을 거느리고 귀걸이와 목걸이를 걸고 금실로 짠 것으로 보이는 비단정장의 모습으로 그려져 있다. 그 색채는 정말로 '곱다'라는 표현에 알맞게 다른 고구려와 백제, 중국 사절 같은 인물들에 비해 '다채롭다'라는 표현의 화려함을 보이고 있다.

또한 벽화 중에는 가까운 이란이나 인도, 혹은 중앙아시아 등 민족이 가장 세밀하게 그려 있음은 말할 필요가 없겠지만, 동아시아의 사절 중에서는 신라 사절이 뛰어나게 세밀하고 화려하게 그려져 있음이 눈에 띈다. 이것은 신라에 관한 정보가 잘 전해져 있었음을 말해 주는 것이다. 이 벽화는 6세기 후반에서 8세기에 걸쳐 그려진 것으로 고구려와 백제 사절도 그려져 있어 아마도 6세기 전반 경에 한반도에서 왔던 사절단의 모습을 그린 것으로 생각된다. 이 벽화의 내용에서 보아도 『일본서기』중애기의 기술이 신라의 상황을 잘 묘사했던 것임을 알게 된다. 결국 신라는 금·은·채색이 풍부한 보물의 나라로 다른 나라들과 전혀 다른 사회를 형성하고 있었음을 이러한 기록과 출토자료를 통해 분명하게 인식할 수 있는 것이다.

제 **8** 장

신라 출토의 로만글라스

I 고분 출토의 로만글라스

지금까지 발굴된 삼국시대(356~676년) 4~6세기 전반의 신라고분에서는 다음과 같이 10기의 고분에서 모두 25점의 후기 로만글라스 그릇들이 출토되었다. 같은 시대의 고구려와 백제 유적에서 후기 로만글라스가 출토된 예는 앞에서 제시한 바와 같이 고구려의 서관관자西官管子 제2호분에서 출토된 예외적인 1건밖에 없다.

로마세계에서 만들어진 로만글라스가 신라고분에서만 출토된다는 특이한 현상은 신라가 고구려나 백제와 근본적으로 차이가 있는 문화를 가지고 있었다는 것을 상징적으로 보여준다. 지금까지 경주의 천마총과 황남동 98호분 남분·북분의 출토품을 통해 전체상을 살펴본 것처럼 신라고분에서 출토되는 여러 가지 유물들이 고구려와 백제의 출토품과 기본적으로 문화적 위상을 달리하고 있다는 것은 확인했다. 여기에서는 보다 구체적으로 신라고분에서 출토된 후기 로만글라스가 어디에서 제작되었고 어떤 루트를 통해 신라에 전래되었던가를 탐구해 보고자 한다. 로만글라스의 원류와 전래 루트의 해명은 물론, 로마 문화가 신라에 유입되던 실태를 밝혀 줄 수 있을 것이다.

우선 지금까지 출토된 25점의 후기 로만글라스가 어떤 유적에서 출토되었던가, 어떤 성질을 가진 유리그릇이었던가를 자세하게 살펴 본다. 다만 유리그릇의 출토상황이나 내용 보다 그 원류와 전래루트 에 보다 강한 관심을 갖는 독자는 자료에 대한 해설을 뛰어 넘어 〈2. 신라 출토 로만글라스의 원류와 외국에서 유사품의 출토 예〉부터 읽 어도 좋을 것이다.

금관총 출토 굽다리 유리잔

신라고분에서 최초로 발굴되었던 후기 로만글라스는 금관총의 물 결무늬굽다리유리잔 2점이었다. 이 고분은 1921년의 정지작업 중에 우연히 발견되어 금관그림 12을 비롯한 호화로운 출토품으로 단번에 시선을 집중시켰고, 이후 조선총독부가 조직적으로 발굴에 나섰던 유 적이다. 유리그릇은 아주 잘게 부서진 상태로 출토되었으나 다행히도 원형을 추정 복원하게 되었고 발굴보고자는 복원도를 보고서에 제시 할 수 있게 되었다.그림 232

2점의 유리그릇 중에 물결무늬굽다리잔그림 232(우)에 대해「경주 금관총과 그 유보」(조선총독부 편『고적조사특별보고』제3책 상, 경성, 1924)는 다 음과 같이 해설하고 있다.

입지름 2촌3부5리, 추정 높이 약 3촌, 낮은 굽이 달린 비교적 깊이가 있 는 잔이다. 굽다리 바닥부분은 이가 빠져 있기 때문에 그 모양을 확실하게 알기 어려우나 그릇바닥에 청색 톱니모양의 유리 줄이 있다. 그 위에 조금 떨어져 볼록한 띠 한 줄이 돌출해 있는데 그릇 상부는 접어서 둥근 테두리 를 만들고 테두리 꼭대기에 금은광택(금은유金銀釉)은 거의 없다.

금관총 출토 또 1점의 유리그릇은 몸통 아래쪽에 고리모양의 볼록한 띠(돌대突帶)를 가진 민무늬굽다리잔이다. 그림 232(좌)

이 굽다리잔 2개의 입부분과 다리받침부분은 안으로 접어 매끈한 고리로 만들어 마감했다. 이 굽다리잔의 최대 특색은 몸체의 고리모양볼록띠와 고리모양테두리로 청색 유리 줄로 만든 물결무늬를 붙인 장식이 있다.

금령총 출토 진남색 반점무늬 유리바리 2점

금령총은 1926년에 우메하라 스에지梅原末治가 발굴해「경주금령총식리총발굴조사보고」(『大正 13年度고적조사보고』조선총독부, 경성, 1932)로 보고되었다. 출토유물은 금관총 출토품과 유사한 점이 많으나 2점의 유리그릇에 대해 다음과 같이 설명하고 있다. 그림 233

2개 모두 깨진 채로 출토되었으나 다행히 완형으로 복원할 수 있었다.

그림 233 진남색 반점무늬 유리바리. 높이 7.6cm, 입지름 10.5cm. 경주 금령총 출토. 5세기. 국립중앙박물관 소장. 금령총에서는 같은 타입의 유리그릇이 2점 출토되었으나 좀 덜 깨진 것이 이 유물이다. 다른 한 점은 국립경주박물관 소장. 비슷한 유물로 가야 합천 옥전M6호분 출토 예〈그림 236〉가 있고 이들 신라·가야 출토 3점은 유리 소재의 색깔과 작은 반점무늬 등을 보아 4~5세기 지중해 동안의 시리아(고대시리아) 지방에서 제작된 것으로 생각된다. 제작기법에 대해서는 〈그림 249〉 참조.

… (중략) … 아가리부분이 약간 밖으로 뒤집힌 간단한 바리모양으로 입지름 3촌45부, 높이 2촌34부다. 둥근 맛을 띤 바닥 중앙에는 붙었던 구멍으로 보이는 원형의 흔적이 남아 있는데 1개는 그 특징이 두드러진다. 아가리부분은 얇은데 밑으로 내려가면서 두꺼운 맛이 나며 배 부분에는 코발트 진남색에 자주 빛이 도는 유리 알갱이를 녹여 부쳐 2단으로 장식했다. 깨진 단면을 보면 유리 알갱이는 아주 조금 녹색을 띠지만 거의 무색투명하다. 다만 몸에는 많은 기포가 눈에 띈다. 작은 편을 보내 약학박사 나카오 만조中尾万三에게 감정을 부탁했더니 분량 때문에 정량분석은 할 수 없었으나 납이 없고 알칼리가 검출된 것을 보아 소다유리에 속한다는 의견을 얻을 수 있었다.

이 2개 유리그릇의 최대의 특징은 진남색 유리를 반점무늬로 녹여 부쳐 장식한 점에 있다. 색유리를 반점모양으로 녹여 부칠까, 옆으로 잡아 늘려 물결무늬로 부칠까 하는 차이는 있지만 기술이나 발상

신라가 꽃피운 로마문화

그림 234 담록색그물무늬유리잔. 높이 9.6cm. 경주 서봉총 출토. 5세기 전반. 국립중앙박물관 소장. 서봉총에서 출토된 3점 유리바리 중 하나(그림 235). 황남동 98호분 남분 출토품(그림 157)과 그릇 모양이 닮아 있다. 고리모양 입술과 그물무늬 등은 로만글라스의 특징을 분명하게 보여준다.

그림 235 진남색유리바리. 높이 5.2cm. 입지름 10.4cm. 경주 서봉총 출토. 5세기 전반. 국립중앙박물관 소장. 서봉총에서는 이것과 같은 유리바리 1점(미복원)과 그림 234의 유리그릇 3점이 출토되었다. 고리모양 입술과 그물무늬 등은 로만글라스의 특징을 분명하게 보여준다.

에서는 금관총 출토 물결무늬굽다리잔그림 232 우과 동일한 형식의 물건이다. 바닥에 펀티를 부쳐서 입술 가장자리 부분을 마감하고 있는 점도 공통되고 있다.(제작법에 관해서는 그림 249, 외국의 유사품에 대해서는 그림 246~248 참조)

또한 이 2점의 금령총 출토품과 유사한 작품이 가야지방의 합천 옥전 M6호분에서도 출토되었다.그림 236

서봉총 출토 유리용기 3점

1924년에 고이즈미 아키오小泉顯夫 · 후지타 료사쿠藤田良策가 발굴했던 이 고분은 금관그림 13 · 14과 청동다리미, 뿔모양 칠기 병, 칠기 숟가락, 격자투공무늬 귀걸이, 유리제 팔찌, 옷 조각, 유리그릇 등 풍부한 유물이 출토되었으나 어찌된 일인지 발굴보고서는 간행되지 않았다. 그러나 그 대략은 고이즈미 아키오「경주 서봉총의 발굴」(『사학잡지』38-1, 1927)에 보고되었다. 유리그릇에 대한 보고내용은 다음과 같다. 그림 234 · 235

유리잔 3점이 있는데 그 모양은 핑거볼(손 씻는 그릇)처럼 바닥에 낮은 한 줄의 실굽이 붙어 있다. 색채는 투명한 유리색으로 흠잡을 데 없는 형태가 매우 아름답다. 같은 것이 1개 더 있고, 금관총에서 출토된 것과 같은 굽다리잔으로 백색 바탕에 청색 물결무늬를 붙인 것이 1개 출토되었는데 모두 작은 조각으로 부서져 있었다.

다만 이 기술 중에 '금관총에서 출토된 것과 같은 굽다리잔'은 오류로 이 유리그릇은 굽이 없는 그물무늬잔으로 몸통 반의 아랫부분에는 민 바탕에 담록색 유리와 같은 유리 끈으로 그물무늬가 부쳐져 있다. 이 3점의 유리그릇은 고리모양 입술과 몸통의 고리모양볼록 띠와 그물무늬(또는 물결무늬) 등 금관총의 유리그릇그림 232과 기법 상으로나 형식상으로 강한 근친성을 보이고 있다.

천마총 출토 유리그릇 2점

1973년에 한국문화재관리국의 김정기 단장이 발굴했던 이 고분은 금관그림 16, 금제 허리띠꾸미개와 띠드리개그림 111를 비롯한 수백 점의 금은제품, 철기, 청동기, 칠기그림 125 · 126, 토기 외에 천마도를 그린 자작나무껍질 말다래그림 120, 기마인물도를 그린 자작나무껍질의 도넛모양 화판그림 121, 후기 로만글라스 2점 등 모두 11,450여 점에 달하는 호화로운 유물이 출토되어 큰 화제가 되었다.

유리그릇 2점에 대해서는 이미 제4장에서 상세하게 소개한 바와 같다.

① 진남색 거북등무늬 유리잔그림 128
② 담록색 굽다리 유리잔그림136

　진남색 거북등무늬 유리잔의 무늬는 보통 불기기법의 유리그릇과
같이 좌우 대칭이 정연한 무늬가 아니며 아가리부분의 세로로 된 홈이
나 거북등무늬도 일정하지 않다. 더구나 이런 종류의 유리잔은 지중
해 부근에서 흑해 주변, 러시아 남부, 도나우강과 라인강 유역에 걸쳐
출토되고 있는데, 이처럼 무늬가 일정하지 않은 것이 대부분으로 이
런 유리그릇의 특징이 되고 있다그림 129~134. 이 무늬의 원형이 커트에
의한 거북등무늬와 아가리부분 아래의 세로 홈을 낸 커트라는 로만글
라스 특유의 커트 패턴이었던 것은 의심할 여지가 없다.
　거푸집을 써서 같은 무늬를 불어내는 기법은 보다 쉽게 양산화가
진전되어갔던 시대적 배경을 보여주고 있다.
　그러나 이 거북등무늬에서 이상한 점은 모두 위로 갈수록 거북등
무늬가 작고 아래로 내려 갈수록 거북등무늬가 커진다는 점이다. 이
점이 바로 이런 유리그릇의 출신과 제작연대를 명확하게 보여주는 표
식이 된다.그림 135
　담록색 굽다리 유리잔의 경우는 너무 잘게 부서져 복원되지 못했
지만 굽다리 받침 부분과 아가리 부분이 고리모양 입술로 되어있는 점
은 금관총 출토 2점 중에 민무늬 굽다리잔그림 232(좌)과 공통된 특징을
가지고 있음에 주목해야 한다.

황남동 98호분 북분 출토 유리그릇 5점

　1973~75년에 김정기 등이 발굴한 황남동 98호분 쌍분 중 북분에
서는 수목형 금관그림 17과 '부인대夫人帶'의 명문을 새긴 은제 띠끝꾸
미개그림 203, 중국 남조 동진의 갈색자기 두귀달린단지그림 199, 보석

상감금팔찌그림 178, 은제타출거북등동물무늬잔그림 195, 유리그릇 등 35,750여 점에 달하는 막대한 양에 달하는 유물이 출토되었다.

5점의 유리그릇에 대해서는 제5장에서 자세히 소개한 바와 같다.

후기 로만글라스 2점과 신라제(?) 유리그릇 1점, 그리고 복원되지 못한 유리그릇 2점이다.

① 담록색 투명 커트 바리(후기 로만글라스 시리아 북부 산)그림 187
② 황갈색 줄무늬 굽다리잔(후기 로만글라스 시리아 북부 산)그림 191
③ 남색 민무늬 둥근바닥 잔(신라제?)그림 192
④ 남색 민무늬 잔(미복원)
⑤ 담록색 잔(미복원)

이러한 북분 출토의 유리그릇은 앞의 a~d 항목에서 소개한 다른 고분의 출토 예와 기법이나 형식상으로 전혀 관련성이 없는 것이다. 다른 신라고분 출토의 유리그릇은 물론 중국과 일본고분에서 출토된 유리그릇과도 아무런 관련이 없는 점에 주목하지 않으면 안 된다.

① 담록색 투명 커트 바리는 이른바 사산글라스식의 커트와는 다른 유형의 기법과 패턴이 사용되었다는 점이 중요하다.그림 188(후기 로만글라스 시리아 북부 산) · 그림 187

② 황갈색 줄무늬 굽다리잔은 다른 출토 예가 없음이 주목된다.

③ 남색 민무늬 둥근바닥 잔은 크고 작은 기포가 무수히 들어 있으며 큰 기포가 모두 좌우로 늘어나 있고 내외의 벽 모두 요철이 심한 실로 불가사이한 모양의 유리그릇이다. 그러나 바닥에는 분명한 펀티 자국을 남기고 있기 때문에 불기기법으로 만들어졌음이 분명하다.

저온으로 소재를 다시 녹였기 때문에 기포가 그대로 남았고 바탕면 또한 충분히 매끄럽게 마감되지 않은 상태가 되었으며 불어서 성형

했던 탓에 몸통의 마감처리가 찌그러지게 되었음을 알 수 있다. 결국 신라에 이주해 온 유리장인이 깨진 유리나 가지고 온 유리소재를 다시 녹여서 신라에서 제작했던 유리그릇일 가능성이 아주 높다.

④ 남색 민무늬 잔과 ⑤ 담록색 잔은 아주 잘게 부서져 미복원 상태로 상세한 내용은 알 수 없다.

황남동 98호분 남분 출토 유리그릇 7점

남분은 22,767점에 달하는 대량의 유물 중에 많은 무기그림 166~169와 비단벌레장식의 말갖춤새그림 170 · 171, 철제농구 등의 출토가 큰 특징이다. 특수한 출토품으로는 새날개모양 은관그림 142 · 23, 금동관그림 24, 주칠로 '마랑馬朗'이라 쓴 칠기 잔그림 162, 특이한 반지그림 155, 정강이가리개그림 168 외에 7점의 후기 로만글라스가 포함돼 있어 북분보다 더 많은 수수께끼를 던지고 있다. 후기 로만글라스에 대해서는 제5장에서 상세하게 소개했던 바와 같다.

① 담록색 그물무늬 유리잔그림 157
② 담록색 줄무늬 봉수유리병그림 156
③ 진남색 민무늬 유리잔그림 160
④ 담록색 민무늬 유리잔그림 159(좌)
⑤ 담록색 민무늬 유리잔그림 159(우)
⑥ 진남색 민무늬 유리잔(미복원)그림 158(상)
⑦ 진남색 민무늬 유리잔(미복원)그림 158(하)

① 담록색 그물무늬 유리잔과 ② 담록색 줄무늬 유리봉수병(청색유리 줄로 장식한 점에서)은 서봉총의 담록색 그물무늬 유리잔그림 234과 금관총의 물결무늬 굽다리 유리잔그림 232(우)과 동일한 기법으로 제작지와 제작연대가 상통하고 있음을 시사하고 있다.

③ 진남색 민무늬 잔도 동일하게 서봉총의 진남색 바리그림 235와 미복원의 진남색 바리와 같은 유형인 것에 쉽게 동의할 수 있을 것이다.

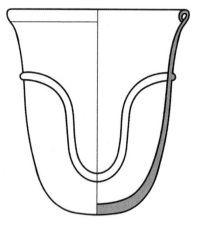

그림 238 물결무늬유리잔(미복원품, 추정복원도). 높이 12.5cm, 입지름 11.8cm. 경주 월성로 가-13호분 출토. 5세기. 국립경주박물관 소장. 이 잔은 투명한 바탕에 담록색 유리 끈으로 커다란 물결무늬가 장식되었다. 금관총[그림 232(우)]과 황남동 98호분 남분(그림 157) 출토품과 통하는 장식기법이다.

경주 월성로 가-13호 출토 물결무늬 유리잔 1점그림 238

이 미복원의 잔은 투명한 바탕에 1줄의 담록색 유리 줄로 커다란 물결무늬를 만든 것으로 금관총의 물결무늬 굽다리 유리잔그림 232(우)과 황남동 98호분 남분의 담록색 그물무늬 유리잔그림 157과 공통되는 기법과 디자인 감각으로 만들어진 작품으로, 제작연대는 약간 새로울 것으로 생각된다. [높이 12.5cm.(국립경주박물관『경주시월성로고분군』1990)]

가야지방 합천 옥전M 6호분 출토 진남색 반점무늬 유리바리 1점그림 236

금령총 출토 진남색 반점무늬 바리그림 233와 같은 유형으로 같은 시대의 작품인데 반점이 더 높게 돌출되어 있으며 더 규칙적인 배열을 보이고 있다. 이러한 진남색 반점무늬 유리바리는 지중해 동안의 시리아 지방, 라인강 유역, 러시아 남부 등에서의 출토 예가 많다.그림 246~248*

---

* 제작기법에 대해서는 그림 249 참조.

신라가 꽃피운 로마문화

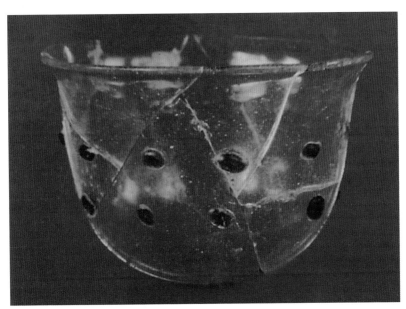

그림 236 진남색 반점무늬 유리바리. 가야 합천 옥전 M6호분 출토. 5세기. 시리아(고대시리아) 지방 산.
국립대구박물관 소장. 비슷한 유물로 금령총에서 출토된 2점이 있는데(그림 233), 이쪽의 반점이
더 돌출 되었고 더 규칙적으로 나열돼 있다.

그림 237 진남색 민무늬 유리바리. 높이 6.8cm, 입지름 10cm. 경주 안계리 4호분 출토. 5~6세기. 국립
경주박물관 소장. 비슷한 유물로 황남동 98호분 북분 출토품〈그림 192〉이 있는데 많은 기포가 있
고 균질하지 못한 상태로 보아 이주한 유리공인이 신라에서 제작했을 가능성이 높을 것으로 생각
한다.

경주 안계리 제4호분 출토 진남색 민무늬 유리잔 1점그림 237

황남동 98호분 북분의 진남색 민무늬 둥근바닥 유리잔그림 192과 같은 유형으로 로만글라스의 원산지에서 제작되지 않았다는 것은 바탕에 보이는 크고 작은 기포와 균질하지 못한 바탕으로 확인된다. 로마세계에서 이주했던 장인이 충분하지 못한 신라의 설비를 가지고 만들었을 가능성이 높은 작품이다.[높이 6.9cm(中日新聞社『한국고대문화전』 1983)]

경주 안압지 출토 담록색 민무늬 유리잔 1점그림 239

담록색 유리로 만들어져 약간 작은 컵 모양의 잔으로 바닥 안쪽이 솟아올라 있다. 한국문화재관리국이 간행한 『안압지 발굴조사보고서』(西谷正 외, 東京, 學生社, 1993)에 수록돼 있지는 않으나 국립경주박물관 안압지전시관 제3실에 전시돼 안압지 출토로 소개되어 있다. 기형, 제작기법, 소재 등이 후기 로만글라스(5세기 무렵) 제작법과 통하는 특색을 가지고 있다.(높이 약 8cm)

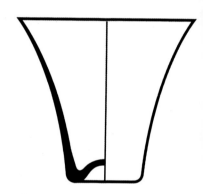

그림 239 담록색 민무늬 유리잔(복원도). 높이 8 cm. 경주 안압지 출토. 5세기 무렵 국립경주박물관 소장. 기형, 기법, 소재 모두 후기 로만글라스의 특징을 보이고 있다.

2 신라 출토 로만글라스의 원류와 외국에서 출토되는 비슷한 유물

신라 출토 로만글라스의 원류

4~6세기 전반의 신라고분에서 출토되는 수많은 로마 계통의 문물은 로마세계에서 만들어진 것이 전래된 것과 로마의 디자인과 기술의

신라가 꽃피운 로마문화

도입으로 신라에서 만들어진 것으로 대별된다. 전자를 대표하는 것이 후기 로만글라스이고, 후자를 대표하는 것이 금은제 장신구와 뿔잔(토제 류톤) 등의 토기류이다.

그러나 디자인과 기술이 도입돼 있었다면 유리그릇과 유리제품에 신라에서 제작되어도 이상할 것이 없다. 하물며 부서지기 쉬운 유리그릇을 원거리에서 운반해 오기 보다는 기술자를 수입해 신라에서 제작하는 것이 보다 위험성이 적고 다량 생산할 수 있었을 것이다. 신라 고분에서 출토되고 있는 유리그릇과 유리제품을 면밀히 조사해 보면 분명 기술자의 도입이 있었다고 생각되는 유물이 있다. 황남동 98호분 북분 출토 진남색 민무늬 둥근바닥 잔과 대형 가슴장식의 상감구슬 중 황색 반점무늬 상감구슬이 그것이다.

진남색 민무늬 둥근바닥 잔그림 192은 크고 작은 기포가 전체적으로 많이 들어 있고 큰 기포들은 모두 좌우로 늘어나 있으며 기벽이 찌그러지고 보통 두껍게 만들어지는 바닥이 얇고 틀어진 상태로 파열을 보이고 있는 등 치졸한 불기기법이 인정되는 작품이다. 크고 작은 기포가 많은 것은 진남색 유리 재료를 녹이는데 충분히 녹지 않은 상태로 거품이 남은 상태의 용해유리였음을 보여주고 있다. 이것은 소재를 가지고 와서 신라에서 다시 녹였던 것을 암시하는 것이다. 또한 유리를 부는 대롱에 감아 부쳐 균질하게 정리한 다음에 불어서 성형하는 기본적인 예비과정을 거치지 않았기 때문에 유리 기벽이 찌그러지게 되었던 치졸한 제작법을 노출하고 있다.

로마세계의 숙련된 장인이 불기기법으로 성형하는 경우에는 반드시 유리그릇의 바닥부분에 유리를 모아 두껍게 부는 것이 일반적이었는데 이 진남색 민무늬 둥근바닥 잔의 바닥은 초보적인 공인이 만든 것처럼 얇게 만들어져 있다. 더욱이 아가리 부분의 마감을 위해 바닥에 펀티를 부치는 것이 로만글라스 전성기의 기본 기법이었는데 이 작품에는 분명하게 펀티의 흔적이 남아 있어 로만글라스의 기법이 사용되었음을 보여주고 있다. 이런 사실들은 로만글라스의 기법이 도입돼 있었음을 시사해 주고 있다.

한편 황색 반점무늬 상감구슬그림 183 · 184은 서아시아와 로마세계에 퍼져있던 상감구슬의 다양한 장식을 이미지로 그려서 진남색과 녹색 같은 단색 구슬에 황색 비즈 같은 작은 구슬을 강제로 녹여 부치거나 황색 유리조각을 녹여 부쳐서 만든다는 점에서 상감구슬 제작의 초보적인 기술이 도입돼 있었던 상황을 엿볼 수 있다. 그런데도 이런 신라제 반점무늬 상감구슬의 인기는 널리 퍼져서 일본 각지의 고분에서 신라제로 보이는 반점무늬 상감구슬이 출토되고 있다.

그러나 유리공예는 금속공예나 도예와 달리 화학지식과 용해기술, 그리고 불기기법 등의 성형기술에서 첨단의 지식과 기술이 요구되기 때문에 겨우 도입되었던 유리 기술이 신라에 정착하지는 못했던 것 같다. 이후의 유적에서 신라제 유리로 보이는 것이 출토되지 않는 것에서 그런 사정을 추측할 수 있다.

한편 로마세계에서 전래되었던 후기 로만글라스는 신라의 왕족과 고급 귀족들에게 사랑받았다. 예를 들면 황남동 98호분 북분 출토 담록색 줄무늬 봉수병그림 156을 보면 부서진 손잡이를 금줄로 보수했던 상태로 출토되었다. 이런 유리그릇이 귀중품으로 소중하게 사용되었던 상황을 잘 보여주는데, 신라에서 출토되는 후기 로만글라스의 원산지를 추정하기란 그리 쉽지가 않다. 왜냐하면 지중해 지역에서 유럽 전역으로 퍼져 나가 로마세계 각지에서 유리 산업이 일어났고, 여러 지방에서 대량 생산되었기 때문이다. 그러나 이러한 생산지에서 제작되었던 유리그릇이 모두 같은 종류였을 리는 없기 때문에 로만글라스의 산지를 어느 정도 추정할 수는 있다.

지중해 동안 시리아 북부의 안티오키아Antiochia · 아렙포Aleppo, 시리아 지방 남부의 시돈Sidon · 티루스Tyrus · 아크르Acre, 또는 이집트 북안의 카이로 · 파이윰Faiyum 동북 교외의 카라니스karanis 등은 유리공예품의 최대 생산지였다. 물론 로마의 본거지인 이탈리아반도 각지에도 유리산지가 있으며 더욱이 에스파니아와 브리타니아, 갈리아 또는 흑해 서안의 로마속주였던 다키아(현재 루마니아), 모에시아와 트라키아(현재 불가리아)에서도 유리공방지가 발견되고 있다. 우선 독일의 쾰른에서는 로마의 식민도시가 세워져 있었기 때문에 여러 곳의 유리공방지가 발굴되고 있다.

뒤에 서술하는 바와 같이 신라 출토 후기 로만글라스의 대부분은 지중해 동안 지방에서 제작된 후기 로만글라스와 강한 연관성을 가지고 있는 것이 분명하다. 각각의 후기 로만글라스에 대해서는 더욱 정밀한 조사를 통해 찾아낼 필요가 있지만 그 원류가 지중해 동안 지방에 있었던 것이 틀림없다.

그러나 그 원산지가 지중해 동안 지방의 유리산지에 있다고 하더라도 신라가 직접 그 지방들과 관계를 가지고 있었다고는 생각되지 않는다. 당시 로마세계의 유리산지는 대량생산을 통해 널리 유라시아 대륙 전체로 수출되고 있었기 때문에 그것을 취급하는 무역상들이 각지에서 활동하고 있었다. 지중해 동안의 유리 생산지에서는 흑해 서안~북안에 걸치는 지방에 대량 수출되고 있었고, 이런 제품들이 오늘날의 러시아 남쪽 일대에서 다른 소재의 로마제품과 함께 대량으로 발견되고 있다.

신라에 전래된 후기 로만글라스는 그렇게 러시아 남쪽으로 운반되었던 무역상품이 스텝루트의 기만민족들에 의해 다른 로마 계통의 문물과 함께 전래되었던 것이었다. 스텝루트 상에서 출토되는 같은 종류의 유물들이 그것을 말해 주고 있다.

외국에서 출토되는 비슷한 유물

4~6세기 전반의 신라고분에서 출토된 25점의 유리그릇이 외국에서의 전래품일까 아니면 신라에서 제작된 것일까? 이미 앞에서 분명하게 밝혀 두었지만 이 중에 후기 로만글라스 기법으로 신라에서 만들어졌을 것으로 추정되는 황남동 98호분 북분 출토의 진남색 민무늬 둥근 바닥 유리잔그림 192과 경주 안계리 4호분 출토 진남색 민무늬 유리바리 등을 제외하고, 신라의 로만글라스와 비슷한 것이 외국의 어디에서 출토되는가를 살펴보기로 한다.

금관총 출토 2점의 물결무늬 굽다리 유리잔과 동일한 그릇이 신라에서 출토된 적은 없다. 반면에 2점 중에 물결무늬 굽다리 유리잔그림 232 우과 비슷한 모양이 외국에서 출토된 예는 있다. 카자흐공화국 사리 · 쿨 호반의 카라 · 아가치유적에서 1904년에 A.A.코즈레프가 발굴한 5세기 묘에서 출토되었다.그림 240

이 카라 · 아가치유적의 물결그물무늬 굽다리 유리잔은 금관총의 유리잔보다 약간 크지만 기법과 기형이 아주 닮아 있다. 아가리부분과 굽다리 연결부가 고리모양테두리로 되어 있는 특징은 말할 것도 없고 청색 유리막대를 녹여 붙여서 장식한 점도 동일하다. 다만 카라 · 아가치유적의 유리잔 몸체 아랫부분이 물결무늬가 아닌 그물무늬로 돼 있는 점에 차이가 있지만, 카라 · 아가치유적의 잔은 금관총 형식의 잔에 그물무늬를 장식한 두 가

그림 240 물결그물무늬 굽다리 유리잔. 높이 16 ㎝. 카자흐공화국 사리 · 쿨 호반의 카라 · 아가치유적 출토. 5세기. 금관총 출토품 2점(그림 232)과 닮아 있다.

지 형식의 병용이란 점이 중요하다. 이 두 잔이 같은 시대 같은 지방에서 만들어졌을 가능성을 분명하게 보여준다.

또한 카라·아가치유적이 5세기로 편년되고 있는 점은 신라고분에서 출토된 같은 잔의 연대를 생각하는데 중요한 시사를 제공하고 있다. 금관총과 아가치의 유리잔에 사용된 고리모양 입술의 제작기법과 물결과 그물 무늬의 장식기법이 공통되는 것은 신라에서도 서봉총의 담록색 물결그물무늬 유리잔그림 234, 황남동 98호분 남분의 담록색 물결그물무늬 유리잔그림 238, 월성로 가-13호분의 물결무늬 유리잔그림 238 등 출토 예가 적지 않다.

이런 그물무늬 유리잔이 외국에서 출토되는 예로는 우선 중국 하북성 경현景縣의 5세기 무렵 조씨묘祖氏墓의 그물무늬 유리잔그림 241이 있다.(장계張季, 하북성경현조씨묘군조사기,『고고통신』1957년 제3기, 북경, 과학출판사) 이밖에 이집트 파이윰 동북부의 카라니스(4세기), 카자흐공화국 카라·아가치유적(5세기)그림 240, 키르키즈공화국 자르 알리크묘지(4~5세기)그림 242, 러시아 남부 흑해 북안의 노바야 마야티카유적(5세기)그림 242, 슬로바키아 레드니카·오스트라바고분(4~5세기)그림 243, 독일 쾰른의 룩셈부르크거리유적(4~5세기)그림 244 등이 있고, 전세품으로 지중해 동안 지방의 출토로 전해지는 유물이 많다.

또한 이런 물결무늬와 그물무늬 유리잔에 사용된 고리모양 입술과 고리모양볼록띠 그리고 황남동 98호분 남분의 담록색 민무늬 유리잔 2점그림 159 등과 비슷한 유물로는 우선 중국 북연 풍소불묘馮素弗墓(묘주 415년 사망) 출토의 담록색 유리바리그림 245가 있다.(여요발黎瑤勃, 요녕북표현서관영자북연 풍소불묘,『문물』1973년 제3기, 북경, 문물출판사)

그리고 고리모양입술과 고리모양볼록띠의 기법을 사용한 것은 이집트의 카라니스 유적에서 가장 많이 출토되었다. 이 유적에서는 1~4세기에 걸쳐 수백 점에 달하는 로만글라스가 출토되어 대규모 로만글

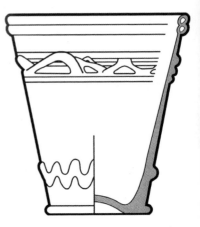

그림 241 그물무늬 유리잔. 높이 6.7cm. 입지름 10.3cm. 중국 하북성 경현 북위 조씨묘 출토. 5세기 무렵 시리아 지방 제작. 중국역사박물관 소장. 신라 출토 물결무늬 그물무늬 로만글라스와 유사하다. 조씨묘는 북위의 도읍이었던 평성平城(대동大同)에 축조된 것으로 뒤에 경현으로 이장한 것이다. 신라 로만글라스의 전파를 생각하는데 중요한 단서가 된다.

그림 242 물결무늬 유리잔. 높이 7.7cm. 입지름 7.2 cm. 키르키즈공화국 이시크·쿨 호수 동쪽 자르 아리크묘지 출토. 4~5세기. 신라 출토 물결무늬와 그물무늬 로만글라스와 그릇과 무늬가 유사한 예 중 하나이다.

그림 243 그물무늬 유리잔. 높이 13.5cm. 슬로바키아 레드니카·오스트라바고분. 4~5세기. 프라하국립박물관 소장. 신라 출토 그물무늬와 물결무늬 유리잔의 로만글라스와 유사한 예 중 하나이다.

그림 244 그물무늬 유리잔. 높이 13.5cm. 독일 퀼른 룩셈부르크거리유적 출토. 4~5세. 로만게르만박물관 소장. 신라 출토 그물무늬와 물결무늬 유리잔의 로만글라스와 유사한 예 중 하나이다.

신라가 꽃피운 로마문화

그림 245 담록색 유리바리. 높이 4.3cm, 입지름 13cm. 중국 요녕성 북표현 서관영자 북연 풍소불묘 출토. 4~5세기 초 시리아 지방 산. 요녕성박물관 소장. 이 바리는 서봉총의 진남색 유리바리(그림 235)와 황남동 98호분 남분의 담록색 민무늬 유리잔 2점(그림 159)과 고리모양입술의 기법과 유사한 중국의 출토 예이다.

라스의 제작지로 유명해졌다. 이 고리모양입술기법은 로만글라스의 전형적인 제작기법이었기 때문에 이외에도 출토 예가 아주 많다. 러시아 남부, 지중해 동안, 라인강 유역, 이탈리아, 스페인, 유고슬라비아, 터키 등에 분포하는데, 풍소불묘와 카라니스 유적의 출토품은 제작연대와 제작지, 그리고 동쪽으로 전래된 루트를 생각하는데 중요한 단서가 될 것이다.

금령총과 가야의 합천 옥전 M6호분 출토 진남색 반점무늬 유리바리그림 233 · 236와 비슷한 유물은 러시아 남부의 돈강 하구에 가까운 로스토프유적과 키에프 남부의 체르카스카지구, 조지아의 기리야치, 아젤바이잔의 스마타우로, 우크라이나지방, 크림반도, 카프카스지방 유적 등에서 약 50여 점의 출토 예가 보고되고 있다그림 248. 그리고 이들 유적 연대의 대부분은 4세기로 늦어도 5세기 전반이다. 이런 유리바리의 크기는 모두 높이가 6~7cm 입지름이 6~7cm로 금령총의 7.6cm에 가깝다.

이들과 같은 형식의 반점무늬 유리잔은 나아가 지중해 연안지역 전체와 도나우강과 라인강 유역의 헝가리, 오스트리아, 독일의 쾰른 지방에서도 다수 출토되고 있다그림 246. 예를 들면 헝가리에서는 부다, 바라톤호, 도나우강의 중간지점에 있는 타츠의 로마유적과 판노니아의 사쿠바르유적 출토가 보고되고 있다. 모두 담록색 유리바탕에

그림 246 진남색 반점무늬 유리바리. 비엔나 출토. 4~5세기.
비엔나미술사박물관 소장.

그림 247 진남색 반점무늬 유리바리. 높이 8.5cm. 입지름 11cm.
시리아 지방 출토. 5세기. 일본 개인 소장.

외국에서 출토된 반점무늬 유리바리와 제작방법(그림 246~249)

금령총과 합천 옥전 M6호분 출토품(그림 233 · 236)과 비슷한 유물은 지중해 주변 전역에서 러시아 남부, 헝가리, 오스트리아, 독일에 걸치는 4~5세기 유적에서 다수 출토되고 있다.

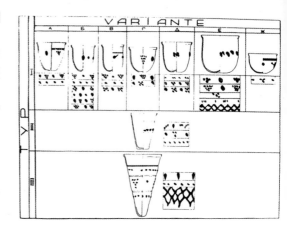

그림 248 러시아 남부의 고분에서 출토된 약 50여 점의 다양한 타입의 진남색 반점무늬 유리바리 4~5세기

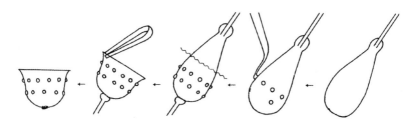

그림 249 로만글라스 반점무늬 바리 제작법 금령총과 합천 옥전 M6호분 및 외국의 출토 예 참조.(그림 233 · 246~248)

진남색 유리로 반점무늬를 녹여 붙인 것이다. 또한 쾰른 지방의 출토품은 러시아 남부, 카프카스, 헝가리 등의 출토품에 비하면 반점이 약간 큰 것이 많고 진남색 외에 갈색유리의 반점무늬가 많으며 반점무늬

신라가 꽃피운 로마문화

에 물결무늬를 함께 사용한 것도 많다.

이처럼 각지에서 출토되는 것 모두가 4~5세기 유적에 한정되고 있다. 따라서 금령총과 합천 옥전 M6호분의 진남색 반점무늬 유리바리는 지중해 주변에서 만들어진 작은 반점무늬 계통에 속하는 것으로 지중해 연안에서 러시아 남부, 카프카스, 우크라이나 또는 도나우강 유역으로 전해졌던 시리아 지방의 생산품으로 생각되며, 쾰른 지방의 것은 동일한 디자인을 채용하면서도 독자적으로 변형된 형식으로 다소 거리가 있다고 보아야 할 것이다.

러시아 남부와 카프카스에서 신라 사이의 루트에서 지금까지 이런 유물이 출토된 적은 없으나 금관총 출토 물결무늬 굽다리 유리잔과 민무늬굽다리 유리잔 등과 마찬가지로 스텝루트를 통해 이동했을 것은 충분히 상상할 수 있다. 스텝루트 남쪽의 실크로드와 바다의 실크로드에서는 출토되지 않는다는 것이 그 반증이 될 것이다.

천마총 출토의 진남색 거북등무늬유리잔그림 128과 비슷한 유물이 동양에서 출토된 적은 없으나 지중해 주변, 흑해 주변, 러시아 남부, 도나우강과 라인강 유역에 걸쳐 비교적 다수의 출토 예가 있다그림 129~134. 우선 독일 쾰른 야콥스거리고분[콘스탄티누스 2세의 은화(350년경) 동반 출토] 출토품(4~5세기)그림 134과 팔슈바일러고분 출토품이 있다. 후자에서는 별도로 '프론티누스'의 이름이 새겨진 4세기의 봉수유리병이 출토되어 이 유리잔 역시 쾰른 지방에서 제작되었음을 보여주고 있다.(유리공인 프론티누스의 공장이 쾰른에 있었던 것으로 추정된다)

그 밖에 지중해 동안 시리아 지방 출토로 전해지는 코닝글라스박물관 소장품(4~5세기)그림 129와 시리아 남부 틸즈 출토로 전해지는 대영박물관 소장품(4세기), 러시아 남부 흑해 북안의 라제네크 출토품(4~5세기), 그리스 사모트라케 섬의 네크로폴리스 출토품(수백 점의 유리그릇이 출토되었으나 종합적인 보고서는 미간), 이집트 파이윰 동북 근교의 카라니스 출토품(4세기) 외에 프랑스, 헝가리, 유고슬라비아, 이탈리아의 시실리 섬 등의 출토가 보고되고 있다.

이런 유리잔에는 거북등무늬 위에 세로로 홈을 넣는 것과 넣지 않는 것이 있고, 거북등무늬가 마름모꼴로 된 것도 있다. 모두 4세기로 편년되는 유적에서 출토되고 있으며 늦어도 5세기 초를 넘지 않는다. 이 거북등무늬 유리잔은 극히 특수한 기법이 사용되어 독일의 W.하베레이는 팬케이크 모양의 접시같이 평평한 바닥에 거북등무늬가 있는데, 올라가면서 세로 홈 무늬가 있는 거푸집을 사용해 불었던 것으로 생각되며 그것을 다시 잔모양으로 부풀리기 위해 밑으로 갈수록 거북등무늬가 크게 늘어나게 되었던 것으로 설명하였다그림 135. 사실 이 유리그릇과 비슷한 유물은 모두 아래로 내려갈수록 거북등무늬가 커지는 특징이 있다.

따라서 이런 유리그릇은 같은 시대 같은 지방에서 만들어졌든지 아니면 그 기법을 가진 공인의 이동으로 다른 장소에서 만들어졌을 것이다. 결국 쾰른지방의 출토품에는 아가리 부분의 외반(밖으로 접힘)이 비교적 작고 담록색을 띤 것이 많으나 지중해 주변에서 출토되는 것은 아가리 부분의 외반이 비교적 크며 진남색이 많다. 아가리 부분의 외반이 비교적 큰 천마총 출토 거북등무늬 유리잔의 원류와 제작연대를 생각하는데 중요한 참고가 될 것이다.

황남동 98호분 북분 출토 5점의 유리그릇은 다른 신라고분이나 중국과 일본고분 출토의 유리그릇과 비교해 보면 모두 특별한 유리그릇이지만 비슷한 유형의 유리그릇으로는 지중해연안과 라인강 유역의 출토품이 많아 이로부터 작품의 분석을 진행시켜 보고자 한다.

우선 담황록색 투명 커트 유리바리그림 187는 필자가 아는 바로는 독일 엘빈 오페렌더의 고대유리컬렉션에 들어 있는 1점그림 189과 베를린국립박물관 오리엔트부의 1점그림 190이 있다. 전자는 지중해 동안

로만글라스에서 사산조글라스로의 전환

6세기에 들어 로마세계와 접촉을 끊은 신라에는 이후 주로 페르시아 계통의 문물이 중국을 매개로 약간 유입되었을 뿐이다. 이렇게 사산조글라스는 신라와 중국 간 국교의 깊이를 암시하는 것으로 그림 251·252 일본과 중국의 출토품은 그런 상황을 방증하고 있다.

그림 250 고리무늬장식유리잔과 금제 사리함유리병. (잔) 높이 7cm. (금제 함) 높이 15.9cm. 경상북도 칠곡군 동명면 송림사 5층전탑 출토. 통일신라시대 8~9세기 국립대구박물관 소장. 고리무늬장식이 있는 전형적인 사산글라스다. 이 잔이 불교의 사리함으로 전용되었던 것과 당의 장안성에서도 비슷한 유물〈그림 252〉이 출토되고 있는 점에서 중국 경유로 전래되었음이 명백하다.

그림 251 진남색 유리잔. 높이 약11cm. 7세기. 나라시 도다이지東大寺 쇼소인正倉院 소장. 고리무늬 장식의 사산글라스로 신라와 중국 출토품과 비슷한 형태다.

그림 252 둥근고리연결무늬 유리바리. 높이 9.7cm. 중국 섬서성 서안 하가촌 당唐 장안성 흥화방興化坊 빈왕부邠王府 출토. 7세기 무렵. 섬서성박물관 소장. 신라 사리잔과 같은 기법으로 만들어진 사산글라스로 중국에서 출토된 페르시아 계통 문물 중 하나.

출토로 전해진다. 컬렉션 전람회의 카탈로그에는 2세기 무렵으로 되어 있지만 약간 더 올라갈 것이다. 후자는 4~5세기로 되어 있다.

이 2점 모두 북분 출토 커트 유리바리와 거의 같은 형식으로 가로 띠 줄이 상하 2줄로 커트되어 가로띠의 상단과 하단 그리고 중단에는 구슬커트로 된 구슬연결무늬가 만들어졌다. 아가리 부분이 약간 밖으로 제쳐 져 있으며 입술 부분이 연마돼 있는 점도 동일하다. 다만 북분의 커트 유리바리는 입술 부분이 미완성이라는 점이 다른 2점과 차이가 있다. 제작법에 대해서는 그림 188을 참고할 것. 크기에 대해서도 북분 출토품이 높이 6.6㎝ 입지름 9.4㎝이고 오펜렌더 소장품도 높이 6.8㎝ 입지름 9.8㎝로 거의 비슷하다.

이런 커트형식은 로만글라스에도 곧잘 사용되었던 수법이었다. 사산글라스의 경우에는 가로 띠 줄의 커트를 넣지 않고 구슬커트를 상하좌우로 연접시켜 아름다운 거북등무늬를 만드는 것을 특색으로 하지만, 로만글라스는 원형커트를 병렬시켜 거북등무늬를 만들지 않는 것이 특징이다. 또한 로만글라스에서는 특히 둥근 무늬를 강하게 연접시킬 경우에 마름모 모양 패턴이 만들어질 정도로 이어붙여서 커트하는 것이 보통이었다. 이런 양자의 차이는 제작자의 디자인 감각 차이에서 유래한 것으로 이른바 제작자가 속해 있던 사회와 민족적 감성의 차이를 나타낸다. 따라서 북분 출토품도 로만글라스 계통의 유리그릇임에 틀림 없다.

차갈색 줄무늬 굽다리 유리잔그림 191과 아주 비슷한 유물의 출토는 아직까지 알려진 바가 없다. 그러나 기법상 같은 계열의 유물은 1세기 무렵의 로만글라스 산지에서 유행했던 마블유리와 줄무늬유리에서 비롯된 것으로 전형적인 예가 4~7세기 독일 라인강 유역의 프랑크글라스로 계승되었다가 7~9세기 이슬람글라스에도 수용되었다.

이들 유리의 특색은 담록색 바탕유리에 유백색의 유리 막대를 감아 물결무늬 내지 줄무늬로 장식하는 것이다. 북분의 줄무늬 유리잔은 담록색의 바탕유리가 담황색으로 변하고 유백색의 유리 막대가 차갈색으로 바뀌었을 뿐 기법은 동일하다. 또한 굽다리 연결부를 안쪽으로 말아 고리모양의 입술을 만들고 있는 점도 지중해 연안의 로만글라스에서 보이는 일반적인 특색이다. 그렇기 때문에 이 유리그릇 역시 쾰른 지방 출토품과 기법상 유사점이 보인다고 하더라도 쾰른 지방 로만글라스의 기술적 원류였던 지중해 동안 시리아 지방 북부의 안티오키아나 아렙포 등의 유리산지에서 만들어진 것으로 보아야 할 것이다.

남색 민무늬 둥근바닥 유리잔그림 192에 대해서는 그 제작기법에 이해하기 어려운 점이 많다. 우선 이 유리그릇은 안과 밖의 벽 모두 불기기법으로 제작될 때 나타나는 특징인 매끈함이 없고 거푸집 표면의 흔적으로 보이는 요철이 붙어 있고 크고 작은 기포가 대단히 많으며 커다란 기포는 모두 좌우로 늘어나 있다.

바닥에 펀티 자국이 있지만 둥근 바닥이다. 그러나 입술 부분의 마감이 매끄러운 것을 보면 아가리 부분을 가열 소성했던 것으로 보인다. 이미 서술한 바와 같이 이 유리그릇이 불기기법으로 만들어진 것이라면 신라에서 만들어졌을 가능성이 충분히 있다. 왜냐하면 유리그릇의 바탕에 많은 기포가 포함되어 있을 뿐 아니라 미완성의 극히 치졸한 기술로 다듬어졌던 점이 그것을 말해 준다.

이런 상황은 이 작품이 기술도입을 통해 신라에서 제작되었을 가능성을 분명히 시사하고 있어 로만글라스의 기술이나 로마세계의 기술이 신라에 도입돼 있었음을 보여주는 아주 중요한 자료가 된다. 금은 제품의 제작에서 로마디자인의 장신구가 신라의 독자적 기교로 제작되었던 것과 공통되는 현상이 여기에서도 분명히 나타나고 있다. 마찬가지로 이 남색 민무늬 둥근바닥 유리잔과 같은 내용은 경주 안계리 4호분 출토 진남색 민무늬 유리바리그림 237에도 적용될 수 있다.

어쨌든 북분 출토의 유리그릇들은 오늘날까지 출토되고 있는 다른 신라고분과 중국·일본의 유리그릇과는 전혀 관련성이 없는 다른 종류의 유리그릇임을 지적해 둘 필요가 있다. 이 사실은 신라에서는 북분에서 처음으로 중국 남조 동진의 갈색자기 두 귀 달린 단지그림 199, 보석상감 금팔찌그림 178, 거북등동물타출무늬 은잔그림 195이 출토되었으며 고분의 주인공이 다른 고분의 피장자와 전혀 다른 계통의 문화와 깊은 관계를 가지고 있었음을 말해준다.

신라고분 출토의 후기 로만글라스들은 신라에서 로마문화의 에너지를 축적하고 있었음을 보여주는 상징적 유물이다. 그러나 그렇기 때문에 신라가 중국과 밀접한 관계를 맺고 불교문화를 적극적으로 도입하기 시작하면서 갑자기 로마세계와 직접적인 관계를 보여주는 문물의 유입이 끊어지고 말았다. 물론 5세기 말에서 6세기 초에 걸친 로마세계의 대변혁이 신라와 로마세계의 관계를 끊어지게 했고, 로마계통 문물의 유입을 정지시켰던 원인이 되기도 했을 것이다.

로만글라스에서 사산글라스로 바뀌다

중국과 국교가 시작되면서부터는 중국을 통해 사산조페르시아 계통의 문물이 들어오게 된다. 그것을 암시하는 대표적인 예가 경상북도 칠곡군 동명면에 있는 송림사 5층 전탑 출토 사산글라스의 고리무늬장식 녹색유리사리기그림 250이다. 이 전탑은 통일신라시대 초기에 조영된 것으로 알려져 있다.

이 유리그릇은 일본 도다이지東大寺 쇼소인正倉院의 진남색 유리잔 그림 251과 같은 부류의 공인이 만든 작품인데, 사리용기로 사용되었다는 것 자체가 중국 경유로 들어왔다는 사실을 시사해준다. 사실 이러한 경로를 방증해주는 유물이 중국에서 출토되고 있다. 당 현종이 안록산에게 쫓겨 장안長安이 함락되었을 때 조카를 시켜 궁중 보물들을 묻어두었던 것이 1970년 서안 하가촌 장안성 흥화방 분왕부 터에서 큰 도제단지 2개와 은단지 1개에 들은 채로 출토되었는데, 단지 안에는 약 1,000점의 금은 제품을 비롯한 보물들이 들어 있었다.(섬서성박물관 · 문관회혁사작소조, 「서안남교하가촌발견당대교장문물」, 『문물』 1972년 제1기, 북경, 문물출판사) 보물 중에는 송림사 5층 전탑 출토 녹색유리사리기그림 252와 동일한 기법으로 만들어진 고리무늬장식 유리바리가 포함돼 있었다. 이 유리그릇의 고리무늬 장식이 전형적인 사산글라스임은 다시 말할 필요가 없다.

이처럼 통일신라시대(677~935년)가 되면 한반도에는 서방문화로서 주로 중국문화의 필터를 거친 페르시아 계통의 문화가 아주 드물게 유입되는 정도에 불과하게 되었다. 로마문화와 직접적인 접촉은 아주 없어지게 되었다. 4~6세기 전반 삼국시대 신라고분에서 출토되는 후기 로만글라스들과 송림사 5층 전탑 출토의 사산글라스 잔은 신라문화와 통일신라문화의 차이와 변화를 한눈에 알아 볼 수 있게 해 주는 상징적인 자료이다.

제9장

부정할 수 없는 뿔잔들 - 도제 류톤

❙ 뿔잔(도제 류톤)의 출토

4~6세기의 신라·가야고분에서는 그리스·로마세계에서 유행했던 '류톤'의 계보를 잇는 뿔잔(각배)을 비롯해 손잡이가 달린 컵과 굽다리잔, 기마인물형 그릇과 특이한 토기들이 다양한 변형으로 출토되고 있다. 이런 그릇모양(기형)과 그릇종류(기종)는 중국문화와는 거의 관계가 없는 토기들로 고구려와 백제에서는 출토되지 않는다.

우선 류톤과 뿔잔에 대해 그 이름의 유래부터 해설해 두고자 한다. 원래 류톤Ryuton은 그리스어로 '뿔모양 잔'을 가리키는 말로 '뿔잔'은 소·양·산양 같은 동물의 뿔 그대로를 술잔으로 한 것을 가리키며 넓게는 그런 형태로 만들어진 금속기, 도자기, 유리그릇, 토기, 석기 등도 '뿔잔'으로 불리고 있다. 따라서 대체적으로는 '류톤'='뿔잔'으로 생각해도 좋을 것이다.

토기라는 극히 일상적 그릇에 이렇게 로마적 요소가 아주 강한 그릇이 만들어지고 있었다는 사실은 앞에서 서술했던 것과 비슷한 문화적 상황을 나타내고 있는 것으로 볼 수 있다. 신라인의 일상생활 속에 로마문화가 깊이 침투해 있었던 상황을 여실히 보여주는 실증적 자료라 할 수 있다. 이제 신라와 가야의 고분에서 출토된 토기의 일부를 소개하고자 한다.

뿔잔

신라 경주 미추왕릉지구 제6-C지구 7호분 출토 굽다리 뿔잔그림 253을 비롯해 경주 월성로의 5~6세기 고분에서 출토된 뿔잔그림 254, 출토지 미상이나 신라고분 출토로 전해지는 그림 255와 같은 전형적인 뿔잔들이 있다. 또한 국립김해박물관이 소장하고 있는 가야지역의 의령 대의면 출토 고사리모양 장식이 있는 바퀴모양 굽다리 뿔잔그림 257, 가야지역 함안 말이산34호분(현재 4호분) 출토 바퀴모양장식 굽다리 뿔잔그림 258 외에도 국립경주박물관과 국립중앙박물관이 소장 전시하고 있는 다수의 뿔잔들이 있다.

산양 뿔과 소 뿔 형태의 류톤은 그리스시대에 크게 유행했고 그 전통은 로마시대에 계승되었다. 류톤이 그리스·로마세계에서 유행했던 것은 류톤에 얽힌 다음과 같은 신화에서 비롯되었다.

주신 제우스는 산양 모습을 한 아말테이아Amalthaea 님프의 젖을 먹고 자랐다. 그래서 아말테이아의 뿔은 꽃, 과일, 음료수 등의 먹을 것을 원하는 대로 넘치도록 주는 '풍요의 뿔'이 되었다 한다. 로마신화에서는 '풍요의 여신 코피아의 뿔'이란 뜻의 코르누코피아Cornucopia의 형태로 계승되었다. 다른 전승에서는 강의 신 아케로우스가 소의 모습으로 변해 헤라클레스와 싸우다가 부러진 뿔이 코르누코피아로 불렸는데 원하는 것을 말하면 그 뿔에서 넘쳐 나왔다고 전해지고 있다.

이런 전설에서 그리스·로마세계에서 류톤은 모든 기원을 들어주는 '풍요의 뿔'로서 최고의 행복을 주는 그릇으로 믿어지고 있었다.

신라가 꽃피운 로마문화

신라 · 가야 출토 뿔잔(그림 253~258)

신라와 가야의 고분에서 출토된 그리스 · 로마세계에서 유행했던 '풍요의 뿔'로서 '류톤'의 정신적 전통을 반영했던 '뿔잔'이 다수 출토되고 있다. 다종다양한 뿔잔에는 일상생활까지 로마문화가 깊이 침투돼 있던 상황이 잘 나타나고 있다.

그림 253 굽다리 뿔잔. 길이 15.5cm, 입지름 7.4cm, 굽다리 높이 8.2cm, 바닥지름 10cm. 경주 미추왕릉지구 제6-C지구 7호분 출토. 5세기. 국립경주박물관 소장.

그림 254 뿔잔. 길이 6.5cm. 경주 월성로 가11-1호분 출토. 5~6세기. 국립경주박물관 소장.

그림 255 뿔잔. 길이 10.5cm. 전 신라고분 출토. 6세기. 국립경주박물관 소장.

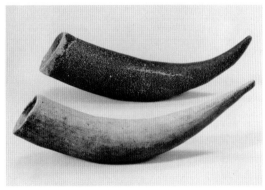

그림 256 뿔잔(2점). (상) 출토지미상. 4~5세기. 국립중앙박물관 소장. (하) 길이 23.9cm. 가야 마산 현동 50호분 출토. 4~5세기. 국립김해박물관 소장.

그림 257 고사리모양 장식 바퀴모양 굽다리 뿔잔. 높이 18.5cm. 너비 24cm. 가야. 의령 대의면 출토. 5세기. 국립김해박물관 소장.

그림 258 바퀴모양장식 굽다리 뿔잔. 높이 14cm, 너비 20cm. 가야 함안 말이산 34호분(현4호분) 출토. 5세기 국립김해박물관 소장

그리스 · 로마세계의 류톤(그림 259~263)

모든 바람을 들어주는 '풍요의 뿔' 신앙에 따라 다양한 류톤이 만들어졌다. 소재로는 뼈, 뿔, 금, 은, 보석, 유리, 흙, 나무 등이 있고, 선단은 여신, 말, 소, 산양, 사자 등의 상반신과 머리상으로 장식되는 것이 많았다. 트라키아 출토품은 그리스인 금세공사나 그들에게서 배운 트라키아 금세공사의 작품으로 생각되고 있다.

그림 259 스핑크스모양 은제 류톤. 높이 20.2cm. 트라키아 출토. B.C 4세기. 불가리아 루쎄주립역사박물관 소장.

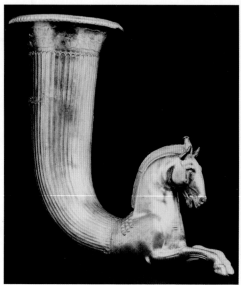

그림 260 말모양 은제 류톤. 높이 20.2cm. 트라키아 출토. B.C 4세기 불가리아 루쎄주립역사박물관 소장.

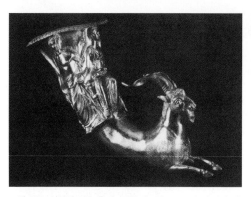

그림 261 숫산양모양 은제 류톤. 높이 14cm. 트라키아 출토. B.C 3세기 전후. 불가리아 프로우디프고고학박물관 소장.

그림 263 유리제 류톤(2점). (좌)영국 출토. (우)이탈리아 출토. 5~7세기. 대영박물관 소장.

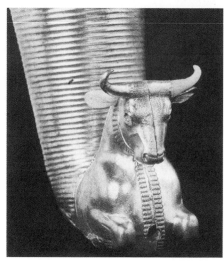

그림 262 수소모양 은제 류톤. 높이 16.5cm. 트라키아 출토. B.C 4세기. 불가리아 루쎄주립역사박물관 소장.

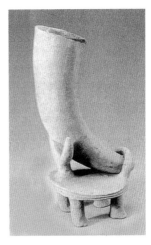

그림 264 받침 달린 뿔잔. 길이 22.5 cm. 굽다리 높이 11cm. 경주 미추왕릉지구 6-C지구 출토. 5〜6세기. (뿔잔)국립중앙박물관, (굽다리)국립경주박물관 소장

그림 265 굽다리 고리장식 뿔잔. 높이 21.8 cm. 동해5호분 출토. 5세기 강원대학교 박물관 소장

그림 266 받침 달린 뿔잔. 길이 23.7cm. 전 경주 출토. 5세기. 국립중앙박물관 소장

신라 · 가야 출토 받침 달린 뿔잔(그림 264〜269)

부장용의 명기로 만들어진 것으로 받침대로 받친 것과 받침대를 붙인 것이 많고 굽다리 접시나 수레바퀴 등 다양한 형태의 받침대가 고안되었다.

그림 267 받침 달린 고사리장식 뿔잔. 가야. 김해 양동리304호분 출토. 5〜6세기. 국립김해박물관 소장.

그림 268 받침 달린 쌍 뿔잔. 높이 20.8cm. 전 신라고분 출토. 5세기. 호암미술관 소장.

그림 269 수레바퀴장식 뿔잔 2점. 높이 15cm. 전 신라고분 출토. 5세기. 호암미술관 소장.

신라 · 가야 출토 동물모양 뿔잔(그림 270~275)

가야지역에서는 전형적인 로마의 영향을 보여주는 말
머리장식 뿔잔 2점이 출토되었다(그림 271). 또한 신
라 · 가야에서는 기마인물, 개, 말, 거북 등 받침에 1~2
개의 뿔잔을 올린 참신하고 독특한 뿔잔이 제작되고 있
었다.

그림 271 말머리 장식. 뿔잔 높이 12.1
cm. 가야 부산 복천동고분군 출토.
5세기. 국립중앙박물관 소장. 출
토된 2점 중 1점. 로마세계에서 유
행했던 동물머리장식을 붙인 류
톤의 영향을 전형적으로 보여주
는 유물.

그림 270 개모양 받침 달린 뿔잔.
높이 24.4cm. 가야. 부산 복천
동 1호분 출토. 5~6세기 국
립중앙박물관 소장.

그림 272 기마인물 받침 달린 뿔잔(기마인물형토기).
높이 23.2cm. 전 가야 김해 덕산리 출토 5세기 국
립경주박물관 소장 말갑옷을 두른 말에 타고 있
는 전사는 몽고발모양 투구와 목가리개를 붙인
갑옷으로 무장하고 오른 손에는 무기를 왼손에는
방패를 들고 있다.

그림 273 말 받침 뿔잔. 높이 19.5cm. 전
신라고분 출토. 5세기. 호암미술관

그림 274 거북 받침 달린 뿔잔. 높이 22cm. 전
경주 출토. 5세기. 호암미술관 소장.

그림 275 말 받침 뿔잔. 높이 21.5cm.
전 경주 출토. 5세기. 호암미술
관 소장.

신라에서 뿔잔의 유행은 이러한 로마세계의 '풍요의 뿔'에 소원을 담았던 습속이 수용되었던 결과였다. 이 정도로 신라인의 일상생활 속에 로마적 정신문화가 침투해 있었던 것이다. 단순히 문물로서 수입되었던 것이 아니라 정신문화 자체가 수용되었던 것을 이러한 뿔잔들이 말해 주고 있다.

로마세계에서 류톤은 토기뿐 아니라 유리그림 263, 보석, 금은, 뼈와 뿔, 나무 등 다양한 재료로 만들어졌으며, 류톤의 끝은 여신, 말, 소, 산양, 사자 등의 상반신과 머리의 상으로 장식되었다.그림 259~262

가야지역의 부산 복천동고분군에서 출토된 2점의 말머리장식 뿔잔그림 271 등은 이런 로마세계 류톤의 영향을 받았던 전형적인 예가 될 것이다. 류톤은 굽다리를 만들지 않는 것이 보통이지만 명기明器(부장용 모형과 인물상)로서 고분에 부장되기 위해 만들어진 것으로 신라·가야고분의 출토 예처럼 지지대로 굽다리를 붙인 것도 있다.그림 253·257·258·264~270·272~275

이렇게 굽다리가 붙은 뿔잔 중에는 개 등에 태운 모양의 뿔잔그림 270, 가야의 김해 덕산리 출토로 전해지는 기마인물상을 장식한 뿔잔그림 272과 같이 변형된 예도 있어 신라·가야 세계에서도 자유롭게 디자인을 바꿔 새로운 뿔잔의 형태를 만들고 있었음을 알 수 있다. 류톤과 뿔잔은 원래 행운을 가져오는 '풍요의 술잔'으로 제작되었으나 신라인의 일상적인 그릇으로는 뿔잔 외에 고체와 액체를 담는 그릇, 큰 것과 작은 것을 담는 것 같은 다양한 기능과 형태를 가진 그릇들이 만들어지고 있었다.

손잡이 달린 컵모양 토기

의식적인 류톤에 대응되게 일상적으로 마시는 잔에 손잡이가 달린 컵이다그림 165·276~283. 마시는 그릇으로 손잡이를 부칠까 부치지

신라 · 가야 출토 손잡이 달린 컵모양토기(그림 276~283)

신라 · 가야 지역에서는 로마세계에서 상용되던 것과 같은 '손잡이 달린 컵모양토기'가 일반적으로 사용되고 있었다. 중국, 고구려, 백제에서는 거의 보이지 않는 것으로 극히 일상적인 물품으로 신라 사회에 들어온 로마문화의 깊이를 짐작할 수 있는 유물이 된다.

그림 276 (우) 손잡이 달린 컵모양토기. 모두 전 신라 경주 구정동 고분 출토. 3세기 후반~4세기 초. 국립중앙박물관 소장.

그림 277 물결무늬와 작은 고리무늬가 있는 손잡이 달린 컵모양토기. 높이 21.9cm. 전사 가야지역 출토. 5세기. 국립중앙박물관 소장.

그림 278 손잡이 달린 컵모양토기. 높이 6cm, 입지름 4.5cm 가야 합천 옥전 60호분 출토. 5세기. 경상대학교박물관 소장.

그림 279 손잡이 달린 컵모양토기와 작은 받침 (컵). 높이 7cm, 입지름 10.8cm. (받침) 높이 13.2cm. 가야지역 김해 대성동 1호분 출토. 4세기. 경성대학교박물관 소장. 〈그림 280〉과 같이 금속기를 모델로 얇게 만들어진 토기이다.

그림 280 신선로 모양 손잡이 달린 컵모양토기. 높이 9cm, 입지름 11cm. 가야지역. 김해 예안리 36호분 출토. 부산대학교박물관 소장.

그림 281 손잡이 달린 컵모양토기(3종). 모두 전 신라고분 출토. 5~6세기. 국립경주박물관 소장.

그림 282 손잡이 달린 컵모양토기(3종). (우) 높이 10.7cm, 입지름 9.5cm. 모두 가야지역. 함안 황사리고분군 출토. 4세기 국립김
해박물관 소장.

그림 283 손잡이 달린 컵모양토기(5점). 모두 경주 출토. 5세기. 호림박물관 소장.

않을까의 문제는 제작하는 사람이 무의식중에 실천하는 행위로 이것이야 말로 제작자가 속하고 있는 문화의 기본적인 성격을 보여주고 있다. 예를 들어 일본은 물론 중국문화권에서는 보리차잔이나 국그릇에 손잡이를 달지 않은 것이 아주 당연한 것이었다. 반면에 유럽세계에서는 차나 스프를 마실 때 손잡이가 있는 것은 당연한 것으로 손잡이 없는 찻잔이나 스프그릇은 상상하기 어렵다. 일상적으로 사용되는 그릇을 비롯한 도구는 무의식중에 제작자가 속해 있는 문화의 성격을 충실히 반영하게 된다. 따라서 마시는 그릇에 손잡이를 부칠까 부치지 않을까는 그 제작자가 속해 있던 문화가 달랐음을 여실히 보여준다.

신라·가야의 고분에서 다수 출토되는 손잡이 달린 컵모양토기는 로마문화를 기반으로 하고 있었음을 무언 중에 보여주고 있다. 백제와 고구려의 출토품 중에 뿔잔이나 손잡이 달린 컵모양토기가 거의 보이지 않는다는 사실은 그들이 중국문화를 수용하고 있었다는 명백한 증거가 된다. 신라·가야에서 출토되는 손잡이가 달린 컵모양토기 중 몇 가지를 소개해 두고자 한다.

전 경주 구정동고분(3세기 후반~4세기 초) 출토의 손잡이 달린 컵모양토기그림 276(우), 전 가야 출토 물결무늬와 작은 고리무늬가 그려진 손잡이 달린 컵모양토기그림 277 등은 극히 현대적인 모양으로 오늘날 루마니아나 불가리아의 민예도기에서도 볼 수 있는 신선한 디자인이다. 또한 호암미술관 소장의 전 경주 출토 손잡이 달린 컵모양토기그림 283와 가야지역의 옥전 60호분 출토 손잡이 달린 컵모양토기그림 278에 보이는 것처럼 현대 도예가의 솜씨 같은 작품이 있는가 하면, 가야지역의 김해 대성동 1호분 출토 손잡이달린 컵모양토기와 작은 그릇받침그림 279과 김해 예안리 36호분 출토 신선로모양 손잡이 달린 컵모양토기그림 280처럼 금속기를 모델로 만들었을 것 같이 얇은 손잡이가 달린 컵모양토기도 있다.

신라가 꽃피운 로마문화

액체를 마시기 위해 이런 손잡이가 달린 컵은 로마세계에서 극히 일반적인 것으로 다수의 유적에서 출토되고 있다. 신라인들이 일상적으로 사용했다는 것에서 로마문화 수용의 깊이를 읽어 낼 수 있다.

특이한 술잔과 술주전자

경주 서봉총 출토 기마인물 모양 술잔그림 284과 전 경주 출토 같은 모양의 술잔과 같은 상형토기의 걸작을 비롯해 전 경주 출토 오리 모양술잔그림 269, 경주 미추왕릉지구 6-C-3호분 출토 상서로운 동물 모양 술주전자그림 288 외에 유머스럽게 생긴 수레바퀴 받침 달린 술잔그림 285과 받침 달린 배모양술잔그림 286·287, 집모양술주전자그림 290~295 등도 출토되고 있는데, 그 발상과 조형력의 풍부함에 놀라지 않을 수 없다.

이렇게 상형토기를 만드는 발상은 류톤 선단에 인물과 동물모양을 붙이는 발상과 같은 것으로, 그리스·로마시대에 금속기와 토기에 유행하던 디자인이었다. 또한 러시아남부에 근거를 둔 스키타이인들도 그리스·로마의 문화를 적극적으로 수용했기 때문에 이런 상형용기의 조형을 계승하였다. 이렇게 독특한 발상의 상형토기는 시대가 내려오면서 각지에서 만들어지게 되지만 4~6세기 동아시아의 다른 나라에서는 거의 예를 찾아볼 수 없었던 신라만의 독특한 토기였다. 고구려와 백제에서 비슷한 토기의 출토가 거의 보이지 않음은 다시 말할 필요가 없다.

그 밖의 독특한 토기들

신라·가야 지역에서는 하나의 받침에 여러 개의 작은 잔을 올린 것그림 297과 와인잔모양의 굽다리 접시(잔)그림 299, 와인잔을 가죽샌들모양의 받침에 올린 것그림 296과 2개의 찻잔을 이어 붙인 쌍잔그림 298,

그림 284 기마인물형 술주전자(2점). (좌) 높이 21.3cm, 길이 29.2cm. 모두 경주 금령총 출토. 5~6세기. 국립중앙박물관 소장. 2점이 주인과 종자가 세트를 이룬 것 같은 신라 상형토기 걸작의 하나. 말 몸통은 안이 비어 엉덩이 위에 있는 컵으로 넣고 가슴에 돌출돼 있는 대롱으로 따르는 구조이다. 사실적인 표현에서 당시의 의복과 말갖춤 상태를 알 수 있다.

그림 285 수레바퀴 달린 배모양 술주전자. 길이 28.6cm. 전 경주 출토. 5세기 호암미술관 소장.

그림 286 받침 달린 배모양 술주전자. 길이 22.4 cm. 전 경주 출토. 5세기 호암미술관 소장.

그림 287 받침 달린 배모양 술주전자(2종). (우) 높이15cm. 모두 경주 금령총 출토. 5~6세기. 국립중앙 박물관 소장.

신라에서 출토된 특별한 술주전자(그림 284~295)

인물과 동물을 사실적으로 표현한 상형용기는 그리스·로마에서 유행했던 디자인이었다. 신라에서 출토된 특이한 술주전자도 이 계통과 연결되는 것으로 인물과 동물, 집과 배, 일상용품 등이 놀라울 정도로 풍부한 발상과 자유분방한 조형력으로 만들어졌다. 집모양 술주전자에 보이는 높은 마루(고상식) 집 원류가 흑해 서안지방에 있었음을 추정할 수 있다.

그림 288 상서로운 동물모양 술주전자. 높이 15.1cm, 길이 17.5cm. 경주 미추왕릉지구 6-C지구 3호분 출토. 5~6세기. 국립경주박물관 소장.

그림 289 오리모양 술주전자. (좌)높이 15.2cm. 모두 전경주 출토. 5세기. 국립대구박물관 소장.

그림 290 집모양 술주전자. 높이 12.5 cm. 전 신라고분 출토. 5세기. 국립중앙박물관 소장.

그림 291 집모양 술주전자. 높이 20.3 cm. 전 신라고분 출토. 5세기 호림박물관 소장

그림 292 집모양 술주전자. 높이 15.6 cm. 전 신라고분 출토. 5세기. 호림박물관 소장.

그림 293 집모양 술주전자. 높이 11.9 cm. 전 신라고분 출토 5~6세기 호림박물관 소장.

그림 294 집모양 술주전자. 높이 16cm. 전 신라고분 출토. 5세기 숭실대학교박물관 소장.

그림 295 집모양 술주전자. 높이 11.5 cm. 전 신라고분 출토. 5세기. 경북대학교박물관 소장.

그림 296 (좌)가죽샌들모양 와인잔. 높이 16cm. (우)샌들모양 받침. 모두 가야. 부산 복천동 53호분 출토.
5세기. 국립중앙박물관 소장.

그림 297 받침 달린 다수 잔 토기(3종). (우)높이 14.3cm. 모두 경상북도 출토. 5세기. 국립대구박물관
소장.

그림 298 쌍잔. 높이 12.5cm. 너비 36.7cm. 전 가야지역 현풍 출토. 5~6세기. 국립경주박물관 소장.

신라 가야 출토의 특이한 토기들(그림 296~300)

신라 · 가야 지역에서 출토되는 독특한 기형의 토기다. 자유분방한 발상과 디자인의 원류가 로마문화와 그 확산 지역에 있음을 분명히 읽을 수 있다.

그림 299 와인컵모양 굽다리 접시(잔). 높이 17.1cm, 입지름 15.2cm, 바닥지름 11.2cm. 전 경주 출토. 5세기. 호림박물관 소장.

그림 300 뚜껑이 있는 높은 굽다리의 오일램프 모양 토기. 높이 22cm. 가야. 부산 복천동 34호분 출토. 5세기. 부산대학교박물관 소장. 입 부분에 심지를 세우는 오일램프(등잔)로 로마시대 유물에 곧잘 보이는 타입이다.

로마시대 유물에 곧잘 발견되는 높은 굽다리의 오일램프(등잔) 모양 토기그림 300 등이 출토되고 있다. 모두 신라 · 가야 지역에서만 출토되는 독특한 토기들이다.

뿔잔에서 시작해 특이한 술병과 술잔에서 상형토기에 이르기까지 다종다양하고 독특한 기형의 토기들이 보여주는 것은 중국문화의 수용은 아예 처음부터 생각한 적이 없던 듯한 실로 자유분방한 표현으로 제작되었던 것을 여실히 보여주고 있다.

아울러 발상의 기본적 근원이 로마문화와 그 확장 지역 속에 자리하고 있었던 것은 여기에 제시한 작품들로 분명하게 확인되었을 것으로 생각한다.

2 자작나무껍질 유물이 보여주는 것

자작나무는 고원이나 북방지역의 햇살이 좋은 곳에서 자란다. 껍질에는 다량의 베튜린이 들어 있고 타닌과 메틸살리실산도 들어 있다. 자작나무껍질과 잎에 들어 있는 에센스는 류머티즘에 좋고 상처를 낫게 하며 피를 맑게 하는 작용이 있고 요산을 분해해 노폐물을 씻어내는 작용을 한다. 그 때문에 오늘날 자작나무기름은 류머티즘, 근육통, 건초염, 부스럼, 궤양 등의 치료약으로 사용되고 있다.

옛날부터 자작나무가 많은 러시아에서는 자작나무에서 추출한 타닌으로 가죽을 무두질하거나 수액으로 술을 담그기도 하고 그 술을 결핵치료제로 사용하기도 했다. 그래서 러시아인들은 자작나무를 건강의 심볼로 귀중하게 다루며 유연성이 있고 방충효과도 있는 자작나무껍질로 다양한 일상용품을 만들어 왔다.

또한 일반적으로 북유럽사람들 사이에 자작나무는 낙뢰, 부상, 무모, 통풍, 불면, 송충이 등에 효과가 있는 것으로 생각돼 왔다. 마찬가지로 구 소련에서는 서방제품을 파는 '달러 숍'에 '베룐시카(자작나무)'란 이름을 붙여 자작나무의 행복한 이미지를 더불어 연상시키게 했다.

러시아 초원지대에 군생하는 자작나무는 그곳의 주민들에게는 모든 일상용품을 만들 수 있는 극히 고마운 천연소재였지만, 중국·한국·일본에서 자작나무로 일상용품을 만드는 전통은 별로 없었던 듯하다. 그런데 삼국시대 4~6세기 전반의 신라고분에서는 자작나무껍질이 말갖춤새(마구)의 말다래그림 120나 관모그림 20 등에 사용되어 특유의 방충효과로 부패하지 않고 원형을 남기고 있다. 이러한 자작나무껍질로 만든 유물에 그려진 무늬와 동물 디자인에서 신라의 전통적 디자인과 차이가 있는 표현이 확인된다는 것은 이미 앞에서 서술한 바와 같다.

결국 스텝루트의 기마민족이 제작했던 것이 그대로 신라에 들어왔음을 보여주는 것으로 북방 기마민족과 신라의 밀접한 관계를 보여주고 있다. 자작나무껍질 제품들은 이런 기마민족들이 멀리 떨어진 로마세계와 신라를 연결해주던 중개자 역할을 했었음을 명백하게 보여준다. 스텝루트상에 위치한 러시아 남부의 고분군에서 출토되고 있는 로마세계의 문물이 신라고분 출토품과 통하며, 그런 물품들이 이러한 중계자들에 의해 신라에 전래되었다는 것은 지금까지 지적한 바와 같다.

스텝루트상에서 만들어진 자작나무제품이 신라고분에서 출토되는 것은 이러한 중계자들을 생각하게 하는데 중요한 의미를 가진다.

3   신라 · 가야 지역의 무기와 무구에 대해서

삼국시대 4~6세기 신라고분에서는 금관과 금동관을 비롯한 풍부한 부장품이 출토되고 있는데 갑옷(갑甲)과 투구(주冑)의 출토는 극히 드물다. 철제품이기 때문에 부식돼 없어져버린 것도 있을테지만 철촉과 같은 소형 철기의 잔존율을 보면 철제 갑옷과 투구가 전부 부식돼 사라져 버린 경우는 별로 없었을 것으로 생각된다.

경주 황남동 98호분 남분과 같이 대량의 무기류가 출토되는 고분에서도 갑옷과 투구의 출토는 없었다. 경주 천마총에서 금동제 가지

그림 301 신라 출토 목가리개(경갑頸甲)와 판갑옷(단갑短甲). 어깨넓이 44cm. 경주 구정동 고분 출토. 3세기 후반~4세기 초. 국립중앙박물관 소장. 신라고분에서 출토된 4개의 갑옷 중 하나.

그림 302 충각모양투구와 판갑옷. 투구 높이 14.8cm. 판갑옷 (뒤)높이 40.6cm. 가야. 고령 지산동 32호분 출토. 5세기. 국립중앙박물관 소장.

그림 303 판갑옷. 높이 64.8cm. 가야. 김해 퇴래리 출토. 5세기. 국립김해박물관 소장.

신라 · 가야 출토 갑옷과 투구(그림 301~308 · 310 · 311)

신라고분에서는 겨우 4개의 갑옷과 투구가 출토되었을 뿐이나 신라 예하의 가야 지역에서는 판갑을 비롯한 각종 갑옷과 투구가 다수 출토되고 있다. 그 중에는 일본 출토품(그림 309)의 원류로 보이는 것도 많다. 가야 지역의 투구에는 충각모양투구(충각부주衝角付胄), 챙달린투구(미비부주眉庇付胄), 몽고바리모양투구(蒙古鉢形胄), 볼가리개달린투구(面頬式胄) 등 4종류가 있는데, 몽고바리모양투구와 볼가리개달린투구는 가야지역만의 독특한 것이다.

그림 304 챙달린투구. 높이 21cm. 출토지 미상. 5세기. 삼성출판사박물관 소장.

그림 305 볼가리개달린투구. 높이 22cm. 가야. 남원 월산리 M1-A호분 출토. 5~6세기. 국립전주박물관 소장. 이것과 그림 306은 가야 지역만의 독특한 투구로 로마병사의 가죽투구와 닮은 점이 주목된다.

그림 306 금동장식관모양투구. 높이 20cm. 가야. 합천 옥전 M3호분 출토. 5~6세기. 국립김해박물관 소장.

그림 308 삼각판갑옷(오른쪽이 정면). 높이 43cm. 가야. 합천 옥전 68호분 출토. 5세기. 경상대학교박물관 소장.

그림 307 판갑옷. 높이 59cm. 가야. 부산 복천동 53호분 출토. 5세기. 국립김해박물관 소장.

그림 309 일본 출토 삼각판갑옷(정면). 높이 42.2cm. 후쿠이현 마츠오카초 니혼마츠야마 고분二本松山古墳 출토. 5세기. 동경국립박물관 소장. 가야 지역에서 다수의 판갑옷이 출토되는데 일본 4~6세기의 출토품과 유사하다.

그림 310 몽고바리모양투구. 높이 35.4cm. 가야. 부산 복천동 11호분(주곽) 출토. 5세기. 부산대학교박물관 소장. 볼가리개 달린 투구와 함께 가야만의 독특한 형식의 추구다.

그림 311 목가리개. 가야. 부산 복천동 21호분 출토. 5세기. 부산 복천박물관 소장.

그림 312 마갑총 출토 상황. 가야. 함안 말이산고분군. 5세기. 국립김해박물관 소장. 지금까지 발견된 갑옷을 입힌 말을 매장했던 유일한 고분으로 완전한 말갑옷이 출토되었다.*

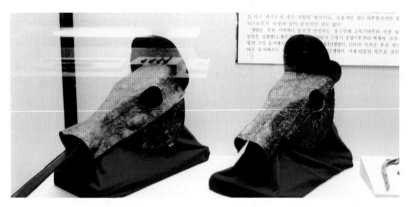

그림 313 말 얼굴 갑옷(마주馬冑) 가야. 합천 옥전고분군 (좌)옥전 28호분 (우)옥전 M3호분 출토. 5세기. 국립김해박물관 소장.

3개짜리 입식이 장식된 투구 1점, 3세기 후엽~4세기 초의 경주 구정 동고분에서 둥근고리자루큰칼, 철창, 쇠도끼와 함께 목가리개와 판갑 그림 301, 경주 금관총과 경주 황남동 109호분에서 출토된 비늘갑옷(계 갑桂甲)의 작은 조각(소찰小札) 등 모두 4점에 불과하다.

　　그러나 신라에 예속된 가야 지방의 고분에서는 다수의 출토가 보

＊　이후 2009년 경주 대릉원 일원 쪽샘지구에서 완전한 형태의 5세기 무렵 신라의 말갑옷이 출토되었으며, 함안 마갑총에는 말갑옷이 부장되었을 뿐 말이 매장되었던 것은 아니다. 새로운 자료를 추가하고, 저자의 착오를 수정한다.

그림 314 가야 기마전사상. 부산 복천박물관 소장. 함안 말이산고분군 마갑총 출토품을 기초로 복원한 것. 몽고바리모양투구를 쓰고, 목가리개와 비늘갑옷을 입은 전사가 말갑옷과 얼굴가리개로 전신을 둘러싼 말을 탄 모습. 이 말갑옷은 형식적으로 북방 기마민족에서 원류가 구해지며 고대 유라시아의 기마전에도 사용되었다.

고돼 있어 일본고분 출토의 갑옷 투구들과 깊은 관련을 가진 것이 많다그림 302~308 · 310 · 311. 가야지역에서 출토되는 투구는 충각모양투구그림 302, 챙달린투구그림 304, 몽고바리모양투구그림 310와 작은 조각을 이어 붙여 볼까지 가리는 볼가리개달린투구그림 305 · 306 등 네 종류가 있다. 이들 중에서 합천 옥전 M3호분 등에서 출토된 볼가리개달린투구는 로마군 병사의 가죽투구와 닮아 있는 점에 주목해야 한다. 볼가리개달린투구와 몽고바리모양투구는 가야의 독특한 것으로 다른 지역에서는 출토되지 않는다.

기마전을 중심으로 하는 전투기술에는 필연적으로 말의 방호구도 필요하게 된다. 그래서 신라 · 가야의 고분에서는 다수의 말얼굴가리개(마주馬胄)가 출토되고 있다그림 313. 또한 말갑옷에 대해서는 지금까

그림 317 사지창. 길이 31.5cm. 가야. 합천 옥전 M3호분 출토. 경상대학교박물관 소장.

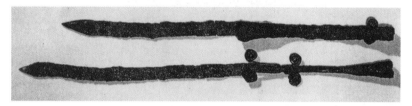

그림 316 쇠창(2점). (하) 길이 79.5cm. 경주 구정동 고분 출토. 3세기 후반~4세기 초. 국립경주박물관 소장.

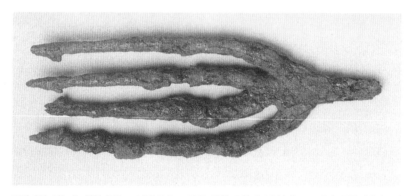

그림 315 미늘쇠. 길이 35.9cm. 너비 10.2cm. 가야. 함안 도항리 3호분 출토. 5세기. 국립김해박물관 소장.

지 유일하게 가야 지역의 함안분지에 있는 말이산고분군에서 출토되었다. 말갑옷을 매장한 고분인 마갑총馬甲塚그림 312에서 거의 완전한 형태의 말갑옷이 발굴되었다. 갑옷을 입히지 않은 말을 매장했던 고분

신라가 꽃피운 로마문화

그림 318 쇠도끼(5점). 전 신라고분 출토. 5세기. 국립경주박물관 소장.

그림 319 철검(양날 검). 가야. 부산 복천동 고분군 출토. 5세기. 부산 복천박물관 소장.

은 있었다. 예를 들면 경주 미추왕릉지구 6-D지구 1호분의 배총 1기에는 말이 매장돼 있었다. 그러나 말갑옷이 출토된 것은 아니었다. 그렇기 때문에 이 말이산고분군의 마갑총은 극히 중요한 발견이었다.

이렇게 발굴된 인간과 말의 갑옷을 바탕으로 복원한 당시의 기마전사상이 부산 복천박물관에 전시되어 있다그림 314. 몽고바리모양투구그림 310를 쓰고 정수리에는 붉은 상징 깃털을 달았으며 목에는 목가리개그림 311를 두르고 작은 철판조각을 이어 붙인 비늘갑옷을 입은 전사가 말얼굴가리개와 말갑옷을 장착한 말을 타고 있는 모습이다. 안장 밑에 까는 깔개가 철판조각의 철제깔개로 복원되었으나 오히려 자작나무껍질로 하는 것이 말 위에서의 쿠션을 위해서도 타당할 것으로 생각한다. 그림 123 · 124

이런 모습을 보고 연상되는 것이 고구려 삼실총 벽화에 그려진 기마전투부대의 기마전사상이다. 양쪽의 말갑옷에는 공통점이 있다. 또한 일본 와카야마현和歌山県 오타니고분大谷古墳에서도 신라의 말갑옷과 닮은 말갑옷비늘과 말얼굴가리개가 출토되어 양자의 깊은 관계를 보여주고 있다. 이런 말얼굴가리개와 말갑옷은 북방 기마민족의 말갑옷 등에 원류가 있으며 고대 유럽의 말갑옷에도 채용되어 고대 유라시아 기마전용의 무구로서 일반화되었음을 알 수 있다.

무기류에 대해서도 특이한 미늘쇠(유자이기有刺利器)그림 315, 곤봉, 쇠도끼그림 169(우·중)·318, 창그림 317, 창낫 등과 같은 기마전용무기가 신라·가야 지역에서 출토되고 있다. 이런 무기류가 중국의 전투용무기와 약간 다른 형식을 갖추고 있는 것도 신라의 독자성을 강하게 나타내고 있는 점이다.

도검류에 대해서는 실전용과 의례용의 2종류로 대별되는데 실전용 철제 도검으로서 칼자루를 두껍게 한 양날의 찌르는 검그림 319과 한쪽 날의 베는 칼 2종류가 함께 쓰이고 있던 점도 특이하다. 이러한 실전용의 도검이 출토된 예로는 4세기 초 경주 구정동고분의 쇠창(철모鐵鉾)이 있는데 같은 계통으로 가야 지역에서 5세기의 예가 다수 보고되고 있다.

이렇게 무기와 갑옷들에 대해서도 신라에서 기마전을 중심으로 한 로마와 북방 기마민족의 전투기술이 채용돼 있었음을 알 수 있다.

제 10 장

신라는 로마문화왕국이었다

 지금까지 상세하게 살펴본 바와 같이 삼국시대(356~676년) 4~6세기의 신라고분에서 출토되고 있는 유물은 로마세계에서 수입되거나 로마문화에서 비롯된 디자인과 기술이 도입되어 신라에서 독자적으로 만든 것이 중심을 차지했지만, 중국문화가 반영된 유물은 극히 소수에 불과했다.

 조상을 제사지내기 위한 고분의 축조는 해당 민족에게 가장 중요한 민족적 전통문화인 동시에 고분의 형태는 민족의 고유한 전통이 반영된 것이었다. 고구려와 백제 또는 중국에도 없었던 돌무지덧널무덤은 유라시아 북방민족, 특히 스텝루트 지방 곧 러시아 남쪽에 정착하고 있던 스키타이인과 그 후예들의 독특한 형식으로서 중국의 묘제와는 아무런 관련 없이 북방민족으로부터 도입했던 신라 고유의 묘제였다.

 이러한 물질문화는 실재하는 물건으로 오늘날까지 누구에게나 분명히 인식될 수 있는 것이지만 후세에 형태를 남기지 않는 정신문화는 시각적으로 확인하기 어렵다. 보통은 기록된 사료를 통해 그 대략을 알 수 있다. 그러나 『양서』 권54 동이 신라전에 '신라에는 문자가 없었다'라고 기록된 것 같이, 신라의 독자적인 기록이 남아 있지 않기 때문에 사료를 통해 신라문화의 내용을 알기는 어렵다. 또한 기록자료가 풍부한 중국과 거의 국교를 가지고 있지 않았기 때문에 신라에 대한 중국의 기록도 극히 적다.

제2장에서 살펴본 바와 같이 『삼국지』위지 동이전에는 다음과 같은 기록이 있다.

> (진한의) 노인(기로耆老)이 세상에 전해 말하기를 옛날에 망한 나라의 백성(망인亡人)이 진秦 나라의 전쟁을 피해 한국韓國에 이르렀다. 마한(백제)이 동쪽의 땅을 나누어 주었다. (진한에는) 성책城柵이 있고 그 언어가 마한과 같지 않다.

진시황제의 천하통일 전쟁을 피해 망국의 백성이 백제의 동쪽 땅을 할양받아 이주했으며 그 언어가 마한과 달랐다고 기록되었다. 아울러 진한을 구성하는 12개국 수장들의 추천으로 왕이 선발되었으며 스스로 왕위에 오를 수 없었음이 기록되어 있다.

습속에 대해서는 소와 말을 타고, 결혼할 때는 남녀의 예법이 다르며, 장례에는 커다란 새 깃을 넣어 주는데 죽은 자의 영혼이 잘 날아 하늘로 돌아가게 하고자 함이라 기록하였다. 또 오곡을 기르고 양잠을 하며 견직물(겸포縑布)을 짜고 철을 생산하며 시장이 발달해 물건을 사고파는데 철을 화폐로 사용했다고 기록되었다. 이러한 내용은 제철이 발달했다는 것과 고분 등에서 다수 출토되는 덩이쇠(판상철부板狀鐵斧와 철정鐵鋌)가 화폐처럼 사용되었던 것처럼 시장경제가 발달했다는 것을 기술한 것이었다. 분명히 고구려나 백제보다 시장경제가 발달해 있었음을 알 수 있다. 길에서 지나치는 사람들이 서로 길을 양보했으며 의

복은 청결했고 예절이 매우 엄격했다고 기록되어 있다.

진秦 건원建元 18년, 서기 382년에 제17대 신라국왕 루한樓寒(내물왕)이 사절 위두를 보내 미녀를 바쳤는데 그때의 상황을 『진서秦書』는 다음과 같이 기록하였다.

> (진왕) 견堅이 말하기를 "그대가 해동海東(신라)의 일을 말하는 것을 들으니 옛날과 다르다 하였다. 어찌된 일인가" 하였다(위두衛頭가 대답해 말하기를). "그것은 중국에서 시대가 변해 국명을 고치는 것과 같은 것입니다"라 하였다.

이 『진서』의 내용은 예전의 낙랑군과 대방군 시대에 한반도 동남부의 한韓과 같은 곳에 있던 신라가 어떻게 옛날의 한과 전혀 다른 나라가 되었는가 하는 진왕 부견苻堅의 물음이었다. 이 문장은 일찍이 신라가 한과 같이 중국의 영향하에서 중국문화를 수용하는 나라가 아니었던 상황을 명확하게 보여주고 있다.

이에 대한 사절 위두의 대답은 중국에서 여러 민족이 나라를 일으키는데 해당 민족의 습속에 따라 국가를 만드는 것과 마찬가지로 우리 신라에서도 옛날 한국韓國과 다르게 되었다는 것을 비유로 전했던 것이었다. 결국 신라는 이전처럼 중국문화를 수용하던 나라가 아니게 되었다는 것을 좋은 말솜씨로 대답한 것이었다. 이처럼 중국사료에도 신라가 중국문화를 수용하던 한국韓國들과 다른 나라가 되었음이 기록되어 있다.

이렇게 아주 조금 남아있는 기록사료와 출토 유물과 유구의 내용을 통해 신라의 정신문화를 찾아갈 수밖에 없다.

1 로마력을 사용했던 신라

　옛날부터 중국에서는 십간十干십이지十二支의 역曆(캘린더)을 사용했기 때문에 중국문화에 속한 나라들은 중국과 같이 간지干支로 표기되는 중국력을 사용해 왔다. 고구려와 백제에서도 중국력이 사용되었지만 신라에서는 전혀 사용되지 않았다. '○○왕 2년 3월 3일'처럼 표기되는 것은 로마력에 가깝다. 중국사서는 이러한 상황에 대해 한자가 사용되지 않았기 때문에 연월일을 '나무에 새겼다'고 기록한 것이었다.(『양서』 권54 동이 신라전)

　그러나 『삼국사기』와 『삼국유사』에는 신라의 연월 표기에는 숫자를 사용하고 일日 표기에는 간지를 사용한 부분이 많다. 이것은 편찬 당시의 상식에 따라 중국력을 적용했던 것에 불과한 것으로 신라력新羅曆의 실정을 반영한 것이 아니었다. 신라에는 중국과 같이 왕이 교체될 때마다 새로운 연호를 세우는 관례가 없었다.

　신라 시조 박혁거세(재위 기원전 57~기원후 4년)가 신라어로 왕이란 뜻의 거서간居西干이 되었던 해를 원년으로 표시하고 그 이후부터 '○○왕 ○○년'으로 표기했던 것이 『삼국사기』 앞머리부터 기록되어 있다. 중국식 연호를 사용한 적이 전혀 없었다. 박혁거세를 이어 즉위한 남해차차웅(재위 4~24년) 때 왕위를 계승한 해를 원년元年으로 정했지만 후에 그것의 잘잘못을 따지는 논쟁이 일어났다. 말할 필요도 없이 이런 논의의 바탕에는 역년을 '○○왕 ○○년'으로 하겠다는, 곧 중국적 간지력과는 다른 사고방식이 깔려 있었음을 보여주고 있다. 기본적으로 신라력은 '○○왕 ○○년 ○○월 ○○일'과 같이 표시되고 있었다.

　신라에 중국식 연호가 도입되는 것은 신라가 로마세계와 교류를 끊고 중국과 교류를 가지기 시작하면서 부터이다. 불교를 도입했던 제23대 법흥왕法興王(재위 514~540년) 시대부터였다. 법흥왕 23년(536)이 되

　　　　　　　　　　　　　　　　　신라가 꽃피운 로마문화

면서 처음으로 중국식 연호를 채용해 그 해를 건원建元 원년으로 정했던 것이 『삼국사기』에 기록되어 있다. 신라가 본격적으로 중국문화를 수용하기 시작한 것은 이때부터였다. 따라서 캘린더도 중국력으로 전환해 갔던 것이다.

2 소국합의제는 로마 · 흉노적인 의견수렴제도였다

동양에서 왕과 황제의 즉위는 왕조가 교체되는 때를 제외하고 주로 세습제로 진행되었던 것이 사실이다. 그러나 『삼국지』위지 동이전에 진한(후에 신라)의 진왕은 '스스로 왕이 될 수 없다'고 기술되어 있는 것처럼 진한을 구성하는 12개국 왕들의 추천을 통해 비로소 진왕이 될 수 있었다.

신라의 시조전설 중에도 마찬가지로 합의에 의해 시조가 추대되었던 내용이 기록되어 있다. 『삼국사기』권1 시조 혁거세조에는 다음과 같이 기록되어 있다.

조선유민들이 산 계곡 사이에 나뉘어 살면서 6촌을 이루고 있었다. 그 하나를 알천閼川 양산촌陽山村, 그 둘을 돌산突山 고허촌高墟村, 그 셋을 자산觜山 진지촌珍支村(또는 우진촌于珍村이라고도 한다), 그 넷을 무산茂山 대수촌大樹村, 그 다섯을 금산金山 가리촌加利村, 그 여섯을 명활산明活山 고야촌高耶村이라 하였다. 이것이 진한의 6부이다. 어느 날 고허촌장 소벌공蘇伐公이 양산 자락을 바라보니 나정蘿井 옆 숲 속에서 말이 무릎을 꿇고 울고 있었다. 이상하게 생각해 가 보니 말은 갑자기 사라져 그림자도 보이지 않고 그 자리에는 커다란 알 하나가 있을 뿐이었다. 그것을 깨 보니 안에서 어린아이가 나왔다. 어린아이를 데리고 와서 키웠다. 나이가 10여 세가 되자 지나치게 조숙하였다. 6부 사람들이 신기한 출생으로 높이 받들었다. 드디어 그를 세워 군주로 삼았다.

『삼국지』위지 동이전이 전하는 것과 같이 스스로 왕이 된 것이 아니라 신라의 시조 박혁거세는 6부(촌) 촌장들의 합의에 따라 군주로 천거되어 왕으로 즉위했음이 기록되었다. 또한 제5대 파사이사금婆娑尼師今(재위 80~112년) 23년 8월에는 소속국간에 영토쟁탈전이 벌어졌음을 기록하고 있다.

23년(102) 가을 8월에 음즙벌국音汁伐國(안강)과 실직곡국悉直谷國(삼척)이 서로 국경을 다투다 왕에게 와서 판결을 청하였다. 왕이 "이것은 어려운 일이다"라 하고, "금관국의 수로왕이 경험이 풍부하고 지식이 많으니 그를 불러 물어보도록 하자"고 하였다. 수로왕은 논의를 바르게 하여 그들이 싸우던 땅을 음즙벌국에 속하도록 했다. 이에 왕은 6부에 명령해 모여서 수로왕을 대접하게 했다. 5부가 모두 이찬伊湌을 보내 접대하게 했는데 다만 한기부漢祇部만이 관직이 낮은 자를 보내 접대하게 했기 때문에 수로왕이 화를 내 노비 탐하리耽下里에게 명해 한기부주 보제保齊를 죽이고 돌아갔다. 이때 달아난 노비가 음즙벌국 왕 타추간陁鄒干의 집에 숨어 있었기 때문에 왕은 사신을 보내 그 노비를 데려오고자 했으나 타추가 내어주지 않자 왕이 화를 내면서 군대를 일으켜 음즙벌국을 치니, 타추가 부하와 함께 항복하였다. 이때 실직곡悉直谷과 압독押督(경산)의 두 나라도 항복해 왔다.

여기에 보이는 신라의 통치형태는 왕이 마음대로 재단하는 것이 아니라 제3자에게 객관적 판결을 부탁해 그 결과를 6부 대신에게 승인시키는 방법을 취하고 있었다. 결국 신라를 구성하는 6개 구성국의 합의에 따른 판결과 승인의 형태였다. 유일하게 한기부만이 적극적으로 찬동하지 않았기 때문에 일어났던 사건이었던 것이다.

제16대 흘해마립간(재위 310~356년)의 왕위계승도 신라 소속 신하들의 합의에 따라 추대와 승인이 진행되었다. 『삼국사기』권2 흘해이사금조는 다음과 같이 기록하였다.

> (제15대) 기림왕이 죽었는데 자식이 없었기 때문에 신하들이 합의해 "흘해는 어려서부터 대인의 풍모가 있었다"고 왕위의 계승과 즉위를 승인하였다.

이 경우에도 합의에 의한 추대와 승인이었다. 이와 같이 신라의 통치형태는 초대 박혁거세 이래 일이 있을 때마다 구성국 수장의 합의를 통해 정치적 결단과 왕위의 추대 및 승인이 행해지고 있었다. 이렇게 구성국에 의한 합의통치 방식은 고대 로마공화제의 정치형태와 상통하는 점이 있다.

그러나 직접적으로는 북방 기마민족 흉노(훈)의 통치형태인 족장회의와 군주의 추대와 승인에 원류가 있었던 것으로 생각된다. 이 족장회의에 불참한 족장은 주살되었다. 위와 같이 한기부가 대신 급의 인물을 보내지 않았기 때문에 주살되었던 것이 여기에 해당한다. 또한 박혁거세의 추대와 신하들에 의한 제16대 흘해왕의 추대는 흉노의 통치형태인 군주의 추대와 승인제도를 계승한 것으로 보아야 할 것이다.

3 전술은 게릴라전법

삼국시대의 신라는 고구려와 백제에 비교하면 고립된 소국이었기 때문에 단독으로 대국과 싸우지 않으면 안 되었다. 따라서 고구려와 백제를 상대로 대등하게 군사를 전개해서는 전쟁에서 이길 수가 없었다. 강대국 고구려에 대해서는 언제나 대신이나 차기 국왕 급의 인질을 보내 평화협정을 맺든지, 아니면 신하의 예를 다해 침략을 저지하였다.

그러나 기민하게 소수의 군대로 게릴라전법을 사용해 적장을 치는 작전도 자주 구사하였다. 예를 들면 제19대 눌지왕 34년(450)에 우호관계를 유지하고 있던 고구려 장군이 실직곡국의 들판에서 사냥하고 있는 틈을 노려 하슬라何瑟羅 성주를 시켜 암살했고, 이 사건이 발단이 되어 신라는 고구려의 격렬한 공격을 받지 않으면 안 되었으며, 위기를 느낀 눌지왕은 한결같은 사죄를 통해 위기에서 벗어날 수 있었다.(『삼국사기』권3 눌지마립간 34년 조)

신라 발전의 기틀을 다진 영명한 군주 내물왕(재위 354~402년)은 『일본서기』에도 등장하고, 중국의 『진서』에도 루한樓寒의 이름으로 등장하는 유명한 신라왕이었다. 이런 내물왕 9년(364)에 대규모의 왜군이 침공한다는 정보를 듣고 보통 방법으로 상대하기 어렵다고 판단해 수천의 풀인형을 만들어 군복을 입히고 무기를 들려 토함산 기슭에 줄세워 놓았다. 그런 다음 정예병 1천 명을 경주 부근의 부현斧峴 동쪽 숲에 잠복시켰다. 왜의 대부대가 수천 명의 풀인형들을 향해 곧바로 달려들자 잠복했던 군사로 측면을 공격하였다. 협격당했다고 생각한 왜군이 달아나자 추격해 괴멸시켰다는 기록이 있다.

이런 게릴라전법은 백제와 가야를 상대로 한 전쟁에서도 사용되어 소수의 병력으로 다수의 적군과 싸우는 전법으로 효과를 올렸다. 이 전법에서 가장 좋은 효력을 발휘했던 것이 기마병그림 272 · 314이었는데, 그들의 무기는 미늘쇠그림 315와 쇠 낫 달린 창, 그리고 접근전에 사용된 곤봉과 전투용 도끼그림 169(우 · 중) · 318 등이었다. 신라에 특수한 무기가 많은 것은 로마 기병에서 채용했던 북방 기마민족의 무기가 도입되었던 때문으로 생각된다.

신라가 꽃피운 로마문화

어쨌든 간에 고구려·백제와 다른 전법을 사용하였음이 분명하다. 그 기본이 되었던 전법이 기마전술이었던 것은 오늘날 발굴되고 있는 말갖춤새와 기마전용 무기 등을 통해 추정할 수 있다.

4 고대 신라인의 우아한 생활

고대 신라인의 생활을 오늘에 전하는 몇 가지 중요한 유구가 있는데, 생활에 가장 밀착했던 것으로 보이는 것이 첨성대와 석빙고이다.

경주 시내에 있는 첨성대그림 320는 천체 관측을 위한 천문대로 동양에서 가장 오래된 유구이다. 신라 제27대 선덕여왕(재위 632~647년) 시대에 제4대 탈해왕(재위 57~80년)의 16대 손이라는 석오원昔五原의 설계로 세워졌다고 한다. 사각형 기단 위에 아래 부분을 배 부르게 해서 27단의 화강암을 원통형으로 쌓아 올린 구조이다. 정상부에는 모난 우물모양으로 2단의 장대석을 얹어 정자석井字石으로 했다. 몸통 중앙에는 정남쪽을 향해 정방형의 창이 만들어져 있다. 창 위로 4단째와 정자석 아래로 3단째에는 각각 2개의 돌이 동서로 돌출해 있다. 원래 정자석의 판석에는 천체관측용의 설비가 걸쳐 있었다고 한다.

이렇게 천문대를 사용해 실천적인 천체관측을 통해 역일을 설정한다는 사고방식은 고구려나 백제에는 보이지 않는다. 신라만의 독특한 것이었다. 이것이 세워진 것은 7세기 전반이었지만 천체 관측으로 역일을 정하겠다는 생각은 보다 이전부터 계승돼 왔을 것이다.

경주시 월성 내 동북부에 현존하는 석빙고그림 321·322도 마찬가지로 오래된 형식을 재건했던 것으로 원래는 월성 내에 제22대 지증왕 6년(505)에 세웠던 것을 조선 제22대 영조 17년(1741)에 개축한 것이다. 고대 신라에서 얼음을 저장하던 탁월한 시설 구조를 오늘까지 전

그림 320 첨성대. 경주 시내. 7세기 전반에 축조된 가장 오래된 천문대 유구. 미추왕릉지구 고분공원 남동쪽에 있는데, 높이 약 9m. 천문대를 사용한 천체 관측을 통해 역일을 설정한다는 사고방식은 신라의 독특한 것이었다.

신라가 꽃피운 로마문화

그림 321 석빙고 외관. 경주 반월성 내. 505년에 창건되어 1741년에 이축 개수된 얼음 저장고. 겨울에 만들어진 얼음을 여름을 위해 대량으로 저장한다는 생각은 로마세계의 온난지역의 습관이 도입된 것이 아닐까 한다. 고대 일본의 '히무로(氷室)'와 관계가 있을 것으로 생각한다.

그림 322 석빙고 내부

하는 유구이다. 『일본서기』 인덕천황조에 보이는 '히무로(빙실氷室)'의 기록은 아마도 이렇게 신라에서 축조되었던 석빙고와 어떤 관계가 있는 것이 아닐까 한다. 왜냐하면 인덕천황릉 출토로 전해지는 유물에는 로만글라스를 비롯해 신라왕릉의 출토 유물과 깊은 관련성이 인정되기 때문이다. 더운 여름을 대비해 겨울에 만들어진 얼음을 대량으로 저장한다는 생각은 북방 기마민족의 습관이 아니라 로마세계 따뜻한 지방의 습속이 도입된 것이 아닐까 한다.

　일상생활을 그대로 보여주는 토기류에는 수레, 말, 기마인물이 많고, 비파, 가야금, 피리 모양의 토우도 많다. 의복은 긴 옷 외에 남자는 상의(튜닉)와 바지 차림으로 표현된 것이 많다. 펠트제의 모자와 신발을 표현한 토기도 출토되고 있다그림 323. 『양서』 권54 동이 신라전의 '(신라 사람은) 소와 말을 타고'라는 기록과 튜닉에 바지라는 스타일이 아주 잘 합치된다. 이것은 말할 필요도 없이 북방 기마민족의 복장을 도입한 것이었다. 우선 펠트제의 신발과 모자는 추운 지방의 필수품이었다. 별거 아닌 신라의 토우가 펠트제의 신발을 신고 모자를 썼으며 튜닉과 바지를 입은 모습으로 표현된 것은 북방 기마민족의 복장이 도입되었고, 그것이 신라인의 일상적인 의복이 되었을 말해주는 것이다.

그림 323 각종 토용. 뒤쪽 중앙 남자상 높이 18cm. 경주 황성동석실고분 출토. 통일신라시대. 7세기. 국립경주박물관 소장. 무덤에 부장하는 명기로 만들어진 토제 인형, 동물, 수레바퀴 등. 인형의 의복에는 긴 옷 외에 남자는 상의(튜닉)와 바지 차림이 많고 한랭지의 필수품인 펠트제의 모자와 신발을 착용한 것도 있다. 원래 북방 기마민족의 복장이 신라인의 일상생활에 채용되었음을 잘 보여주고 있다.

신라와 가야고분에서 출토되고 있는 여러 가지 상형토기 중에 집 모양토기그림 290~295가 있는데, 대부분이 필로티Pilotis식[높은 마루식(고상식高床式)] 가옥으로 표현되어 있는 것은 주목할 만한 특징이다. 높은 마루식 가옥은 동남아시아에도 많지만 오늘날 루마니아와 불가리아 지방에 가장 많아 신라고분 출토 유물에 로마계통의 문물이 많은 점을 고려한다면 높은 마루식 건물의 원류가 흑해 서안 지방에 있는 것으로 추정한다 해도 그렇게 돌발적이지는 않을 것이다.

일상집기와 도구류에 대해서는 제9장 등에서 살펴본 바와 같이 뿔잔그림 253~258 · 264 · 275, 손잡이 달린 컵그림 165 · 276~283, 특이한 술잔과 술 주전자그림 284~295를 비롯해 와인잔모양 굽다리접시그림 299, 상형토기로서 피처(주전자), 꼭지에 심지를 단 오일램프모양 토기(등잔형

신라가 꽃피운 로마문화

토기)그림 300 등 로마문화를 반영한 토기들이 다수 출토되고 있는 것, 그리고 금은그릇 등을 만드는 습관도 이웃의 여러 나라에서는 보이지 않는 것이었다.

고대 신라의 일상적 집기가 중국문화 계통에 속하지 않았음을 보여주는 전형적인 예가 손잡이 달린 컵과 손잡이 달린 용기류의 출토이다. 중국문화에서 술이나 국물 같은 액체류를 마시는 그릇에는 손잡이를 붙이지 않는 습관이 있는데, 이것이 옛날부터 동양 그릇의 전통이었다. 그러나 로마문화의 나라들에서는 술이나 스프 등을 마시는 그릇에는 반드시라고 해도 좋을 정도로 손잡이를 붙이는 것이 불문율이었다.

일찍이 16세기에 일본 이마리伊万里에서 유럽으로 수출되었던 자기류가 있었다. 그중에는 커피잔이나 찻잔이 포함되어 있었으나 처음에는 모두 손잡이가 달리지 않았었다. 손잡이가 없다는 지적을 받은 후에 마침내 처음으로 손잡이가 달린 잔을 만들게 되었다. 그릇에 대한 인식이 바탕에서부터 달랐음을 여실히 보여주는 사례이다. 신라 출토 손잡이 달린 그릇이 보여주는 문화는 이런 이마리의 사례를 참고할 필요도 없이 정말로 로마문화가 바탕에 깔려 있었음을 알 수 있다.

하물며 모든 고분에서 출토되고 있는 장신구에서는 중국문화의 편린조차 찾아볼 수 없다. 전형적인 로마문화의 소산인 장신구의 형식이 수용돼 있었던 것은 지금까지 살펴본 것처럼 일목요연하다. 다만 반지를 비롯해 귀걸이, 목걸이, 팔찌 같은 신라 출토의 장신구를 러시아 남부, 흑해 서안지역, 이탈리아 본토에서 출토되고 있는 장신구들과 비교해 보면 분명히 같은 디자인이면서도 세부적으로 약간의 변형이 있거나 세선누금세공이란 같은 기법으로 만들어진 것임도 불구하고 기교가 약간 치졸함은 부정할 수 없다.

디자인의 세부적 변형과 기술적 치졸함은 분명하게 원작과 아류의 관계를 보여주는 현상이다. 신라에 장신구의 디자인과 제작기술이 도입돼 있었음을 의미한다. 물질 자체의 유입과 함께 그들에 관련되는 디자인과 기술까지 도입돼 있었다는 것을 실증해준다. 이런 증거로서의 유물과 소프트로서 디자인과 기술의 도입은 신라고분에서 출토되는 모든 유물에 공통적으로 보이는 현상이다. 로마문화가 문화전반에 미치고 있었음을 보여준다.

또한 사회제도에도 새로운 사고방식이 적극적으로 수용되고 있었다. 제21대 지증마립간 9년(487)에는 '사방에 역을 설치하고 국도를 정비했다' 또는 12년에는 '처음으로 서울에 시장을 개설하여 사방의 물자를 유통시켰다'라고 『삼국사기』가 전하고 있어, 도로를 정비하고 통신관계를 원활히 했으며 시장을 개설해 상품의 유통을 활발하게 했음을 알 수 있다. 이른바 극히 본격적인 국가형성이 추진되고 있던 상황을 엿볼 수 있다.

이처럼 인민들의 일상생활은 의식주 모두가 아주 세련돼 있어 정말로 우아하다는 말에 어울리는 내용을 갖추고 있었다. 『고사기古事記』 권8 중애천황 단에 '금은을 비롯해 눈동자같이 빛나는 각종 진귀한 보물들이 그 나라에 많이 있다'고 기록되었고, 『풍토기風土記』에도 '구슬상자가 빛나는 나라, 고모마쿠라薦枕 보물이 있는 나라, 시라후쓰마白衾 신라(시라)국'이라고 불렸다. 신라인의 우아한 생활이 눈에 선하다.

그러나 신라의 로마문화는 제23대 법흥왕(재위 514~540년) 시대가 되면서 불교를 비롯해 중국문화를 적극적으로 수용하게 되면서 급속하게 변질되어 갔다. 신라가 중국문화를 수용해 이전의 신라문화를 고쳐갔던 사실은 역으로 그전까지 신라의 일상적 문화가 중국문화와는 전혀 다른 것이었음을 명백하게 보여준다고 말해도 좋을 것이다.

5 미녀의 나라, 신라

『진서』에 '(진왕) 부견 건원 18년(382)에 신라국왕 루한樓寒(내물왕)이 위두를 사절로 파견해 미녀를 바쳤다. 그 나라는 백제 동쪽에 있는데 나라 사람들은 숱이 많고 아름다운 머리카락을 가지고 있어 머리카락의 길이가 1장이 넘는다'라고 쓰여 있는 것처럼 신라는 미녀가 많은 나라로 이웃의 여러 나라에 알려져 있었다.

이때 전진에 대한 신라의 사절파견은 고구려 광개토왕의 주선에 따라 고구려 사절에 동반하는 형식으로 전진왕前秦王에 대한 공물을 무엇으로 하면 좋을까에 대해 고구려왕에게 조언을 구했을 것이 틀림없다. 신라에 절세미녀가 많은 것을 알고 있었던 고구려왕은 내물왕에게 전진왕에 대한 공물로 미녀가 제일 좋을 것이라 조언했을 것이다. 그 결과 금은제품과 아름다운 견직물보다도 미녀가 선발되어 헌상되었을 것이다.

이와 같은 내용의 기록이 제26대 진평왕 53년(631)에도 보인다.

> 7월에 사신을 대당大唐에 파견하여 미녀 2명을 바쳤다. 이에 대해 위징魏徵이 '이것을 받을 수 없다'고 하니 당 태종이 반기며 '저 임읍林邑이 바쳤던 앵무새鸚鵡 마저 추위를 못 견뎌 울면서 자기 나라로 돌아가기를 원하는데, 하물며 이 두 여자가 가족과 멀리 떨어져 와 있는 것은…'이라 하여 사신과 함께 두 여자를 귀국시켰다. 흰 무지개가 왕궁의 우물에 걸리고 토성이 달을 침범했다.

미녀이기 때문에 먼 나라의 군주에게 공물로 보내진 여자의 마음은 비통했을 것이다. 그래서 그런지 측근인 대신 위징은 당 태종에게 "아무리 공물일지라도 마음이 있는 인간을 받아들여서는 안 된다"고

진언했을 것이다. 그렇다고 하더라도 여러 이웃 나라에 알려진 신라의 미녀에 대한 높은 평가 때문에 신라왕이 때때로 다른 나라 왕들에게 반복해서 미녀를 바쳤던 것은 사실이었다.

신공황후가 신라를 침공했을 때 신라왕이 미남과 미녀를 공물로 바치겠다고 맹세했음이 『일본서기』 신공황후 섭정전기 중애천황 9년 10월조에도 보인다.

> 지금부터 오랫동안 하늘과 땅 앞에 엎드려 마부가 될 것을 맹세합니다. 배의 노가 마를 날이 없게 왕래해 봄가을마다 말빗과 말채찍을 바치겠습니다. 또한 바다가 멀다고 꺼려하지 않고 해마다 남녀를 공물로 바치겠습니다.

여기에 기록된 '남녀의 공물'이란 말할 것도 없이 미남과 미녀를 가리킨다. 이에 앞서 왜국은 여러 차례 신라의 여자를 왕과 왕자의 부인으로 삼고 싶다고 요청한 바 있다. 일본왕이 신라의 미녀를 바라고 있었음을 신라왕이 잘 알고 있었기 때문이었다. 제16대 흘해이사금 3년(312)에는 '왜국왕이 사신을 보내 왕자를 위해 청혼해 왔기에 왕은 아찬阿湌 급리急利의 딸을 왜국에 보냈다' 하고, 다시 35년에도 '왜국이 사신을 보내 청혼해 왔다. 이미 전에 여자를 시집보냈으니 거절하였다' 라는 기사가 『삼국사기』 권2 흘해이사금조에 보인다.

이런 신라의 미녀에 대한 구혼은 일본뿐 아니라 이웃 여러 나라에서도 여러 번 요청했던 것이 『삼국사기』 권3에 기록되어 있다. 제21대 소지마립간 15년(493)에 '백제왕 모대(동성왕)가 사신을 보내 청혼해 왔기에 왕이 이찬 비지의 딸을 보냈다' 하고, 또한 '제23대 법흥왕 9년(522)에 가야국왕이 사신을 보내 청혼해 왔기에 왕이 이찬 비조부의 누이동생을 보냈다' 라 하여, 백제와 가야에서도 신라의 미녀를 부인으로

신라가 꽃피운 로마문화

삼고자 요청했던 일이 기록되어 있다.

이밖에도 미녀에 관련되는 몇 가지 이야기가 『삼국사기』에 기록되어 있다. 예를 들어 소지마립간 22년(500) 9월조에 다음과 같은 이야기가 있다.

> 왕이 날이군捺已郡에 행차했을 때 일이었다. 군민 중에 파로波路라는 사람에게 딸이 있었는데 이름이 벽화碧花라 했다. 나이는 16살로 나라에서 최고의 미인이었다. 그 아비가 자수된 비단옷을 입히고 채색비단으로 감싸 가마에 태워서 왕에게 바쳤다. 왕이 음식으로 생각하고 열어 보니 아직 어린 소녀가 애절한 표정을 하고 있어 받지 않았다. 그러나 궁궐로 돌아온 뒤에 그녀의 아름다움을 잊을 수가 없어 여러 차례 몰래 그녀의 집으로 찾아가 즐겼다. 어느 날 돌아오는 중에 고타군古陁郡에 있는 어떤 노파의 집에 묵게 되었을 때, "지금 백성들은 국왕을 어떤 왕이라 말하는 가" 하고 물었다. 이에 노파가 대답하기를 "많은 사람들이 성인이라고 생각하지만 나는 그렇게 보지 않습니다. 내가 듣건대 왕은 날이군에 있는 여자와 즐기기 위해 자주 몰래 다니는데, 이것은 용이 물고기가 되어 어부에 잡혀있는 것과 같습니다. 지금 왕은 만승의 지위에 있으면서 스스로 신중하지 못한 짓을 하니 이런 사람을 성인이라 한다면 누군들 성인이 아니겠습니까"라고 하였다. 왕이 이 말을 듣고 크게 부끄럽게 여겨 비밀리에 벽화를 맞아들여 별실에 두게 하였다.

미녀에 미친 소지왕의 이야기다. 이런 미녀 중에서도 품격과 교양을 갖춘 자들을 모은 이른바 '미녀군단'의 단장이라 할 만한 사람을 '원화原花'라 부르고 미녀군단장에 임명했다. 제24대 진흥왕 37년(576) 조는 원화와 관련된 일화를 전하고 있다.

> 처음으로 원화源花제도를 두었다. 초기에 임금과 신하들이 인재를 구별

할 수 없음을 걱정해 많은 미녀들을 모아 놀게 하고, 그들의 행동거지를 살펴 등용하고자 하였다. 그래서 최종적으로 두 사람의 미녀를 뽑았다. 한 사람은 남모南毛라 하고, 또 한 사람은 준정俊貞이라 하였다. 여자 동료들 3백여 명이 모이면 이 두 여인은 미모를 다투어 서로 질투하였다. 준정이 남모를 자기 집으로 유인해 억지로 술을 마셔 취하게 하고 그녀를 강으로 끌고 가 던져 죽였다. 준정은 사형에 처해지고 그녀의 동료들(미녀군단)도 화목하지 못해 해산하고 말았다.

이것은 정말로 그리스신화에라도 나올 법한 이야기다. 이것을 증명하기라도 하듯이 이병도는 『한국고대사』상·하(도쿄; 六興出版, 1979)에서 다음과 같이 서술하고 있다.

신라인의 영육일치사상

신라인은 고대 그리스인과 같이 육체미를 중시함과 동시에 영육일치사상을 가지고 있었다. 결국 아름다운 육체에 아름다운 정신이 깃들고 아름다운 정신에 아름다운 육제가 따른다고 생각해 …

이런 신라 여성의 아름다움은 아마도 주변 제국과 다른 문화를 수용하고 있었던 사회에서 생겨난 아름다움은 아니었을까? 혹은 이국 문화 곧 로마문화와 함께 신라에 온 이국인들과의 혼혈로 태어난 미녀들이 다수 있었을 것이다. 그리고 그녀들의 몸을 장식했던 목걸이와 귀걸이, 팔찌와 반지 등 중국문화에서 보이지 않는 다양한 장신구들은 신라 여성을 한층 더 아름답게 보이게 했음에 틀림없다. 어쨌든 간에 고구려·백제와 달랐던 신라의 독특한 문화 속에서 탄생한 미녀들이었던 것이 분명하다.

6 정말로 신라는 로마문화왕국이었다

삼국시대(356~676) 신라의 사회제도와 일상적 관습은 제23대 법흥왕 시대가 되면서 급속하게 중국화 되어 갔다. 법흥왕은 즉위 4년(517)에 새롭게 병부를 설치해 병제를 정비하고 7년에는 '백관의 공복을 제정해 붉은색과 보라색으로 차례를 정하였다. 15년에 처음으로 불법을 행하였다. 이 해에 중국의 양梁에서 처음으로 의복과 향을 보내왔는데, '신하들이 그 향의 이름과 사용법을 알지 못했다'고 『삼국사기』는 기록하였다. 결국 중국의 의복과 향에 대해 신라인들은 아무런 지식도 가지지 못했던 것이다.

법흥왕이 백관의 공복을 제정했던 것에 대해 이노우에 히데오井上秀雄는 『고대조선』(도쿄)에서 다음과 같이 서술하였다.

> 이 중에서 율령의 반포와 관리의 공복제정을 사실로 인정할 수는 없다. 『삼국사기』 색복지에는 '신라 초기에는 의복제도가 없었다. 제23대 법흥왕 때 처음으로 왕도 6부에 의복제도를 정했지만 이때까지는 아직도 고유의 풍속 그대로였다. 진덕왕 2년(648)에 고유의 제도를 버리고 처음으로 중국풍 의복제도를 사용하게 되었다'고 되어 있다.

결국 법흥왕 때 백관의 제도를 정했지만 여전히 고유한 의복을 입었었고 중국식 의복으로 바뀐 것은 제28대 진덕여왕(재위 647~654년) 2년부터였다는 것이다. 이 기록은 고대 신라의 의복이 중국 의복과 다른 형식이었음을 보여주면서 아직 중국의 풍속이 신라에 들어오지 않았음을 증명해준다.

이 기록의 내용은 적극적으로 중국문화를 수용하고자 했던 법흥왕의 여러 시책도 실질적으로는 이전까지의 신라 관습을 크게 변화시키지 못했음을 의미한다. 역설적으로 말해 법흥왕 시대 이후에 여러 가지 형태로 중국문화를 수용하는 정책이 시행되었다는 것 자체가 제22대 지증왕 이전의 신라는 중국문화와 무관한 나라였음을 증명해 준다. 신라가 중국과 278년간이나 국교를 단절하고 있었다는 사실과도 잘 부합한다.

나아가 지금까지 분명하게 살펴본 바와 같이 신라고분 출토 유물 중에 로마문화에 연결되는 내용을 가진 것이 압도적 다수를 차지하고 있었다는 사실을 아울러 생각하면 이 기간의 신라가 로마문화를 수용하고 있던 로마문화국가였다는 결론에 도달하게 되는 것이다.

로마에서 신라에 이르는 길

1 어떤 루트를 거쳤을까?

삼국시대 4~6세기 전반의 신라가 로마문화를 수용하고 있었다면 대체 어떤 경로를 거쳐 신라에 들어왔던 것일까? 지금까지 출토된 유물의 원류와 관련 유물의 출토지로 볼 때 지중해 권역과 흑해 남안과 서안에서 로마문화를 가지고 있었던 지역으로부터 스텝 루트를 거쳐 동쪽으로 전파되었던 것은 지금까지 검증한 바와 같다.

그렇다면 스텝루트에서 신라까지는 대체 어디 어떠한 경로를 거쳐 한반도 동남단에 이르게 되었던 것일까? 4세기 이후에 중국 북부를 제패하고 있던 북방민족의 선비족 탁발씨가 세운 북위北魏 왕조는 화북의 평성平城(대동大同)에 도읍해 로마세계와 밀접한 관계를 유지하고 있었다. 북위가 처음 본거지를 두었던 성락성지盛樂城址(내몽골 호린골 토성자和林格爾土城子)와 대동의 평성성지에서 발굴된 비잔틴 은화그림 6와 은그릇들, 그리고 인물·동물무늬를 부조한 금동잔그림 7과 다이아몬드상감반지 등은 그런 관계를 웅변해 주는 유물이다.

또한 북위의 고관이었던 봉씨 일족의 분묘가 도읍인 평성에서 하북성 경현景縣으로 이장되었는데 그 과정에서 발굴되었던 봉마노묘封魔奴墓와 조씨묘祖氏墓에서도 전형적인 후기 로만글라스들이 출토되어 그림 241 신라 출토품과의 공통성이 인정되고 있다. 그러나 북위가 화북을 통일한 후 493년에 도읍을 중원의 낙양으로 옮긴 뒤부터는 이런 로마계통 문물의 수용이 중단된 듯 북위의 유적에서 로마계통의 문물은 더 이상 보이지 않게 된다.

지도 4에 보이는 바와 같이 스텝루트를 통해 동쪽으로 전파된 로마문화는 오늘날 바이칼호반의 이르쿠츠크에서 울란우데를 돌고 산을 넘어 울란바토르에 도착한 뒤에 몽골의 고비사막을 단번에 남하해 대동에 이르고, 거기에서 동쪽으로 용성과 평양을 거쳐 신라에 이르렀던 것으로 생각된다. 당연히 북위와 고구려를 통과하는 과정에서 난관도 있었을 것이다. 북위는 북방 기마민족의 중개로 로마세계와 교류를 가지고 있었을 것이므로 특별히 어려운 점은 없었을 테지만 고구려와 신라가 반드시 좋은 관계에 있었던 것만은 아니었으므로 큰 문제가 됐던 적도 있었을 것이다. 순조롭게 고구려를 통과하기 위해서는 나름대로 공작이 필요했던 것은 아닐까?

신라의 대외관계를 『삼국사기』에서 살펴보면 우선 시조 박혁거세 거서간조에 백제와의 관계가 기록되어 있다.

38년(기원전 20) 2월에 호공瓠公을 마한馬韓(백제)에 파견해 외교관계를 맺으려 했다. 마한왕이 호공에게 "진변辰卞 2한(신라)은 우리나라의 속국이었는데 근년에 공물을 보내지 않으니 대국을 섬기는 예가 이래도 되는 것인가"라 하였다. 이에 대해 호공은 "우리나라에 두 분의 성인이 출현하여 인사가 정비되고 하늘의 때가 조화로우며 창고는 가득 차고 백성들이 공경과 겸양을 알게 되었습니다. 그리하여 진한辰韓의 유민들부터 변한卞韓, 낙랑樂浪, 왜인倭人에 이르기까지 우리를 두려워하지 않는 자가 없습니다. 그런데도 우리 임금이 겸손하여 신하를 보내 국교를 맺게 하였으니 오히려 넘치는 예절이라 할 수 있을 것입니다. 그런데도 대왕께서는 오히려 화를 내고 무력으로 위협하시니 어찌된 일입니까"라 하였다.

이때 신라의 박혁거세는 마한과의 충돌을 피해 마한왕의 죽음에 조의를 표하고 있다. 그러나 마한과 신라는 이후에도 종종 전쟁을 되풀이했다. 따라서 백제를 경유하는 로마문화의 수입은 불가능했을 것이다.

이에 비해 고구려와의 관계는 전쟁이나 분쟁이 없었던 것처럼 특별하게 눈에 띄는 기록은 없다. 그러나 「호태왕비문好太王碑文」으로 유명한 호전적인 호태왕(광개토대왕廣開土大王; 재위 391~412년)이 즉위하면서 남하해 신라를 침공하기 시작했다. 이때 신라 제17대 내물이사금(재위 356~402년)은 37년(392)에 고구려에 인질을 파견해 충돌을 피하고자 했다.

제17대 내물이사금 이찬伊湌 대서지大西知의 아들 실성實聖을 인질人質로 보냈다.

그리고 인질에서 돌아온 실성이 내물왕의 뒤를 계승하여 제18대 신라왕이 되자 역시 고구려와 우호관계를 위해 내물왕의 셋째 아들인 복호卜好를 고구려에 인질로 파견하였다. 이렇게 인질을 통한 고구려와 우호관계의 유지에 대해서는 앞에서 서술한 바와 같다. 이렇게 신라는 고구려를 경유하여 로마문화를 수용했던 것이다.

이에 대해 당연히 독자 분들은 하나의 의문을 품게 될 것이다. 우수한 로마문화가 고구려를 통과했다면 어째서 고구려에는 로마문화

그림 324 고구려 광개토왕 을유년 명문 청동호우(합). 높이 19.4cm. 입지름 24cm. 경주 호우총 출토. 415
년. 국립중앙박물관 소장. 바닥에 새겨진 16자를 통해 광개토왕(호태왕)을 위해 고구려에서 제작되
었던 것으로 생각된다. 신라는 중국의 공격에 대해 방패가 되어주는 고구려에 대해 인질 파견을
통해 우호관계를 유지할 필요가 있었는데, 이러한 양국의 관계를 보여주는 유물이 이 호우다. 양
국에서 출토되고 있는 굵은고리귀걸이(그림 145 · 146)와 Y자형 장식품(그림147)도 같은 성격의 유
물이다.

가 수용되지 않았던가 하는 의문이 생길 것이다. 이 물음에 대답하는
최적의 사례가 근대사 속에 있다. 지금부터 10여 년 전에는 공산주의
와 자유주의 세계를 분단하고 있던 철의 장막이 동유럽에서부터 현재
세르비아 몬테네그로가 된 유고슬라비아 사이에 존재했었다. 이 장막
안쪽에는 소련연방이 있어 철의 장막을 형성하고 있는 어느 나라와도
국경을 접할 수 있도록 서쪽으로 영토를 확장하였다. 알바니아를 예
외로 하면 오직 유고슬라비아만이 소련과 국경을 접하고 있지 않았다.
그 때문에 유고슬라비아는 서구와 접촉하여 서방의 문화를 흡수하면
서 통교하였다. 이렇게 되면 철의 장막이 붕괴되고 말기 때문에 소련
은 당연히 그것을 저지해야 했다. 그래서 소련은 1948년에 공산권 전
체가 가맹하고 있던 코민포름에서 유고를 제명하고 다음해 소련블록

신라가 꽃피운 로마문화

을 형성해 유고봉쇄를 단행했다. 이로써 유고는 소련연방에서 분리되어 서방에 문호를 개방하게 되었다.

이 경우와 마찬가지로 신라는 중국과 국경을 접하고 있지 않았기 때문에 중국이 고구려를 넘어 신라를 침공하는 것은 불가능했다. 그래서 중국은 고구려를 공격해 그 영향력 하에 두었고 고구려의 동향이 의문시 되면 바로 고구려를 공격했던 것이다. 중국의 침략은 고구려가 방패가 되어 준 덕에 신라에 영향을 미치지 못하였다. 신라는 고구려 덕에 중국과 국교를 끊고 로마문화를 수용할 수 있었다. 따라서 신라는 고구려와 어떻게 해서든지 우호관계를 유지하지 않으면 안 되었다. 이런 우호관계를 보여주는 약간의 유물이 고구려와 신라에서 출토되고 있다.

경주 노서동 호우총에서 출토된 '호태왕 을묘년(415년)'의 명문이 새겨진 청동호우(청동단지)그림 324와 황남동 98호분 북분과 고구려 집안集安의 마선구 1호분에서 출토된 굵은고리귀걸이(태환이식太環耳飾)그림 145 · 146와 Y자형 장식품(머리장식)그림 147 등이 그 예가 된다. 이런 사회적 상황이 신라에서 로마문화가 흡수 정착될 수 있었던 요인이 되었을 것이다.

2 로마세계와의 단절

6세기에 접어들면서 신라는 아무래도 로마세계와 접촉을 유지할 수 없게 되었던 것으로 보인다.

신라는 제23대 법흥왕(재위 514~540년) 시대부터 중국과의 접촉을 왕성하게 진행하면서 중국문화를 흡수하고자 하였다. 제2장에서 서술한 바와 같이 신라는 564년 북제北齊에 조공한 이래 자주 북제와 진陳에 사절을 보냈고 수隋·당唐과의 관계를 긴밀히 하였다. 신라가 중국과의 관계개선에 적극적으로 나섰던 배경으로 신라와 로마세계와의 관계가 점차 드물게 되거나 아주 단절되었던 상황이 상정된다.

신라가 왜 로마세계와 관계를 끊게 되었던가를 생각하기 전에 당시 로마세계를 둘러 싼 국제적 환경을 짚어볼 필요가 있다.

454년 다키아 지방의 이민족인 다비데왕국 건국
465년 동로마제국의 수도 콘스탄티노플 대 화재로 거의 전멸
476년 서로마제국 멸망
493년 동고트족 이탈리아왕국 건국
493년 북위 평성(대동)에서 낙양으로 천도
494년 반달족 동로마제국 침공
499년 불가리족 동로마제국 침공

이처럼 러시아 남부에서 흑해 서안지대, 발칸, 이탈리아를 비롯한 중부 유럽은 이민족의 대이동으로 황폐화되고 급기야는 서로마제국의 멸망과 동로마제국의 수도가 대 화재로 전멸하였으며, 신라와 깊은 관계를 가지고 있었던 흑해 서안의 다키아와 트라키아 지방지도 5이 침입해 온 이민족에 의해 철저히 유린되고 말았다.

로마세계는 5세기 말에서 6세기에 걸쳐 괴멸적인 타격을 받아 대외관계를 지탱할 수 없게 되었다. 바로 이때 로마세계와 관계를 가지고 있던 북위北魏는 그 관계를 끊기라도 하듯이 서쪽의 평성平城을 버리고 낙양洛陽으로 동천하였다.

이런 상황에서 이미 신라는 로마세계와 관계를 지속할 수가 없었을 것이다. 따라서 신라와 로마세계의 관계는 5세기 말에서 6세기 초 무렵에는 완전히 단절되었을 것으로 생각된다.

신라가 꽃피운 로마문화

이후 신라는 잘 알려진 바와 같이 당唐과의 교류를 긴밀하게 추진해 약소국으로서 660년에 백제를 멸망시키고 668년에 고구려를 멸망시켜 한반도의 통일을 이룩했다.

소국의 신라가 통일을 할 수 있었던 에너지는 일찍이 로마문화를 수용하던 시대에 길러지고 있었던 저력으로 중국문화와 다른 에너지의 축적에 의한 것이었다. 이러한 저력이 한반도의 통일에 큰 원동력이 되었을 것으로 생각한다.

개정 신판의 후기

고대부터 19세기에 이르기까지 동아시아 제국은 중국문화의 영향 아래 있으면서 중국문화로 뒤덮여 있었을 것으로 보는 것이 일반적인 상식일 것이다. 아마 동아시아에 다른 문화를 가진 나라가 있었을 것으로 보는 사람은 거의 없을 것이다. 아시아는 물론 유럽에서도 백퍼센트에 가까운 사람들이 가지고 있을 이러한 상식에 대해 작은 바람구멍이라도 내려고 하는 일은 광기에 가까운 일이 될 것이다. 내가 이 책에서 실증하고자 했던 '4~6세기의 신라가 로마문화를 가진 왕국이었다'는 정말로 그런 일이 될 것이다. 따라서 이런 상식의 두꺼운 벽에 부딪쳐 보기 위해서는 논리가 아니라 실재하는 자료로 신라의 역사적 실태를 드러냄으로써 독자로 스스로 확인할 수 있게 하는 방법밖에 없을 것이라 생각했다. 이렇게 뿌리 깊고 강력하게 형성되어 있는 상식의 벽을 허무는 일은 거의 불가능에 가까울지도 모르겠다.

그러나 이 책을 쓰기 10년 전 쯤에 일본문화인을 대표하는 모임 신주쿠新宿 「카키덴柿伝살롱」의 주재자인 야스다 요시이치安田善一로부터 이 「신라=로마문화설」의 이야기를 정례회에서 강연해 보지 않겠느냐는 제안을 받았다. 그래서 많은 신라고분의 슬라이드를 사용해 「신라의 로마문화」이야기를 했더니, 당시 이 모임의 회장이었던 고故 타니

신라가 꽃피운 로마문화

카와 테츠조谷川徹三 선생이 큰 관심을 보이면서 "이것은 대단한 문제 제기다. 아시아의 고대사를 고칠 수밖에 없을지도 모르겠다"고 해 회장에서는 커다란 커다란 탄성이 일었다. 타니카와 선생은 다시 좀더 자세한 얘기를 듣고 싶다며 나를 자택에 초대하였다. 나는 약간의 자료를 가지고 방문해서 신라에서 출토된 수많은 로마계통의 문물과 문헌기록에 보이는 신라와 중국 간의 국교단절상태 등 신라에서 로마문화가 수용되던 상황에 대해 상세하게 이야기하면서 그 신라=로마문화가 '수수께끼의 4~5세기'로 불리는 일본에 도입되어 중국이나 페르시아 문화와 부딪치고 있었던 상황 등을 설명했다. 그러자 선생은 "근자에 이렇게 감명받은 적이 없었다. 어서 책으로 간행해 발표해 주세요"라고 격려해 주셨다. 그 한마디가 이 책을 저술하는데 든든한 지주가 되었다.

그렇게 이 책의 초판이 간행되자 연달아 신문과 잡지에 서평이 게재되면서 좋은 평가가 이어졌다. 그 중에서도 『주간분순週刊文春』(2001년 10월 4일 호)에 게재된 다치바나 다카시立花隆씨가 극찬했던 서평에 나는 감동의 눈물을 흘렸다. 더욱이 다치바나씨는 이 책을 한국의 대표적 종합지인 『월간 조선』의 편집장 조갑제 씨에게 추천해 주셨다. 조갑제 편집장은 2002년 신년호의 권두에 자신의 집필로 『로마문화왕국, 신라』를 소개한 뒤, 한국을 대표하는 역사학자와 고고학자들의 좌담회를 주최하여 『민족사의 로마, 신라를 다시 본다』는 제목 아래 3월호와 4월호의 특집을 꾸며 화제를 불러일으켰다. 다시 그해 8월에 서울의 출판사 「씨앗을 뿌리는 사람들」에서 한국어판의 간행이 이루어졌다.

더욱이 다치바나 씨는 개정신판의 간행에 부쳐 『주간분순』 서평의 일부분을 책 표지를 꾸미는 띠에 들어가는 소개글로 사용하는 것을 쾌히 승낙해 주셨다. 많은 호의에 진심으로 감사의 말씀을 올린다.

이 개정신판에서는 새롭게 입수한 자료 외에도 동아시아 고고학의 태두인 모리 고이치森浩一 선생을 비롯해 유라시아고고학의 후지카와 시게히코藤川繁彦 씨, 조선고고학의 후지이 가즈오藤井和夫 씨 등의 조언과 신 자료의 제공에 힘입어 여러 지도의 개정과 여러 〈표〉의 재검토와 함께 본문의 수정을 진행하였다. 여기에 심심한 감사의 뜻을 표하고 싶다. 이 개정신판의 간행에는 무어라 해도 많은 독자들의 격려와 질정이 힘이 되었다. 진심으로 깊은 감사를 드린다.

도판과 데이터를 많이 사용한 개정신판의 편집에는 어려운 작업이 동반되었으나 오랫동안 『신조세계미술사』의 편집과 개정을 담당해 왔던 도미카와 가즈로富川一郎씨가 도판과 표, 그리고 교류지도 등의 재검토를 통해 상세한 데이터와 해설을 보태주셨던 덕에 훨씬 읽기 쉽고 충실한 책이 되었다. 끝이긴 하지만 도미카와 씨에게도 깊은 감사를 드리는 바이다.

2005년 3월

요시미즈 츠네오由吉常雄

참고문헌

(1) 고전사료 등

- 『삼국사기』권50. 한국에서 가장 오래되고 유일한 기전체의 역사서. 신라 고구려 백제의 역사를 서술한 관찬 정사. 고려시대 김부식 등이 편찬한 것으로 1145년경에 성립. ·
  - 『三國史記(鑄字本)』, 學東叢書13, 學習院大學東洋文化研究所, 1986.
  - 『三國史記』上 · 中 · 下, 林英樹 역, 三一書房, 1974.
  - 『三國史記』1~4, 東洋文庫, 井上秀雄 역, 平凡社, 1980 · 83 · 86 · 88.
- 『삼국유사』권5. 『삼국사기』 다음으로 한국에서 두 번째로 오래된 역사서. 신라사를 중심으로 서술한 사찬의 역사서. 고려시대 고승 일연 편찬으로 1280년경에 성립.
  - 『三國遺事』, 學習院大學東洋文化研究所, 1964.
  - 『三國遺事』, 上 · 中, 林英樹 역, 三一書房, 1975 · 76.
- 『삼국지』권65. 중국정사의 하나. 삼국시대(220~280년)를 서술한 기전체의 역사서. 서진의 진수가 편찬한 것으로 3세기 말에 성립. 위지30권, 촉지15권, 오지20권으로 구성. 위지 동이전에 신라에 관한 기술이 있다.
  - 『三國志』1~8, 小川環樹 · 金田純一郎역, 岩波書店, 1988.
- 『진서(晉書)』권130. 중국정사의 하나. 진 왕조[서진(265~316) 동진(317~420)]을 서술한 역사서. 당 태종의 칙명에 따른 방현령 · 이연수 등 편찬으로 646년 성립. 권97 진한 전에 태강 원년(280) · 2년 · 7년 조에 조공기사가 있다.
  - 『晉書』, 越智重明 역주, 明德出版社, 1970.
- 『양서』권56. 중국정사의 하나. 남조 양(502~557년)을 서술한 역사서. 당 태종의 칙명에 따른 요사렴의 편찬으로 636년 성립. 권3 무제기 하, 권54 동이 신라전 등에 신라에 관한 기술이 있다.
- 『위서』권114. 중국정사의 하나. 북위(386~550년)를 서술한 역사서. 북제 문선제의 칙명에 따른 위수의 편찬으로 554년 성립. 권8 세종선무제기에 신라에 관한 기술이 있다.
- 『진서(秦書)』 현존하지 않지만 전진(351~394년)을 서술한 역사서. 『태평어람』 등에 일부가 채록되어 있다.
- 『자치통감』권294. 중국 전국시대~오대(B.C 403~A.D 959년)을 서술한 편년체의 역사서. 북송 영종의 칙명에 따른 사마광이 편찬으로 1084년 성립. 권104 진기에 신라에 관한 기술이 있다.
  - 『資治通鑑』, 竹內照夫 역주, 明德出版社, 1971.
- 『태평어람』권1000. 중국 북송의 백과사전. 북송 태종의 칙명에 따른 이방 등의 편찬으로 983년 성립. 권781 사이부2 본이2 신라 전에 지금 전하지 않는 『진서(秦書)』의 일부가 인용되어 있는데 그 중에 신라에 관한 서술이 있다.
- 『고사기』권3. 일본에서 가장 오래된 신화 · 역사서. 나라시대 초기에 텐무(天武)천황의 명에 따라 히에다노아레(稗田阿礼)가 암송했던 구전을 겐메이(元明)천황의 명으로 오오노야스마로(太安万侶)가 채록한 것으로 712년 성립. 중권 중애천황기 등에 신라에 관한 기술이 있다.
  - 『古事記』, 倉野憲司 교주, 岩波書店, 1963.
  - 『古事記』, 西宮一民 교주, 新潮社, 1979.
- 『일본서기』권30. 일본에서 가장 오래된 편년체 역사서. 나라시대 초기에 토네리신노우(舍人親王) 등 편찬으로 720년 성립. 권1 · 2(神代 上 · 下) 천지개벽 이래의 신화. 권3~30 제1대 진무(神武)천황~제40대 지통(持統)천황까지의 치세를 기록. 권1 신대 상, 권6 수인(垂仁)천황 3년 춘3월, 권8 중애(仲哀)천황 8년 추9월, 권9 신공황후 섭정전기(중애천황 9년 동10월, 섭정 47년 하4월, 권17 계체(繼体)천황 6년 동12월 조 등에 신라에 관한 기술이 있다.
  - 『日本書紀』上 · 下, 日本古典文學大系, 坂本太郎 · 家永三朗 · 井上光貞 · 大野晋 교주, 岩波書店, 1967 · 65.
  - 『日本書紀』1~5, 岩波文庫, 坂本太郎 · 家永三朗 · 井上光貞 · 大野晋 교주, 岩波書店, 1994 · 95.
- 『풍토기』 일본에서 가장 오래된 지방지 · 향토지. 나라시대 초기 713년에 조정의 명령으로 諸國의 國

司가 제출시켰던 것. 당시의 것으로『常陸国風土記』와『播磨風土記』가 비교적 제대로 남아있고(710년대 말 성립?). 733년에 성립한『出雲国風土記』는 현존 유일의 완본이다.『豊後国風土記』와『肥前国風土記』등은 그 수년 후의 성립으로 생각되고 있으며, 그 밖 여러 나라의 일부가 다른 사서에 인용돼 전해지고 있다.『肥前国風土記』와『석일본기』에 인용된『播磨風土記』의 일부 등에 신라에 관한 기술이 있다.

   –『風土記』, 日本古典文學大系2, 秋本吉郎 교주, 岩波書店, 1958.
   –『風土記』, 東洋文庫145, 吉野裕 역, 平凡社, 1969.

- 『重要文化財 석일본기 해설』, 前田育德会尊経閣文庫 편, 太田晶二郎 필사, 吉川弘文館, 1975. * 東京尊経閣文庫文庫 소장 正安 3년(1301) 사본 복제)
- 『王國と道路總攬』이븐 쿠르다드비 편, 845년. 이희수,『세계문화기행』, 1999에 이 책의 소개가 있다.
- 『國史大辭典』1~15, 吉川弘文館, 1979~97.

(2) 발굴보고서

- 조선총독부, 『古蹟調査特別報告 第3冊 慶州金冠塚と其遺宝』, 京城, 1924.
- 小泉顯夫, 慶州瑞宝塚の發掘, 『史學雜誌』38–1, 1927.
- 梅原末治, 慶州金鈴塚飾履塚發掘調査報告, 조선총독부, 『大正3年度古蹟調査報告』, 京城, 1932 ;『慶州金鈴塚飾履塚』, 國書刊行会, 1973.
- 浜田青陵, 『慶州の金冠塚』, 慶州古蹟保存会, 岡書院, 1932.
- 김재원, 『1946년 발굴보고 경주 노서리 호우총과 은령총』, 국립박물관고적조사보고 제1책, 을유문화사, 1948.
- 張季, 河北景縣封氏墓群調査記, 『考古通訊』, 1957年 第2期.
- 김재원 · 윤무병, 『의성탑리고분』, 국립박물관고적조사보고 제3책, 을유문화사, 1962.
- 陝西省博物館 · 文管会革委会作小組, 西安南郊何家村發現唐代窖藏文物, 『文物』, 1972년 1기.
- 黎瑤渤, 遼寧北標縣西官營子北燕馮素弗墓, 『文物』, 1973년 3기.
- 한국문화재보급협회, 『경주황남동98호고분발굴약보고』, 서울, 1975.
- 문화재관리국, 『천마총 경주시황남동제155호고분 발굴조사보고서』, 서울, 1975.
- 김택규 · 이은창, 『황남동고분발굴조사개보』, 영남대박물관, 대구, 1975.
- 영남대학교 신라가야문화연구소, 특별보고 황남동고분발굴조사개보, 『신라가야문화』6 · 7 · 8, 1975.
- 정재훈, 경주황남동미추왕릉내구도로면내폐고분, 『한국고고학보』2, 1975.
- 문화재관리국, 『경주황남동 제98호고분(남분) 발굴보고』, 경주, 1976.
- 橿原考古学研究所, 『新沢千塚126호분』, 奈良教育委員会, 1977.
- 정징원, 『창녕계성고분군발굴조사보고』, 부산대학교, 1977.
- 지건길 · 조유전, 『안계리고분군발굴조사보고서』, 문화재관리국, 1981.
- 정징원 · 신경철, 『동래복천동고분군』, 부산대학교박물관, 1983.
- 안가요, 중국조기바리기시, 『고고학보』, 1984년 4기.
- 문화재관리국, 『황남대총 Ⅰ』, 경주시황남동98호고분 북분발굴조사보고서』, 1985.
- 국립경주박물관 · 경북대학교박물관, 『경주시월성로고분군』, 1990.
- 동아대학교박물관, 『양산금조총 · 부부총』, 부산, 1991.
- 경상대학교박물관, 『陝川 옥전고분군 Ⅳ(M4 · 6 · 7호)』, 진주, 1993.
- 문화재관리국, 西谷正 역, 『雁鴨池發掘調査報告書』, 學生社, 1993.
- 경주문화재연구소, 『황남대총Ⅱ』, 경주시황남동98호고분 남분발굴조사보고서』, 1993.
- 경주문화재연구소, 『황남대총』, 경주시황남동98호고분 남분발굴조사보고서』, 1994.

(3) 박물관도록 등

- 『국립경주박물관』, 1987.
- 『공주박물관도록』, 1988.
- 『국립경주박물관』, 1988.
- 『경주 및 박물관 개사』(영문), 국립경주박물관, 1991.
- 『국립진주박물관』, 1992.

신라가 꽃피운 로마문화

- 『국립청주박물관』, 1993.
- 『국립대구박물관』, 1994.
- 『국립중앙박물관』, 1998.
- 『국립부여박물관』, 1998.
- 『국립경주박물관』, 1998.
- 『국립김해박물관』, 1999.

(4) 전시회도록 등
- 東京國立博物館・日本經濟新聞社, 『エルミタージュ秘寶展-レンブラントの名画ダナエと古代スキタイの金器』, 日本經濟新聞社, 1978.
- 江上波夫 외 편역, 『バルカンに輝く騎馬民族の遺寶 古代トラキア黄金展』, 中日新聞社, 1979.
- 東京國立博物館・中日新聞社, 『韓國古代文化展-新羅千年の美』, 中日新聞社, 1983.
- 東京國立博物館・大阪市立美術館・日本經濟新聞社, 『シルクロードの遺寶-古代・中世の東西文化交流』, 日本經濟新聞社, 1985.
- 青柳正規 감수, 『タラントの黄金展』, 朝日新聞社, 1987.
- 江上波夫 외, 『シルクロード大文明展』, 奈良国立博物館, 1988.
- 東京國立博物館・朝日新聞社, 『よみがえる古代王国 伽耶文化展化』, 1992.
- 江上波夫・加藤九祚, 『スキタイ黄金美術展-ウクライナ歴史宝物博物館祕藏』, 日本放送出版協會, 1992.
- 湖巖美術館, 『湖巖美術館 소장 金東鉉翁蒐集文化財』, 서울, 1997.
- 國立中央博物館, 『特別展 韓國 古代의 土器』, 서울, 1997.
- 國立公州博物館, 『武寧王陵』, 1998.
- 湖林博物館學藝研究室, 『韓國土器의 美』, 서울, 2001.
- 國立慶州博物館, 『特別展 新羅黄金』, 2001.

(5) 개인논저
- 浜田耕作, 細金細工について, 『史林』7-4, 1922.
- 浜田耕作, 新羅の宝冠, 『宝雲』2, 1932; 『考古学研究』, 坐右宝刊行會, 1939.
- 江上波夫, 『騎馬民族國家』, 中央公論社, 1967.
- 金錫亨(朝鮮史研究會 역), 『古代朝日關係史-大和政權と任那』, 勁草書房, 1969.
- 原田淑人, 東洋固有の天子及び皇后の宝冠, 『聖心女子大学論叢』34, 1969; 『東西古文化論苑』, 1973.
- 李殷昌・沈載完, 『韓國의 冠帽』, 嶺南大學校新羅伽倻文化研究所, 大邱, 1972.
- 金廷鶴, 『韓國의 考古學』, 河出書房新社, 1972.
- 井上秀雄, 『古代朝鮮』NHKブックス132, 日本放送出版協會, 1972.
- 由水常雄, 『ガラスの道』, 徳間書店, 1973.
- 金基雄, 『新羅の古墳』, 東京, 學生社, 1976.
- 由水常雄, 古新羅古墳出土のローマン・グラスについて, 『朝鮮學報』80, 1976.
- 李丙燾(金思燁 역), 『韓國古代史』上・下, 六興出版, 1979.
- 藤井和夫, 慶州古新羅古墳編年試案-出土新羅土器を中心にして, 『神奈川考古』6, 1979.
- 由水常雄 외, 『八世紀の日本と東アジア』1(唐・新羅・日本), 平凡社, 1973.
- 穴沢和光・馬目順一, 慶州鷄林路14號墓出土嵌玉金裝短劍をめぐる諸問題, 『古文化談叢』7 別冊, 北九州市, 1980.
- 尹世英, 韓國古代冠帽考-三國時代冠帽를 中心에서, 『韓國考古學報』9, 1980.
- 金元龍(西谷正), 『韓國文化의 源流』, 學生社, 1981.
- 韓炳三 감수, 李海範 편, 『韓國의 美』5 토기, 中央日報社, 1981.
- 香山陽坪, 『ブルガリア歴史의 旅』, 新潮社, 1981.
- 韓炳三 편저, 『7,000年韓國文化遺産』國寶1 古墳・金屬, 藝耕文化社, 1983.
- 金元龍(西谷正), 『韓國考古學概說(개정증보)』, 六興出版, 1984.
- 韓炳三 감수, 李宗碩 편, 『韓國의 美』22 고분미술, 中央日報社, 1985.

- 森浩一 감수, 東潮・田中俊明, 『韓國古代遺蹟』Ⅰ 新羅(慶州), 中央公論社, 1988.
- V.Ⅰサリアニデイ(加藤九祚 역), 『シルクロードの黄金遺宝―シバルガン王墓發掘記』, 岩波書店, 1988.
- 李仁淑, 伽耶時代裝身具樣式考-冠帽と耳飾・頸飾を中心に, 『韓國学論集』14, 1988; 『古文化談叢』22, 1989.
- 由水常雄, 『トンボ玉』, 平凡社, 1989.
- 林俊雄, 草原民-古代-ユラシアの遊牧騎馬民族, 護雅雄・岡田英弘 편, 『民族の世界史』4 中央ユーラシア世界, 山川出版社, 1990.
- 崔秉鉉, 『新羅古墳研究』, 一志社, 1992.
- 由水常雄 편, 『世界ガラス美術全集』4 中國・朝鮮, 求龍堂, 1992.
- 藤井和夫, 慶州伽耶古墳出土冠研究序說, 『東北アジアの考古學』2 權域, 깊은샘, 1996.
- 李仁淑, 金と瑠璃-4~5世紀古代韓國におけるシルクロードの黄金遺宝, 『中央アジア研究』2, 1997.
- 中國歷史博物館 편, 『華夏の路』2(일본어판), 朝和出版社, 1997.
- 李熙秀, 『世界文化紀行』, 도서출판 일광, 1999.
- 藤川繁彦, 『中央ユーラシア考古學』世界の考古學6, 同成社, 1999.
- 李鐘宣, 『古新羅王陵研究』, 學研文化社, 2000.

(6) 기타

- 케사르, 『갈리아전기』1~7, 기원전51년(제8권 부하 히르테우스 추가); 近山金次 역, 『ガリア戦記』, 岩波書店, 1964.
- 플리니우스, 『博物誌』1~37, 기원전77년; 中野定雄 외, 『プリニウスの博物誌』1~3, 雄山閣出版, 1986.
- 프레이저, 『金枝篇』1~12, 1890~1925; 永橋卓介, 『金枝篇』1~5(축역), 岩波書店, 1966~67.
- 영 필립, 『ケルト文明とその遺産』, 프라하, 1960.
- 발데말 하바레이, 로마시대의 귀갑문배의 제법에 대하여, 『본연감』166, 본, 1966.
- V.V 크로포토킨, 동유럽의 로마에서 수입제품(B.C2~A.D5세기), 『소비에트연방고고학』D1-27, 1970.
- Ⅰ. 고존베르디에프, 『토쿠토구리수력발전소 댐 지역의 조사성과(발굴보고서)』, 모스크바, 1970.
- 니나 소로키나, 흑해북안출토반점문유리器, 『국제유리사회의 제5회총회 기요』, 뢰제, 1972.
- 에른스트 A・장 하이니거, 『宝飾大典』, 로잔・보스턴, 1974.
- 『엘빈 오페렌더 수집의 고대 유리』, 함부르크・쾰른, 1974.
- L.Ⅰ 알리바움, 『아프라시압의 회화』, 타쉬켄트, 1975.
- A.A 아브도라자코프・M.K 칸바로우, 『아프라시압의 벽화수복』, 타쉬켄트, 1975.
- 도날드 스트롱・데이비드 브라운, 『로마시대의 공예』, 다크워스, 1976.
- Ⅰ. 고존베르디에프, 『케코메니 추베 문화사의 기본적 단계』, 후른제, 1977.